一書通識

一书通识

中国五千年趣闻传说

图文典藏版

刘翠清◎编著

中国法制出版社
CHINA LEGAL PUBLISHING HOUSE

顾问委员会

前言

人们对天空素来充满好奇和遐想。天上有什么？天宫、玉帝、王母、神仙，以及围绕着这些角色衍生出的种种神话传说。故“天上人间”一词，足以将千百年来俗世男女看似没有边界的想象力加以概括。无论是人还是物，只要在天空之上，就被赋予了神性。因此，想象力在某种层面上，亦可理解为和现实相反的愿景在意识层面的体现。

由此，我们可以得出一个结论：想象力的边界，是由现实生活的边界所决定的。而千百年流传下来的趣闻传说，正好从另一个角度，为我们提供了解读历史的途径。

在中国上下五千年的漫长历史中，我们的祖先前赴后继，奋力创造了璀璨的中华文明。作为他们的传人，你又对这五千年历史中流传下来的趣闻传说有多少了解呢？

刘翠清编著的《一书通识中国五千年趣闻传说》，几乎涵盖了上下五千年中国历史中流传下来的所有趣闻传说。比如，武丁为什么要在“凶庐”守孝三年一言不发？樗里子弥留之际留下了什么惊人预言？秦始皇派徐福东渡是出于什么目的？神探狄仁杰夜审老虎为哪般？……

首先，为了方便读者朋友阅读，《一书通识中国五千年趣闻传说》严格按照时间顺序编写，上起文明起源的先秦，下至落日余晖的明清，力求做到条理清晰，脉络通顺，让读者朋友能够从趣闻传说的角度，真正感受到中国历史的浩瀚。

其次，本书选取的历史趣闻传说，或揭秘人性美丑善恶，或展现社会风云变幻，或感悟人间世事沧桑，但无论如何，都是以普及历史文化知识为旨趣，成大众休闲阅读之美。

再次，本书在编辑撰写时，力求让每一章内容都紧密相连、环环相扣，尽量避免出现太大的历史空缺。而每一节内容之后的趣味链接，内容涉及神话故事、典故、名人趣事、历史谜案、诗词歌赋、趣闻逸事等，使读者更深入地了解我国的历史、文化和艺术，亦为整本书增添了许多趣味。

最后，衷心希望本书能给广大的读者朋友带来启迪。希望读者朋友能通过阅读此书，不断完善自我、发展自我，从而铸就非凡的人生。

Contents 目录

一书通识中国五千年趣闻传说

先秦——文明起源、勃兴争艳 001

◎ 应感而孕，附宝怀胎二十四月诞下黄帝 002
◎ 羲和诞下十个太阳成传奇 003
◎ 防风晚至，遭大禹斩杀 004
◎ 王亥开商业先河，上甲微为父报仇杀绵臣 005
◎ 孔甲造池养龙，诓骗天下愚弄百姓 007
◎ 美女间谍、智囊厨子合力灭夏 008

◎ 太戊以德治国只因一棵树 010
◎ 武丁“凶庐”守孝三年，未曾开口说话 011
◎ 周文王安葬田间尸骨 013
◎ 伯夷、叔齐宁愿饿死，也“不食周粟” 013
◎ 孤女褒姒的奇特命运 015
◎ 管仲智过鬼泣谷 016
◎ 蛆虫遍身，霸主齐桓公死相惨烈 018
◎ 齐灵公掀起女着男装的风潮 019
◎ 有事钟无盐，无事夏迎春 020
◎ 楚襄王与巫山神女的恋情 022

◎ 楚庄王作乐三年，只为“一鸣惊人” 023
◎ 燕昭王招揽人才得妙招 025
◎ 公子宋“染指”吃甲鱼 026
◎ 秦穆公用五张羊皮，换来春秋霸主 027
◎ 苏秦自请“五马分尸” 029
◎ 秦武王嬴荡死于举鼎 030

◎ 樗里子弥留之际的预言百年后竟成真 033
◎ 孙膑奉老母寿桃使其返老还童 034
◎ 鲁班妻助夫造伞 035
◎ 庄子丧妻为何要“鼓盆而歌” 036
◎ 桃花夫人侍二夫三年不语 037

秦汉——六合一统、泱泱汉风 039

◎ 秦始皇不立皇后，背后有何隐情 040
◎ 徐福东渡寻仙问药，一去不复返 041
◎ 张良铸铁锤，刺杀秦始皇 042
◎ 秦始皇与神女汤泉的传说 043
◎ 相传毛笔是武夫蒙恬发明的 044
◎ 秦陵地宫中真的有水银吗 046
◎ 楚霸王项羽，竟然长有双瞳 047
◎ 刘媪在梦中与神仙缠绵，诞下刘邦 048
◎ 韩信千金一饭酬漂母 049
◎《天书》为何落到了张良手中 050
◎ “金屋藏娇”背后的权力角逐 052
◎ 汉武帝为什么要对司马迁施以宫刑 054
◎ 东方朔帮汉武帝看风水，有什么猫腻 055
◎ 狂人东方朔言行狂妄“搏出位” 056
◎ 汉成帝竟把舞女提拔为皇后 058
◎ 解忧公主红颜离国白发归 059
◎ 刘秀敕封乌鸦的传说 062
◎《四十二章经》真的存在吗 063
◎ 放牛娃靠“抓阄”当上了皇帝 064
◎ 王莽晚年染发大婚，暗藏玄机 066
◎ 道教始祖张道陵是否成仙 067

三国魏晋南北朝——风云变幻、英雄辈出 069

◎ 曹操为何要对知识分子下杀手 070

◎ 曹丕率众学驴叫 071
◎ 庞统见刘备“长揖不拜” 073
◎ 鲁肃为何坐牛车上朝 074
◎ 刘备摔子为了收买人心吗 075
◎ 刘备在梦里与关公会晤 077
◎ 诸葛亮老婆有多丑 078
◎ 白帝城的白帝是人还是神 079
◎ 昭烈庙里为何没有刘禅像 080
◎ 武将关羽为何成了民间财神 082
◎ 孙皓皇后三十人创历代帝王之最 084
◎ 魏晋南北朝时期的男人为什么爱化妆 085

◎ 五废六立，历史上命运最坎坷的皇后羊献容 086
◎ 一条绳子，一床被子，安、恭二帝毙亡 088
◎ 许逊斩蛟龙确有其事 089
◎ 嵇康二十年不气不笑 091
◎ 王羲之病中卖“当” 092
◎ 梁武帝缘何四十年不近女色 094
◎ 奸臣侯景竟然饿死梁武帝 095
◎ 拓跋弘是中国历史上最年轻的太上皇 097

隋唐五代——隋唐盛世、割据加剧 099

◎ 隋文帝杨坚出生时身上有鳞，头上有角 100
◎ 隋文帝通过“钓鱼”反腐 101
◎ 杨素被传为佳话的三段红尘逸事 102
◎ 兰陵公主为何自请流放 104
◎ 李渊“雀屏中选”娶窦氏 105
◎ 李世民出生时，竟有双龙驾临道喜 107

◎ 李世民三请张果老为哪般 108
◎ 唐太宗为什么制造了四大冤案 110
◎ 唐太宗为何亲自砸掉魏徵的墓碑 112
◎ 奇人李淳风预测日食 113

◎ 房玄龄原配不肯受辱饮“毒酒” 115
◎ 武则天迁都洛阳，是为了躲避冤魂吗 116
◎ 唐玄宗梦中撞鬼 117
◎ 杜甫帮助打枣妇人 119
◎ “诗仙”李白为什么被唐玄宗逐出长安 120
◎ 王维作画戏权贵 122
◎ 郭子仪单骑退回纥 123
◎ 文人宋廷芬的五个女儿同入唐宫成后妃 124
◎ 唐代公主为什么最难嫁 126
◎ 后梁太祖强娶儿媳引兵变 128
◎ 遭伶人掌掴，李存勖沦为千古笑柄 129
◎ 后蜀皇帝的七宝溺器 130
◎ 马希声视鸡汤如命 131
◎ 真命天子和挂角将军 133

宋元——文盛武衰、元朝来去 135

◎ 一文钱难倒赵匡胤 136
◎ 宋太宗赵光义街头惩治恶霸 137
◎ 倾倒两帝王的花蕊夫人死亡之谜 138
◎ 宋真宗年间的“天书”闹剧 140
◎《清明上河图》泄露北宋军事机密 142
◎ 蔡京走后门 143
◎ “河东狮吼”传天下 145
◎ 考场着火“烧出”了状元 146
◎ 苏东坡真的见过飞碟吗 148
◎ 李清照再婚后又离婚 149
◎ 王安石竟然容忍小妾出轨 150
◎ 宋孝宗赵昚是怎么被立为太子的 152
◎ 宋光宗竟是精神病患者 153
◎ 宋朝为何多“剩男剩女” 155
◎ 宋代黑店欺行霸市 156

◎ 寇准被放逐是因拒绝赴宴吗 157
◎ 宋人当兵为什么要先刺字 159
◎ 米芾画月亮的传说 160
◎ 地震帮成吉思汗灭西夏 161
◎ 被人削去鼻子的开国皇帝 163
◎ 成吉思汗密召丘处机 165
◎ 仙人托梦助忽必烈渡过黄河 166
◎ 元代天妃，全国尊奉 167
◎ 元末民众被逼挂“两面牌” 168
◎ 元朝灭亡为何怪在了贾鲁治河上 169
◎ 金蝉化真人的传说 171

明清——日月风云、落日余晖 173

◎ 朱元璋“造梦”钦点状元 174
◎ 朱元璋为何与孟子过不去 175
◎ 剥皮亭为谁而设 177
◎ 马皇后“露马脚”的趣事 179
◎ 朱棣两次血洗后宫，屠杀三千余宫女 180
◎ 失踪的《永乐大典》正本 182
◎ 明朝“妖书”案 184
◎ 姓朱又属猪，明武宗下令禁止养猪 186
◎ 奇葩皇帝明武宗的游戏人生 187
◎ 明成化年间的“太监示威游行” 188
◎ 天启年间的“惊天大爆炸” 189
◎ 明太监与宫女令人称奇的菜户关系 191
◎ 长平公主究竟是不是“独臂神尼” 192
◎ 崇祯皇帝为何秘密收葬魏忠贤遗骸 194
◎ 李自成为什么是“独眼” 195
◎ 皇太极连娶姑侄三女 197
◎ 顺治皇帝登基时竟一字不识 198
◎ 天花让康熙登上了金銮宝座 200

◎ 康熙因何愧对和硕公主 201
◎ 孝庄太后死后不进清皇陵 202
◎《南山集》冤案始末 204
◎ 乾隆陪葬皇后为何“三选二” 206
◎ 刘罗锅朝服反穿智告贪官 207
◎ 嘉庆帝死于疾病还是被雷劈 208
◎ 郑板桥吃狗肉上当记 210
◎ 慈禧醉题金匾 211
◎ 紫禁城贞度门失火事件 212
◎ 吕碧城胆大包天大骂慈禧 214
◎ 曾国藩为活人写挽联 215
◎ 林则徐死前大呼“星南斗” 216
◎ 道光下令禁烟为什么自己抽大烟 217
◎ 清宫选秀制度，与美貌无关 218
◎ 下嫁的大清公主为何都不幸福 219

先秦——文明起源、勃兴争艳▶

应感而孕，附宝怀胎二十四月诞下黄帝

黄帝是中国远古时期夏部落联盟首领，是实现华夏统一的第一人，所以被人们称为中华“人文初祖”，因以土德称王，而土色为黄，故号黄帝。黄帝如此不凡，其出生也不平凡。

据传，黄帝的母亲附宝，某夜在郊外田间散步时，抬头仰望星空，发现天边突然出现一道刺眼的光芒，似闪电又似银蛇，围绕北斗七星旋转不停。突然，这道光芒从天而降，落在了附宝的身上，附宝大惊之余，感到腹中有动，自此有了身孕。

附宝怀孕后整日疲乏无力，躺在床上一睡就是十几个小时。至夏初时，天气逐渐转热，附宝更是一睡不起。后来，附宝的丈夫少典听旁人说，在东面一个叫作轩辕的地方，有一座寿丘山，该山四面多树木、流水，夏日凉爽无比，适宜附宝安胎。少典听后大悦不已，于是携家眷搬到了寿丘山。

转眼暑退凉生，附宝怀孕已足十月，但丝毫未见有分娩的迹象。而附宝因贪图此地风景，不愿回到故地，少典心疼妻子，就允许她继续住下去，直到孩子出生。结果，这一住就又住了十四个月，这意味着，附宝这一胎足足怀了两年，整整二十四个月。众所周知，一般妇女都是怀胎十月左右便产子，附宝这种情况实属罕见，在当时被传得沸沸扬扬……而这位在娘胎里迟迟不肯出来的孩子，就是黄帝。

黄帝生来皮肤淡黄，额骨隆起，形似太阳，且面部有龙的相貌，手足也像龙的爪趾。更奇怪的是，黄帝的头部可以前后左右扭动，随时随地眼观四路，耳听八方。少典附宝夫妇十分喜爱这个奇异的孩子，认为他将来必有出息，必定是非凡之人，便按照当时的习惯，为其取名为轩辕。

不过神奇的事远不止这些，最惊人的是，黄帝刚出生几个月便会说话！一般孩子在这个阶段基本只会咿咿呀呀，要不就是哇哇大哭，而黄帝张口说话，着实令世人惊诧。至于他说了什么，我们无从考证，但襁褓中的黄帝张口说话一事，确实被司马迁记录在了《史记》中。看来“人文初祖”果然出身不凡。

黄帝

至十五岁时，黄帝就已无所不通，声名远扬。后来，黄帝继承其父少典有熊国国君之位，并一路披荆斩棘，统一了华夏民族，成就了一番伟业。

趣味链接 黄帝是三皇之一，还是五帝之一

三皇的说法自古不一，一说为伏羲、女娲、神农，一说为燧人、伏羲、神农，一说为轩辕、神农、赫胥，一说为伏羲、神农、祝融。虽然几种说法不同，但这一系统中的伏羲、女娲、神农、燧人、祝融、轩辕、赫胥都被后人视为华夏远古时期有过卓越创造、有助于文明进步的英雄人物。

五帝一般公认为黄帝、颛顼、帝喾、尧、舜，黄帝被列为五帝之首。

羲和诞下十个太阳成传奇

帝俊是黄帝的曾孙，和黄帝、炎帝这些居功至伟的先辈相比，生性浪漫的帝俊，没有在历史上有多么卓著的功勋，他之所以能名留青史，全是托了他妻子羲和的福。一般凡人娶的是妻，而帝俊娶进门的是神，而且是太阳神。

羲和嫁给帝俊后，生了十个儿子，且都是太阳。作为母亲，羲和每天在一个叫作甘渊的地方，为十个太阳洗澡，然后掌握着时间节奏，不慌不忙地赶着马车，驱赶着太阳由东向西前进。因此在上古时期，羲和被人们尊奉为“太阳神”。身兼重任的羲和，亦为事业勤勤恳恳。她密切注视时日的循环，测定日月星辰的运行规律，制定出计算时间的历法……这些看似不可能完成的任务，都在羲和的努力下完成了，给后人留下了一笔丰厚的遗产。

现如今，在山东省日照汤谷太阳文化源旅游风景区的天台山下，建有一个祭祀太阳神羲和的庙。因当地人称羲和为老母，所以给这座庙取名为“老母庙”。

自古以来，日照民间在每年农历六月十九日，也就是太阳神羲和生日这天，都会在天台山下的老母庙举办庙会，方圆百里的乡民都会赶来祭太阳、祀老母，祈求五谷丰登，幸福安康。当然，人们在祭祀神灵的同时，也会进行诸如乡土特产展示、售卖、交换的商贸活动。而其间举办的民间娱乐活动，如戏班搭台唱戏等也相当热闹。

趣味链接 古希腊太阳神——赫利俄斯

赫利俄斯，是古希腊的太阳神，其形象高大魁梧、英俊无须，每日身披紫袍，头戴光芒万丈的金冠，驾驶着四匹火马拉的太阳车，在天空中驰骋，从东至西，早出晚归，给世界带来光明。

防风晚至，遭大禹斩杀

禹治水成功后召集天下各路诸侯于会稽山庆功。庆功大会一开就是三天，但作为离会稽山最近的防风氏，却始终不知所踪，直到庆功会即将结束，防风氏才气喘吁吁地出现在禹面前，这让禹十分不悦。问其原因，防风氏战战兢兢地说，在路上碰到天目山“出蛟”，苕溪河“泛洪”，水急浪高无法渡河，因此迟到。

大禹

治水成功已天下皆知，而禹的耳边这几日更多是奉承话、颂扬声，听到防风氏的借口，禹更是怒不可遏。“距离会稽山最近的是你，迟到的是你，我看居功自傲、目无君王的也是你！”盛怒之下，禹下令杀了防风氏以儆效尤。

谁知，防风氏的头颅落地后，很久没见出血，大家惊得目瞪口呆。过了好一会儿，竟有一股白血冲天而出。禹和各路诸侯大为震惊，为何防风氏的头颅里，喷出的是白血呢？莫非冤枉了他？禹亲自盘问左右官员，且立即派人到防风国去察访实情。

几天后，派去察访的人就回来向禹禀报：防风氏赴会途中，确因天目山“出蛟”，苕溪河“泛洪”阻拦了行程，而且防风氏指挥部下打捞落水的百姓，忙得几天无暇吃饭。

禹听后懊恼不已，想到防风氏疏导千河百港流归太湖，又在防风领地内疏通了湘溪、英溪、阜溪、塘泾河，开凿了下渚湖通往东苕溪的河道；还跟随自己风里来雨里去，帮自己立下治水大功，而自己却一时糊涂冤杀了他，实在不仁不义。

后来，禹下令敕封防风氏为防风王，令防风国建造“防风祠”，供奉防风王神像，让官府和百姓每年祭祀。祭祀日是夏历八月廿五，并载入夏朝祀典，传之后世。据传，禹王还亲临防风国参加了防风王的第一次祭祀仪式。

趣味链接 武康人自建防风庙

据传，防风氏被大禹冤杀之后，尸体被运回武康。但禹并未建防风庙。后来不知在哪朝哪代，一个打更人在深夜打更时，突然看见武康县城楼上有一道鬼影闪过，吓得拔腿就跑。次日，有人将此事报告了县老爷。而这事亦在武康县不胫而走，人人恐慌，有人说那是防风氏的冤魂在城楼上飘荡。

过了几天，县老爷身边的一位幕僚对他说：“防风氏是武康先祖，又是为救百姓于水患而迟到，被大禹错杀，武康县不设一座祠庙以示纪念实在说不过去！”幕僚的一番话让县令恍然大悟，很快，他便筹资修建了防风庙。

王亥开商业先河，上甲微为父报仇杀绵臣

上甲微是商部族的第九任首领，在历史上的功绩相较于他“华商始祖”的父亲而言，并不卓著，但他却是上古时期难得的铁血男儿。而上甲微为父亲王亥报仇，痛杀绵臣的故事，更是被传为佳话。这究竟是怎么一回事呢?

上甲微的父亲王亥，是华夏商人、商品、商业的缔造者，华商始祖，商族先公之一。夏少康十一年，王亥的父亲冥，受夏朝之命，被派去治理黄河水患，而那时年少的王亥，便已经开始协助父亲，在治理水患方面施展自己的才华。时至夏杼十三年（公元前 1920 年），冥因积劳成疾，病故于黄河岸边。其子王亥接替

其位，成为商民族的第七任首领。

即位之后，王亥为了让各地运输更具效率，将部族智囊集中在一起，一同发明创造了牛车。这在当时具有划时代的意义。其后，王亥又研究出驯牛之术，商部落的农业和畜牧业因此更加快速地发展了起来。

从人类文明和历史发展来看，王亥无疑是推动者。但是就商部族本身而言，牛车的发明和驯牛术，直接导致了商部族物品生产过剩。自产无法自销，所以，王亥及部族成员便用牛车拉着货物，到外部落去做交易。此举开创了华夏商业贸易的先河，久而久之，人们开始把从事贸易活动的商部落人称为“商人”，把用于交换的物品叫作“商品”，把商人从事的职业叫作“商业”。

王亥最后一次外出经商是夏泄十二年（公元前 1719 年）。这一年，他和弟弟王恒载着货物，赶着牛羊，一起从商丘出发，长途跋涉到了有易部落（今河北易水一带）。有易部落首领绵臣，竟然见财起了歹意，杀害了王亥，扣下了牛羊和全部货物，并将王恒等人驱逐出境。王亥的弟弟王恒日夜兼程逃回商丘，差点饿死在路上。

王亥被杀，其子上甲微甚为悲愤恼怒，誓要为父亲报仇。但由于诸多原因，当时未能立即出兵。四年后，上甲微组织武装队伍，并联络河伯部落共同出征讨伐有易部落。双方在易水之侧激战，最终有易部落被彻底击败，其首领绵臣在混战中被上甲微亲手斩杀。上甲微报了杀父之仇，进一步扩大了自己的势力。

商汤灭夏建立商朝之后，特追尊王亥的庙号为高祖亥。此后历任君主为了纪念祖先的功劳，每年都会举行大规模的祭祀活动。

趣味链接 王亥之死的另一种说法

关于王亥的死，民间还流传着另一种说法。当年，王亥携牛马来有易部落经商，有易部落首领绵臣，特设酒宴宴请王亥及其弟。但觥筹交错间，王恒对绵臣的妻子一见倾心，而绵臣的妻子非但对王恒无感，且对王亥表现出浓情蜜意，这让王恒妒火中烧，备受煎熬。于是王恒联合一位卫士，趁王亥迷醉之际，用斧头将王亥的身体切成了八块。不过事情很快败露了，当绵臣查清楚王亥的死因后，将王亥带来的牛羊财物都占为己有，然后将其抛尸荒野，将王恒赶出了有易部落。

不过，据后来挖掘出的甲骨文记载，王亥确为有易君所杀，而王亥之子上甲微，又杀了有易君复仇。由此可见，王亥死于其弟之手的说法并非事实，而是后人杜撰的。

孔甲造池养龙，诓骗天下愚弄百姓

夏朝国君孔甲是个性格乖戾、笃信鬼神、荒淫无道的君主。在位期间，整日沉湎于打猎、养宠物、玩弄女人。从政绩上看，他是昏聩无能的代表，从玩乐方面看，他绝对是一位胡作非为的昏君。

据传，孔甲因天天祭祀鬼神，且常年不懈，终于感动了天帝。天帝施恩布德，赐他两对雌雄“乘龙”放逐于黄河、汉水中。孔甲听命后，立即派部下费尽力气，将两对龙捉了回来。

可是他并不懂得如何饲养，犯难之际，一个名叫刘累的人，自告奋勇地跑到孔甲那里自吹自擂，说自己是尧本家陶唐氏的后代，且穷其半生都在钻研养龙之术。孔甲竟然相信了，他命人造了两个大池，把两对龙放在里面，让它们自由地游动。而刘累在喂养时，亦表现得很有耐心，不久就把龙喂养得体大力强，孔甲看了非常高兴，就封他做了养龙的官，并赐给他“御氏”的名号。

然而刘累虽然在豢龙氏那里学了几天养龙术，却并不精通，没过多久，其中一条雌龙就被他养死了。可是刘累一点也不害怕，还偷偷把那条雌龙剔甲剖腹，剁成肉酱蒸熟了送给孔甲吃，只说是自己打猎得来的野味，孔甲吃了，大加赞赏。过了几天，孔甲又要吃这种肉，可刘累怎么能再杀活龙给孔甲吃呢？于是他连夜逃到鲁县躲起来，再也不敢露面。孔甲虽然大怒，但找不到刘累，只好作罢。

后来，孔甲又找到一个叫师门的养龙高手，据说他将龙养得精神抖擞，龙在表演时那种盘曲夭矫的雄武姿态，看得孔甲手舞足蹈。孔甲对师门的养龙术非常满意，于是赐给他许多金银财宝。然而，师门是个耿直的人，在养龙这件事上，他不喜欢孔甲那些无知甚至愚蠢的言论，所以常常毫不留情地批驳孔甲，这让唯我独尊的孔甲非常难堪。

一次，当师门又当着满朝文武的面批驳孔甲，孔甲再也忍不住满腔的怒火，他突然大发雷霆，叫人把师门拖出去砍头。不过师门毫不畏惧，而且边走边回过头来对着孔甲哈哈大笑，笑得孔甲浑身起鸡皮疙瘩。师门死后，孔甲怕他的鬼魂作怪，便叫人把他的尸首埋在荒郊野外。

谁知尸首刚埋下就狂风大作，狂风引发山火，附近山野的林木都燃烧起来，熊熊大火直冲云霄，附近的村民都赶来救火，可是怎么都扑不灭。孔甲站在城楼上看见城外火光冲天，心里很害怕，只好亲自到城外跪地向被杀的师门祈求，请他别再作怪。果然火势渐渐小了，待火快熄灭时，孔甲悬着的一颗心才安下来，于是坐上车子回宫。谁知到了宫门前，卫士打开车门一看，孔甲直挺挺地坐着，已经死了。

孔甲所养的龙，实际上可能是四条罕见的大鱼。孔甲一贯爱装神弄鬼，便顺水推舟把大鱼说成龙，且谎称这些“龙”是天帝赐给他的，以此愚弄天下人，巩固自己的统治。但是，孔甲不问政事，专搞这些荒唐无稽的迷信活动，反而使国家越来越乱。

趣味链接 “豢龙氏”和“御龙氏”

据传，古代养龙，有专门的人才，而且国家还为他们设立了“豢龙氏”和“御龙氏”的官职。豢龙氏是专门养龙的，御龙氏是专门驾驭龙的。

传说古代廖国国君叔安，有个后裔非常善于养龙。他知道龙的饮食爱好，便用龙喜欢吃的东西去喂养，因此龙都爱到他那里。他驯服龙的技艺后来得到舜的赏识，舜封他做“豢龙氏”，并赐他姓“董”。“董”是督察管理的意思，因为他善于督察管理驯龙的事，所以赐给他这个姓。

美女间谍、智囊厨子合力灭夏

纵览中国历史，继位于暮朝的君主，无一能够做到力挽狂澜。早在胤甲末年，夏朝便已走向衰败，其内部体制严重僵化，加之税负沉重，酷刑苛刻，人民生活苦不堪言。夏桀是夏朝最后一位君王，虽才智兼备，但命运之神并未对他有所眷顾。因此，夏朝败亡是历史的必然，是几代君主残暴统治下的必然结果。那么，作为残酷统治链条上的最后一环，夏桀又有哪些“作为”呢？

夏桀在位五十二年，为政暴虐无道，滥用王权，嗜杀成性，对百姓搜刮无度。对外则滥施征伐，勒索小邦，重用佞臣，大肆网罗天下美女供其淫乐，与周围部落之间的关系十分紧张，部落之间争战吞并的戏码频频上演……

小部落的实力虽弱，但也不甘愿任人宰割，重压之下的各个小部落，纷纷聚集智囊，商讨对付夏桀的良策。最后，部落有施想出一计。既然夏桀喜欢在天下大肆搜刮，以满足一己私欲，那么，何不献上一位美女，勾其魂魄，乱其心志呢？于是，有施立刻从部落中千挑万选出了一位尤物，就是被后人列为四大亡国妖姬之首的妹喜。

妹喜真的貌若天仙吗？她到底美到了什么程度？关于这点，我们可从“有施妹喜，眉目清兮。妆霓彩衣，袅娜飞兮。晶莹雨露，人之怜兮”中窥得一二。

妹喜来到夏朝后，好色的夏桀很快就为其神魂颠倒。肩负重担的妹喜，并未在繁华奢靡的宫廷生活中忘记自己间谍的身份，她不仅要做到色诱夏桀，还要机敏地探听虚实，掌握夏朝的重要军事情报。

日子一天天继续，夏桀终日饮酒作乐，对妹喜言听计从，昏庸失道。外间奏事甚多，但夏桀根本不予理会，后来干脆罢朝，国事尽托臣下。

华夏第一王朝在妹喜的“努力”下，逐渐走向亡路，但实力不强的有施，还是无法打败夏。就在此时，强大起来的商，也派来了一位间谍。不过，他们派来的不是一位美女，而是一个厨子——伊尹。

商部落最高统领汤，非常赏识伊尹的智谋，因此派他去夏朝侦察政情民情，以便制订灭夏的计划。为了不让夏桀怀疑，汤在一场小战役中略施苦肉计，亲自追射伊尹，以示伊尹有罪逃亡。当年，伊尹是因善烹饪而被汤看中的，逃亡至夏后，他自然要抓住时机显露一手。伊尹的手艺名声一传十、十传百，很快传到了夏桀那里。而伊尹选择了在更高的平台上施展自己的军事才能，即得到夏桀的信任后，亲自为夏敲响亡国的丧钟。

伊尹的真实意图很快就被妹喜知道了，经历几番你来我往的试探，伊尹和妹喜决定配合行动。妹喜主要从事破坏和离间活动，刺探夏的机密，调查中原地形，伊尹则负责及时通风报信。当妹喜觉得亡夏的时机基本成熟，便立刻指派伊尹向商和各部落传播谣言，说夏桀曾做了这样一个梦，梦见西方和东方都出现了一个太阳，两个太阳搏斗，东方的太阳战胜了西方的太阳。

伊尹

东方的太阳代表的就是位于夏东边的商。夏国上下人人激动，认为这是上天的旨意，而商族内部则人人振臂高呼，士气高涨，在一阵喧嚣沸腾后，商汤率领诸侯推翻了夏。

值得一提的是，在商灭亡夏朝的过程中，妹喜的贡献是极巨大，但她不但没有受到赏赐，反而连同夏桀一道被流放到南巢（今安徽巢湖）。后人猜测，汤是怕自己受不住妺喜的诱惑，担心走夏桀的老路，所以决定将妺喜放逐。

趣味链接 从厨子到中国第一贤相——伊尹的加官晋爵之路

伊尹是中国历史上第一个贤能相国、帝王之师，也是中华厨祖。他对中国古代的政治、军事、文化、教育等多方面都做出了卓越贡献。

相传伊尹生于伊水边，成年后流落到有莘氏，以耕地为生，地位虽卑，却心忧天下。他见有莘氏国君有贤德，自愿沦为奴隶，充任有莘氏国君的贴身厨师，欲劝说他起兵灭夏。后有莘氏国君发现其才干，将其提拔为管理膳食之官。经长期观察，伊尹发现，有莘氏与夏同姓，均为夏禹之后，血缘联系难以割断，且有莘国小力弱，不足以担当灭夏的重任，只有汤才是理想的选择，遂决定投奔汤。他背负鼎俎为汤烹炊，以烹调、五味为引子，分析天下大势与为政之道，劝汤承担灭夏大任。汤由此方知伊尹有经天纬地之才，便免其奴隶身份，擢为右相，成为最高执政大臣。

伊尹不仅是辅佐汤夺取天下的开国元勋，还是后来三任商王的功臣，因此，伊尹在甲骨卜辞中被列为“旧老臣”之首，受到隆重祭祀，不仅与汤同祭，还单独享祀。

太戊以德治国只因一棵树

商代第九位国王太戊即位后，起用伊尹的儿子伊陟为相。太戊从小生活在钟鸣鼎食的帝王之家，继承王位时还是一个涉世未深的少年。所以整天只图安逸享受，不勤政事。

太戊七年，亳都出现“桑谷共生于朝”的现象，即桑树下长出了谷树，也就是构树。其实两者同属桑科乔木，二木并生是一种并不稀奇的自然现象。可那时因为植物学知识贫乏，所以大家认为那是不祥之兆。太戊非常恐惧，就向伊陟询问缘由。伊陟回答说：“臣闻妖不胜德，帝之政其有阙与？帝其修德。”意思是，臣听说妖怪不能胜过大德，之所以出现了妖异之事，也许是大王在治理朝政时有所缺失的缘故吧。大王只要修德善政，怪异之事自然就会消失。商王朝本来就很迷信鬼神，经伊陟这么一说，太戊确信无疑。其实这是伊陟看到商王朝开始衰落，就利用此事劝诫太戊，希望他发愤图强，成为有德之君。此后太戊勤政厚德，治国抚民。说来也巧，不久，那株“桑谷共生”的树木就枯萎而死了，太戊以为是自己修德的结果。

趣味链接 太戊求药

《山海经》记载过这样一个故事：太戊为了寻求长生不老之药，派王孟求于西天王母，王孟经过一个叫“丈夫国”的地方，那里的人都是男性，他们食野果，穿树皮。一辈子单身相处，但每人能生养两个儿子，因此称作“丈夫国”。求药之事可能只是传说，但从这个故事可以猜测，太戊时的商王朝大概就与西戎有来往了。

武丁“凶庐”守孝三年，未曾开口说话

商朝有这样一条规定：君王死后，其继承者需守丧三年才能正式继承大统。而替代君王管理百官的是“冢宰”。“冢宰”也称“宰”或“太宰”，是辅佐君王的最高官职，也是新王守孝三年期间，商王朝的最高统领。既然新王不上朝，那么，他又在哪里？做些什么事呢？

新王要居住在守丧的“凶庐”里，且守丧时要披麻戴孝，脸上还要露出愁容，此外，新王也不能唱歌跳舞寻欢作乐，要一心想着父王的恩德，尽一个孝子的义务。一朝君王，竟受到如此待遇，这在今人看来，未免有些不解，但在商朝时期，却是明文规定的责任和义务，若不照办，就是不孝，不孝之王，亦不会是一位贤明有作为的君王。商朝的历史从汤开始，而这一规定一直延续至末君纣。

武丁是商朝第二十三位君主，在他统治的五十九年里，商朝的经济、文化发展达到了顶峰，史称“武丁中兴”。但是让人感到奇怪的是，他在守孝的三年里，竟没有说过一句话，这可急坏了满朝文武大臣和天下百姓。难道这位新任的君主，是个哑巴？

据传，武丁守孝期间，饮食十分简单，不讲究衣着，粗茶淡饭。并且，他不接待诸侯的朝贡，不访问百姓的疾苦，不上朝听取大臣的汇报，不发布指令。对于这种情况，大臣们焦急万分。他们苦苦思索：君王一言不发，不知道他有什么指令，如果遇到紧急情况，比如诸侯叛乱、发生灾荒、官吏贪污、人民骚动等，君王还不说话，可怎么办呢？且不说大臣们的私下揣测，武丁自己，究竟是怎么想的呢？

其实，武丁守丧三年不说话，并不是什么都没干。他实际上是在默默考虑治理国家的策略。武丁在暗中观察大臣，哪些是治国能吏，哪些是庸碌之

武丁

辈；并对如何平息王族内部的派别斗争规划了策略；如何让天下诸侯诚心顺服，如何任贤使能，治理朝政……诸如此类的事情，武丁都已经深思熟虑，了然于胸。

三年守丧期满后，大臣们急忙询问他为什么整整三年不说话，武丁回答说："要以我一个人的话，来指导天下的事情，我恐怕言之不当，所以不说。"的确如此，一个君王刚即位，各方面的情况还不熟悉，如果在这时乱出主意，乱发号令，往往会出差错，造成不良的后果。

其实，武丁三年不言，还有另一方面的原因。武丁为太子时，曾联络诸侯，行走民间，对国内形势非常熟悉。同时，武丁的聪明冷静也被百姓和诸侯所知，所以，大家都认为，武丁虽然不言，但一定有深刻的谋略在胸。因此，无论朝臣还是诸侯都不敢有什么越轨的行为。

此外，武丁三年不说话，一定会在天下臣民间产生一种悬念，诸侯、百姓、朝臣都无法猜透他的想法，此事必然成为全国关心的热点。而他一旦开口，他所说的每一句话都会被大家重视，对于政令的执行有极大的好处。由此看来，武丁的确是一位非常聪明的君王，深谙治国之道。

趣味链接 应梦贤臣——傅说

三年之后，武丁终于开口说话了。第一句话，就让满朝的大臣们感到不解。他说要找一个名叫傅说的人来辅佐他。傅说是谁？既非王公贵族，也非名士，满朝文武对此人的情况一无所知。而武丁的解释就更神奇了。他说："我昨晚与这位贤士在梦中相见，此人大可安邦定国，小可治理一方。若不加以重用，商将会有大祸临头。"经武丁这么一说，满朝文武议论纷纷，紧接着这件事情在民间炸开了锅。

其实，这只不过是武丁的计谋而已，事实上，他早已和傅说相熟，只不过傅说的身份低微，如果直接拉到自己身边加以重用，定会遭到反对。但经过武丁这么一说，傅说的头上便有了"应梦贤臣"的光环，而且事关江山社稷，文武百官就不会加以阻拦。

于是，武丁在昭告天下之后，很轻松地就"找到"了傅说。而傅说也没有辜负武丁的期望，在他的精心辅佐下，商朝的经济文化实现了空前的繁荣。

周文王安葬田间尸骨

以德为本，是国家对内最有效的治理手段，所谓“以正治国”，就是依靠正确的道德观念教化百姓，规范社会和治理国家。没有正确道德观念的社会和国家必然是争权夺利、善恶不分的，根本没有安定可言。

西周文王时，有一百姓在田间挖池塘，突然挖出一具尸骨。在上古周朝时期，这可是一件大事，那人立刻报告了官府。官吏又把这件事告诉了文王，寻问该如何处理，文王回答说：“重新安葬。”官吏不解地说道：“可这具尸骨是没有人认领的。”文王说：“拥有天下的人，就是天下的主人；拥有一国的人，就是国家的主人。现在难道我不是他的主人吗？”于是就让官吏用棺椁，把那具尸骨改葬到了别处。

天下的人听说了这件事，都说：“文王真是贤明啊！连死人的尸骨都能受到他的恩泽，更何况是活着的人呢？”

趣味链接 周文王有多少个儿子

传说周文王有一百个儿子，事实真的是这样吗？《诗经·大雅·齐思》记载：“大姒嗣徽音，则百斯男。”大姒是文王的妻子，从这句来看，很容易让人理解为文王有一百个孩子。其实，这是一种误解，这里的“百”并非确数，而只是泛指“多”的意思。事实上，文王共有十个儿子，这在《史记·管蔡世家》中是有明确记载的。长子是伯邑考，次子就是后来的武王姬发，三子管叔鲜，四子周公旦，五子蔡叔度，六子曹叔振铎，七子郕叔武，八子霍叔处，九子康叔封，十子冉季载。

伯夷、叔齐宁愿饿死，也“不食周粟”

伯夷、叔齐是商朝末年孤竹国国君的长子和三子。孤竹国国君在世时，想立三子叔齐为王位继承人。这让素来讲求仁义的叔齐颇感纠结，因为伯夷是长子且才华在自己之上，他怎么可以去抢本应属于哥哥的王位？于是，在孤竹国国君死后，叔齐毫不犹疑地提出，要将王位让给长兄伯夷。而伯夷和叔齐一样重仁义，他坚持认为国君遗命不可违，于是决定独自一人出走。而叔齐亦不肯当国君，于是在重压之下决定与哥哥一同出走。而孤竹国国君的第二个儿子最后继承了王位。从这一件事就可看出，伯夷、叔齐二人是有气节、有立场的人。当然，伯夷、叔齐兄弟之所以互相谦让，还有一个原因是他们对商纣王当时的暴政不满，所以不愿继承王位与之合作。后来，他们二人隐居在渤海之滨，等待清平之世到来。

周在西方的强盛给兄弟二人带来了新的曙光。听闻周文王是位道德之君，二人不惜长途跋涉来到了周。不过，令他们意想不到的是，那时周文王已死，新王是武王。而更令他们失望的是，一些触目的时弊令二人无法容忍。

武王听说两位贤人远道而来欣喜若狂，立即派周公旦前往迎接。周公旦一见二人便立书盟誓，许诺给他们二级俸禄以及相应的官职。

但是二人相视而笑，对周公旦说："高官厚禄绝非我们兄弟所追求的仁道。如今周见商朝败乱而急于坐大，崇尚计谋而行贿赂，依仗兵力而壮大威势，用宰杀牲畜、血涂盟书的办法，向鬼神表示忠信，到处宣扬自己的德行来取悦民众，用征伐杀戮来求利，这是用错误的行为，来取代商纣的残暴统治。我们对此极为失望。"

当周武王带着装有其父周文王的棺材，挥军伐纣时，伯夷甚至拦住武王的马头进谏说："父亲死了不埋葬，却发动战争，这叫作孝吗？身为商的臣子却要弑杀君主，这叫作仁吗？"周围的人要杀伯夷、叔齐，却被统军大臣姜尚制止了。

后来，武王灭商兴周，天下归附。而伯夷、叔齐却耻于做周朝的臣民，坚守节义，发誓不吃周朝的粮食。他们隐居在首阳山（今山西永济西），靠采食野菜充饥。周武王派人请他们出山，并答应以天下相让，他们仍拒绝出山仕周。

一天，一个村妇在山中遇到伯夷和叔齐，村妇对他们说："二位先生有气节，不吃周朝的粮食，可是你们吃的野菜也是周朝的啊！"二人听后非常后悔，发誓连野菜也不吃。七天之后，伯夷、叔齐饿死在了首阳山。

伯夷、叔齐不食周粟

有人不喜欢伯夷、叔齐，说他俩太固执、太死板、太迂腐，理由是他俩不继承王位，不吃周朝的粮食，跑到首阳山上吃野菜，结果饿死了；有人喜欢伯夷、叔齐，说这两个人有骨气、有气节、有立场，理由是他们禅让王位，冒死进谏，宁肯饿死也不食周粟，坚持原则，保持气节。其实，无论怎样评价，都是见仁见智，也许只有回到历史人物所处的时代来评价，才是最客观的。

趣味链接 伯夷、叔齐的故事被带到了朝鲜

据传，殷商被周所亡后，箕子从孤竹国带走数以万计子民，奔逃至朝鲜，并建立了朝鲜国，同时也把伯夷、叔齐的故事带到了朝鲜。

朝鲜成宗四年（公元1473年），汉学家李边受成宗之命编撰《训世评话》，共收录65则古代故事，主要取材于中国古书，其中就有《伯夷叔齐》篇。后此书多次再版，对朝鲜社会民众影响深远。明清时期，不少朝鲜诗人学者拜谒夷齐庙，题写诗文，讴歌伯夷、叔齐。

孤女褒姒的奇特命运

说起美女褒姒，大家脑海中马上就会想起周幽王烽火戏诸侯以博褒姒一笑这个故事。其实，褒姒的一生命运多舛，非常奇特。

褒姒出生在西周宣王在位期间，出生十分离奇。据说，在八百多年前，夏桀在朝的时候，有两条神龙来到皇宫，口流涎水，自称“褒城二君”。于是夏桀命人拿来金盆，取龙的涎水藏在箱子里，放在内库。斗转星移，转眼八百年过去了，西周厉王即位。有一天，内库箱子发出毫光，厉王命宫女打开，有一条小虫钻出，忽而就不见了。当时，打开箱子的宫女年仅十二岁，此后，肚子一天天变大，居然怀孕了。厉王责怪其无夫而孕，将其关在禁宫。令人意想不到的是，四十年过去了，宣王继厉王登上王位了，而这位年已五十多岁的宫女才产下女婴。

周宣王连呼怪事，认为此宫女妖异，是国难的象征，命人将宫女斩于清水河边，将女婴扔入河中。谁知那女婴被草席包着，并不下沉，反而顺水漂流。当时空中飞来百鸟，上下舞动，用羽翼为婴儿遮挡太阳，用嘴叼着草席拖到岸边，正好一买桑男子经过，抱养了女婴。这个女婴就是后来的褒姒。

宣王死后，幽王即位，此时褒姒已经出落得如出水芙蓉般美丽。一天，褒姒在门外的小河边汲水，被幽王的手下洪德带了去，献给幽王。幽王得了褒

姒后，十分喜爱她，自此与她朝夕相处，伴随左右，常常数十日不理朝政。幽王的王后申后知晓后很生气，便派人去陷害褒姒，失败后，又派人杀死了褒姒的养父。幽王迷恋褒姒，宠爱有加，知道申后的所作所为后就废了申后，立褒姒为后。

申后的父亲在申国听到女儿被废的消息，怕幽王加害，便联合邻国犬戎，率大队人马浩浩荡荡地杀到镐京。幽王吓得手足无措。都城攻破后，幽王被杀死，褒姒被捉住。褒姒不甘忍受屈辱，对众士兵喊了一句："我仇既报，虽死何惜！"就自杀而亡了。

管仲智过鬼泣谷

齐桓公继位后，施恩布德大赦管仲，令其心生感激。管仲上任不久，便大胆实施改革，很快就收到了"通货积财，富国强兵"的效果，亦使齐国国力大增。当齐桓公自信能争霸诸侯时，便适时打起"尊王攘夷"的旗帜来号令群雄。

"尊王"即尊崇周王的权力，维护周王朝的宗法制度，而实际上是凭借自身之强大，借机名正言顺地得到盟主的地位。"攘夷"即抵御外敌入侵中原，凡是有中原诸侯遭遇外敌入侵，齐桓公便会强硬打击。比如齐国北面的山戎民族，便是前来赴死的第一敌。而管仲，亦因此役名声大噪，其战略战术的智慧运用，让人佩服得五体投地。

齐桓公二十二年（公元前664年），齐国北面的山戎民族，出兵攻打与齐国立盟的燕国，企图削弱齐国的势力。燕国君主亲率两万将士出战，却在一个叫鬼泣谷的地方，中了山戎部落的埋伏，只逃出千余人。山戎接着一鼓作气连拔三城，气势相当凶猛。千钧一发之际，燕王急派使者向齐国求援。

刚坐上中原盟主之位，齐桓公怎能容忍山戎前来挑衅，于是，他携管仲统率五万大军奔赴燕国。同时，无终国的国君也派遣大将虎儿斑率两千士兵助战。被管仲封为先锋将军的虎儿斑，一连收复燕国失去的三座城。但杀到一个叫里岗的地方时，却不敢前进了。他对齐桓公和管仲说："前面是鬼泣谷，燕国两万大军就葬身此地！若山戎布下埋伏，我们将插翅难飞。"

管仲苦思冥想许久没有良策，便趁夜独自溜出营帐，来到两军对阵的鬼泣谷的山坡上，希望能找到一个突破口。突然，管仲看见前面不远处竟然站着一个人，莫非是敌军？管仲吓出了一身冷汗，定睛一看，才发现是一截树桩。管仲顿时灵光一闪，计上心头。回到营中，他对虎儿斑说："将军既然有所顾虑，那你就跟在大军最后吧。"管仲说着，拿出令牌："王子成父、赵川二将！你俩去前军，按令牌所指行事，做好准备，明日清晨过鬼泣谷！"

管仲

第二天天刚亮，一辆辆战车向鬼泣谷驶去。只见马的嘴是被网笼住的；战车的轮子上绑有麻皮，发出的声音很小；战车上站着的将士则披甲握戈，显得格外高大；齐国的战旗在谷风的吹动下发出"哗啦哗啦"的响声。

山戎令支国首领密卢见齐军已进入了他的伏击圈，便立刻挥舞"令"字小黄旗，一声令下，山上的兵士便一齐往下放箭、丢石、放木头。有的击中齐军将士，有的把战车砸得稀巴烂，有的把"齐"字大旗打断了。瞬时，齐军的战阵一片混乱。山戎部落的将士们高兴万分。

密卢挥动狼牙棒，率兵从山上冲将下来。密卢冲到一个身中数箭，仍立于战车上岿然不动的齐将前，举起狼牙棒对着齐将的头部狠击一棒。"咚"一声，把齐将的头盔打落了。定睛一看，原来被打落头盔的其实是披着衣甲的树桩。密卢知道中计，顿时大惊失色。

此刻，鼓声大作。密卢闻声回头，只见齐国骁将王子成父和赵川率兵直扑过来。密卢大喝一声，挥舞着狼牙棒迎上去。他见远处有一个身材高大的人站在战车上，在观看两军作战，断定是齐国相国管仲，就径直朝那人扑去。所扑之处，齐兵无人抵挡得住。片刻，密卢已杀到管仲面前。说时迟，那时快，战车后数十支箭齐发，密卢惨叫倒地。他手下一员大将冲进重围，把负伤的密卢抢了回去，往山戎的另一部落孤竹国逃去。就这样，管仲用一截树桩顺利地过了鬼泣谷。

趣味链接 管鲍之交——管仲和鲍叔牙的友谊

管仲和鲍叔牙之间深厚的友情，已成为代代流传的佳话。在我国，人们常常用“管鲍之交”，来形容自己与好朋友之间亲密无间、彼此信任的关系。

管、鲍曾合伙做生意，管仲因出资少而分利多，被人们说是贪心，但鲍叔牙却说：“管仲只是顾家，并非贪心。”后来，管仲做生意亏本，人们又说管仲太笨，鲍叔牙就向别人解释：“管仲并非笨，只是运气欠佳而已。”管仲三次出仕，结果三次被逐，人们就说管仲无才，但鲍叔牙却说：“管仲只不过是生不逢时。”齐桓公继位，决定剁管仲为肉酱，鲍叔牙却劝解说：“错不在管，他只是忠诚于主，请桓公不计前嫌。”桓公封鲍叔牙为相，可鲍叔牙却对桓公说：“管仲能力远在我之上，相非他莫属！”桓公遵鲍叔牙所言，封管仲为相，管仲果真把齐国治理得非常好。因此管仲说：“生我者父母，知我者鲍子也。”后人即以“管鲍之交”来表示不以物移、坚贞真挚的情谊。

蛆虫遍身，霸主齐桓公死相惨烈

齐桓公是一位德才兼备的雄主，他任管仲为相，推行改革，实行军政合一、兵民合一的制度，使齐国在短短几年内便强盛了起来。

齐桓公五年（公元前681年），桓公于甄（今山东鄄城）召集宋、陈等四国诸侯会盟，成为中国历史上第一个担当盟主的诸侯。当时，中原华夏各诸侯苦于戎狄等部落的攻击，于是齐桓公又打出“尊王攘夷”的旗号，北击山戎，南伐楚国，成为中原第一个霸主。

然而，一代霸主的结局却并不圆满。管仲临死前，齐桓公问管仲：“谁可继为相？”管仲说：“知臣莫如君。”于是，齐桓公先后提名易牙、开方和竖刀三人，而管仲都认为不妥。总结起来，原因有三：

一、易牙曾将自己的儿子杀死，烹饪成佳肴，敬献给齐桓公；

二、开方本是卫国太子，但他不愿当卫国太子，而甘愿对齐桓公俯首称臣；

三、竖刀，为了能够贴身服侍齐桓公，不惜自宫。

表面看来，易牙、开方和竖刀，皆是为了讨得齐桓公的信任，但所做之事，都是非正常人所为。所以管仲认为这样的人不能为相，也是有一定道理的。

齐桓公听了管仲的话，疏远了易牙、开方和竖刀三年。结果这三年里，他食不甘、心不怡。这是何故？

原来，雄才大略如齐桓公者，也喜欢被溜须拍马服侍。最后，齐桓公实在忍不住了，又把三人召到了身边，并加以重用。

齐桓公送葬图

由于没有管仲坐镇，易牙、开方和竖刀三人越发地张狂，被压抑了三年的私心邪念，全都爆发了出来。不但专权跋扈，最后还将病重的齐桓公软禁了起来，吃的、喝的什么都没有，活活将齐桓公饿死了。

悲剧至此还未结束，齐桓公死后，他的五个儿子争相为王，各自培植了一帮党羽。易牙等人欲立无亏为新君，其他四子不服，相互征伐。易牙等人的手段很是毒辣，他们杀了大批官员。本应即位的公子昭见势只得逃往宋国。

由于齐桓公死后儿子都忙于夺位，他的尸首竟无人理会，长达 67 天无人收殓，尸体上长的蛆虫爬得到处都是。最后，齐桓公的儿子无亏即位，才把桓公的尸体放进棺材。后来无亏战败被杀，公子昭经过几番厮杀，成功杀回齐国登基继位，是为齐孝公。待齐孝公登基后，齐桓公才正式安葬，这离他去世已经过去十个月。堂堂的一国之君，“春秋五霸”之首，下场竟如此凄惨，实在令人感到悲痛！

齐灵公掀起女着男装的风潮

齐灵公有一种特殊的审美癖好，喜欢看女人穿男人的服装。结果后宫，上至皇后、宠妃，下至嬷嬷、宫女，为了取悦齐灵公，纷纷开始女扮男装。正所谓上行下效，他的这一喜好，迅速在全国范围内形成了一股潮流。

宫里女人着男装也就罢了，全天下都仿效，成何体统，齐灵公为此甚为不悦。不过更重要的是，这一流行风潮也给国家的运作带来了许多麻烦。于是齐灵公下了一道禁令：街市严禁女人穿男装，凡被发现者，剥光衣服示众，且还要严惩其父兄或丈夫。

虽禁令如此，但是情况却鲜有改观，举国上下女子皆同以往。齐灵公为此更感恼怒。但他亦无计可施，于是便请教晏婴有何对策。

晏婴答道：“君使服之于内，而禁之于外，犹悬牛首于门，而卖马肉于内也。公何以不使内勿服，则外莫敢为也。”意思是，大王您对外采取严厉的措施，不允许女人穿男装；但是在宫内却不加以禁止，如此内外双重标准，就像挂着牛头卖马肉。您只要内外统一标准，外面的人就不敢女扮男装了。

齐灵公听罢恍然大悟，原来，女着男装屡禁不止的源头在齐国后宫，怪不得平民纷纷效仿。若对内不严加约束，百姓看见宫女依然穿着男装，自然对齐灵公的禁令有恃无恐。

因此，齐灵公立即下令，命宫中所有女子必须着女装。如此一来，宫外的女人自然也恢复了女装。结果，不出一个月，举国上下再也找不到穿男装的女人了。

趣味链接 晏婴

晏婴乃齐国上大夫晏弱之子，春秋后期重要的政治家、思想家、外交家。晏弱死后，晏婴继任齐卿，历任齐灵公、齐庄公、齐景公三朝的卿相，辅政长达60余年。晏婴能言善辩，善于辞令，使楚时曾舌战楚王，维护齐国尊严。内辅国政，屡谏齐君。对外他既富有灵活性，又坚持原则性，出使不受辱，捍卫了齐国的国格和国威。司马迁非常推崇晏婴，将其比作管仲。

有事钟无盐，无事夏迎春

齐宣王有两位著名的夫人，一位是钟无盐，另一位是夏迎春。钟无盐相貌奇丑，但文韬武略，有着定国安邦的本领，她心怀社稷，每当国有危难之时，就挺身而出，忠言进谏，甚至常为齐国厮杀疆场，因此受到人们的爱戴。而夏迎春有着天仙般绝伦的美貌，常伴君王左右，每当国家清平之时，她就勾引齐宣王恣意享乐、不理朝政，所以自然受到万人唾弃。而后世广为流传的“有事钟无盐，无事夏迎春”，说的就是此事。

对齐宣王而言，钟无盐既能在国家危难之际救社稷于水火之中，又能在千年万年之后，为自己的知人善任、不贪美色做宣传。所以她理所当然地成了齐宣王的王后。

不过，原本就贪淫好色的齐宣王，对于貌丑的钟无盐，没有爱情可言。但是钟无盐对齐宣王却有爱，而且她还希望齐宣王会爱上自己。

试想，一个丑陋无比的女子，一跃成为至高无上的王后，可想而知，钟无盐的幸福感是多么强烈。而被突如其来的幸福感冲昏了头脑，也是可以理解的。所以，当战火烧到边界，危险就要来临时，齐宣王就会地望着钟无盐。钟无盐从齐宣王的眼神中得到了一丝信息，只因为这一丝信息，她二话不说，绾起秀发，披上盔甲，大吼一声："三军将士听令！出发！不胜不归！"

硝烟四起，厮杀不停。钟无盐挥剑斩下敌人的首级，她手不抖，眼不眨，渴饮刀头血，睡卧马鞍桥，一场惨烈的厮杀终于结束了。钟无盐鞭敲金镫响，高唱凯歌而还。钟无盐虽然能用智慧和武力保护自己心爱男人的江山社稷、城池子民，但悲哀的是，她无力保护自己的爱情，甚至可以说，她根本没有得到过爱情。

国家危难解除后，钟无盐继续忍受着独守空房、漫漫长夜的落寞。而隔壁灯火辉煌的宫殿中，有着"天上难找、地下难寻"容貌的夏迎春，时而娇羞地赖在齐宣王的怀里，玉指捻着葡萄往他嘴里送；时而光着那玉笋般的脚，跳起优美曼妙的舞蹈，边跳边向齐宣王抛着媚眼……他们二人的寻欢作乐之声，就像咒语一样侵蚀着钟无盐的心。

这就是"有事钟无盐，无事夏迎春"的由来。千百年来，人们对只懂得享乐、只会迷惑齐宣王的夏迎春口诛笔伐，极尽辱骂，说她是狐狸精，说她是淫妇，说她夺去了钟无盐的爱情。可是也有人对这两个可怜的女子投去同情的目光，因为她们在与齐宣王的周旋中，都是失败者。

趣味链接 丑娘娘钟无盐

钟无盐，又名钟离春，齐宣王之妻，亦是中国古代四大丑女兼才女之一，人称"丑娘娘"。钟无盐的故事最早见于西汉刘向的《列女传》中的《辩通传》。钟无盐德才兼备，却容颜丑陋，年四十未嫁，许多古书里形容女子容貌丑陋动不动就说"貌比无盐"，和"貌如西子"相呼应。那么，钟无盐到底丑到何种程度？

据古书记载，她额头、双眼均下凹，显得黯淡发干，上下比例失调，而且骨架很大，非常壮，像男人一样，鼻子朝天，脖子肥粗，有喉结，额头中间是下陷的。又没有几根头发，皮肤黑得像漆。这和古代后妃"螓首蛾眉"的相貌标准相去甚远。

楚襄王与巫山神女的恋情

古代男子，上至天子，下到贩夫，大多喜欢做与天上神女相会的美梦，且杜撰出各种版本的人神相恋的传说。从中我们可以窥见什么？仁者见仁，智者见智。而宋玉在《神女赋》中写到的巫山神女与楚襄王相会一事，为我们品鉴趣闻传说提供了一种可能。

据说，当年楚襄王和宋玉一起游览云梦台，待饱览巫峡十二峰美景后，宋玉适时地将“巫山神女”搬了出来，并声情并茂地夸赞神女容颜姣好、身材曼妙，且能歌善舞。此外，她还曾“自荐枕席”，与襄王先父楚怀王有过缠绵悱恻的情爱。这令楚襄王多少有些按捺不住。为了求见神女，楚襄王听从宋玉的安排，清心寡欲、斋戒沐浴数日，而几天后的夜里巫山神女果真如期而至。二人得鱼水之欢，肌肤相亲。

由此观之，楚襄王和巫山神女的关系可谓“巫山云雨”。但客观说来，作为《神女赋》中所谓的巫山神女，相较于那些法力超群的神而言逊色不少，而宋玉对神女的夸赞也止步于此，说明楚襄王对她的爱恋并不多，只不过恰逢短暂巡游至此，相会机缘尽在眼前舍不得放弃罢了。

事实上此地并没有什么“巫山神女”，真实的情况应该是：宋玉为溜须，襄王为美人，君臣二人各怀心事，彼此故作不知，但达成了需要一位美女的共识。而后人在《神女赋》的基础上想象并加以演绎，口口相传，就成了今天各种版本的“巫山云雨”传说。

如今，两千年已逝，传说亦不可追，但站在楚襄王的角度想，我们应该会明白，凡尘女子多而生腻，战乱年代人心惶惶，故君王倾慕仙子或许是欲望、愤懑转化之举，并无是非对错之论，甚至将姿色出众的美女幻化成神仙女眷亦未可知。所以今人茶余饭后阅读至此，把它当成一个耐人寻味的故事来看即可。

趣味链接 巫山神女的民间形象

望霞峰

巫山神女究竟是神还是人，民间另一个版本的传说就浅显得多了。

相传巫山神女乃西王母之女，名瑶姬。瑶姬姊妹十二人一起在巫山一带助大禹治水排洪。因洪水来势迅猛，一般的水坝根本不能阻拦。为排水患、保一方生灵，她们就化成十二座奇秀绝美的峰峦耸立在巫峡两岸，以保证洪水流向大海。而瑶姬是十二仙女之首，所化山峰也昂然最前。每天清晨太阳初升、朝霞方起之时，神女峰总是第一个迎来朝霞，于是便赢得了“望霞峰”的美名。

楚庄王作乐三年，只为“一鸣惊人”

晋楚两国城濮之战后，楚国的北上计划暂时搁置，转而向东发展。晋灵公八年（公元前613年），楚庄王继位。他继位后，国内一度叛乱不止，群舒、百濮等部也乘机骚动。但楚庄王却对此视而不见，在即位后的前三年，整日饮酒作乐不问政事。为防止大臣前来打扰，他还专门在寝宫门上挂上牌子，上面写道：“进谏者，杀毋赦。”楚国上下人心惶惶，以为国家危亡在即。

据传，楚国大臣伍举忍无可忍之际，决心去见楚庄王。当时楚庄王左手抱着郑国的美女，右手抱着越国的美女，正在欣赏音乐。见伍举进来也不松开抱美女的手，只是懒洋洋地问伍举有什么事。伍举说：“臣得一谜语，百思不得其解。特来向大王您请教。”楚庄王一听是猜谜，觉得有些意思，就笑着让伍举说下去。伍举道：“楚国山上，有一只大鸟，身披五彩，气宇轩昂。可是一停三年，不飞不叫，此是何鸟？”

楚庄王心里明白伍举说的是谁，他说：“此非俗鸟，不飞则已，一飞将要冲天；不鸣则已，一鸣将要惊人。你且去吧，我心中有数。”

事实证明，楚庄王的三年不飞，实际上是一种韬光养晦的策略。第一，潘崇专权后楚国朝廷陈陈相因、积重难返。第二，楚庄王即位之初自身根基不稳，没有心腹大臣。第三，身为国君，他的执政能力还有所欠缺。

下诏拒谏这一策略，帮楚庄王选出了真心来进谏甚至真正不怕死的忠臣。表面的奢侈淫逸、醉生梦死，使得肆无忌惮的奸佞臣子暴露无遗，洁身自好的大臣脱颖而出。

三年后，楚庄王开始亲自处理国政，先后设计将专权之臣斗克和公子燮绳之以法，迅速平定内乱，稳住国内政局。其后，他又任用鄙人出身的孙叔敖为令尹。在经济方面，他组织人力兴修水利，大力发展农业生产。军事上，楚庄王出兵万人，将群舒百濮之乱迅速平定。国人嗟叹："庄王真是不鸣则已，一鸣惊人啊！"

楚庄王三年（公元前611年）秋，楚庄王出兵伐庸，后又降服边境戎族，使其归附。自此，楚国国力空前强盛，统治稳定，庄王遂萌北上图霸之志。

楚庄王欲图中原，首当其冲的便是郑、宋二国。公元前597年，楚庄王借口郑国与晋国相互勾结联合攻楚，出兵连续攻打郑国三个月。晋国派荀林父率中军援郑，与楚军大战于邲（今河南荥阳东北）。晋军将帅举棋不定，步调不一，迟疑不进，结果大败。慌乱之中，晋军连夜抢渡黄河，为抢夺渡船，士兵竟然互相残杀，死伤无数。邲之战，使晋国在中原诸侯中威信扫地。战后，楚庄王饮马黄河，雄视北方。

楚庄王十九年（公元前595年）秋，楚庄王又借故围攻宋国都城长达九个月。宋军虽顽强抵抗，但没有晋国的援助，实难取胜，遂只能被迫屈服于楚。

在郑国、宋国接连被攻克之后，鲁、宋、陈等中原小国为求自保，也纷纷归顺楚国。至此，楚庄王称霸中原的目的基本实现，成为继齐桓公、晋文公、秦穆公之后的第四位霸主。

趣味链接 "绝缨会"是怎么回事

春秋时期，一代枭雄楚庄王在诸多方面都表现出了远超常人的能力与魄力。其中有一段非常出名的美谈，就是"绝缨会"。

楚庄王在平定子越叛乱后，大宴群臣，宠姬嫔妃也都出席助兴。时值深夜，众人仍未尽兴，庄王命下人点烛夜宴。这期间，偶有一阵疾风吹过，筵席上灯烛尽灭。黑暗之中，一位官员斗胆拉住庄王一名宠姬之手，被这名宠姬扯下帽子上的缨带。庄王得知后，下令先不点燃蜡烛，让众臣都去掉帽缨。庄王大度地不追究这名官员的无礼之罪，这就是"绝缨会"。

不过，楚庄王的大度换来的是忠心。这位"有罪"的官员在七年后的大战中，拼死力战、勇往直前，使楚军大获全胜。这为"绝缨会"画上了圆满的句号，成为一段美谈。

燕昭王招揽人才得妙招

燕王哙七年（公元前314年），燕国发生内乱，齐国乘机出兵，侵占了燕国的部分领土。燕昭王即位后，决心招纳天下贤才，振兴燕国，夺回失去的土地。

一次，燕昭王向大臣郭隗请教，怎样才能得到贤良的人。郭隗略微思索了一下，给燕昭王讲了一个故事。他说："从前有一位君王，愿意用一千金买一匹千里马。可是三年过去了，千里马也没有买到。君王手下的一个小官，自告奋勇请求去买千里马，君王答应了。三个月后，他打听到某处人家有一匹好马。可是，等他赶到时，马已经死了。但是，他仍然用五百金买回了马骨，回去献给君王。君王知道后，很生气。可买马骨的人却说，这样做是为了让天下人都知道，大王您是真心实意想出高价钱买马，并不是欺骗别人。果然，不到一年时间，就有人送来了三匹千里马。"

郭隗讲完故事，又对燕昭王说："大王要是真心招揽人才，也要像买千里马的君王那样，让天下人知道你是真心求贤。你可以先从我开始，人们看到像我这样的人都能得到重用，比我更有才能的人就会来投奔你。"

燕昭王听了郭隗的话觉得很有道理，于是拜郭隗为师，还给他优厚的俸禄和华丽的住宅，并且修筑了"黄金台"，作为招纳天下贤士的地方。消息传出去不久，各国才士争先恐后地奔赴燕国。其中不乏名士，如武将剧辛从赵国来，谋士邹衍从齐国来，屈庸从卫国来，乐毅从魏国来……真是人才济济。燕国也因此重新强盛了起来。

趣味链接 燕昭王举兵伐齐

燕昭王在乐毅等人的辅助下，兢兢业业地奋斗了二十八载，不仅国家日渐殷富，积累了一定的实力，而且培养了奋发图强的民风。正当燕昭王励精图治，燕国国势蒸蒸日上之时，燕国的世敌齐国已达到了强盛的顶点。然而，齐国国君对内不恤民力，横加赋敛；对外不断用兵，惹得诸侯不满。忍辱多年的燕昭王认为报仇雪耻的时机已到，决意举兵伐齐。

燕昭王二十八年（公元前284年），燕昭王拜乐毅为上将军，统率同样不甘齐国压制的韩、魏等五国兵马，浩浩荡荡杀奔齐国。齐愍王听说五国联军打至城下，惊慌失措，调集全国兵马抵抗联军，双方战于济水之西。由于统帅乐毅指挥有方，五国人马士气旺盛，齐军一败涂地，被联军攻破都城临淄，齐愍王仓皇逃窜，最后在莒城被人杀死。

公子宋"染指"吃甲鱼

听说过因为荒淫无度而被杀的皇帝，也听说过因为软弱无用而被弑的君主，但你听说过因为吃甲鱼而丢了性命的帝王吗？作为重臣，因为吃不到甲鱼而弑君，是因为对食物的特殊爱好，还是因为要挽回脸面，或是有其他原因呢？

历史上这位因为甲鱼而被杀的倒霉的君主就是郑灵公。郑灵公，姬姓，郑氏，名夷，春秋时郑国第十位君主。在位不足一年便被弑，而弑君者便是郑国贵戚公子宋。

公子宋是郑灵公的亲戚和大臣，和公子归生一起辅政。虽然劳苦功高，却也常常倚仗自己的权位，颇为骄横，有时连国君也不放在眼里。

有一天，公子宋和公子归生走在路上，食指突然不受控制地动了起来，公子宋便对公子归生开玩笑说："食指，食也。你瞧，我的食指在动，肯定又有好吃的了。每次食指一动，我就会吃到美味佳肴。当年，出使晋国时，我吃到了花斑鱼；出使楚国时，又吃到了合欢橘和天鹅。这次，不知道又会吃到什么。"说着两个人已经走到朝门前。这时突然听见内侍在叫厨夫，公子宋就把内侍叫过来，问清楚原因。原来楚国使者带了一只两百多斤的大甲鱼，送给郑灵公。灵公已经吩咐人把甲鱼烹了和大臣们分享。公子宋便笑着对公子归生使了个眼色。

而这一幕恰好被郑灵公看见，灵公便追问缘由，公子归生把情况一五一十地说了出来。郑灵公就想羞辱一下公子宋，压一压他的锐气，知道了事情原委后，便说："他吃得上吃不上，决定权在我。"

公子归生悄悄对公子宋说："君主设宴怕不会请你去吧？"公子宋一挥手，不在意地说："宴请群臣，哪有不请我的道理。"

等到甲鱼烹好，群臣皆至，果然也宴请了公子宋。但当一碗碗的甲鱼摆上宴桌时，却独独没有公子宋的那份。公子宋直瞪着郑灵公。灵公则用嘲笑的口气问道："爱卿，你的食指这次怎么不灵验了呢？"别的大臣听后都哈哈大笑。公子宋没想到自己竟然遭到这般羞辱，怎么受得了。他心想，你不让我尝，我偏要尝。于是，他气急败坏地把手指伸到郑灵公的碗里蘸了一下，又咂了咂手指，得意地说："谁说不灵验呢？"然后拂袖而去。

郑灵公十分恼怒，臣子居然如此以下犯上，根本没把自己放在眼里，便扬言要杀了公子宋。公子宋早就想到了，于是决定先下手为强，与公子归生策划杀了灵公。公子归生生性胆小，劝道："牲口老了还怕被杀，何况国君呢！"但无奈公子宋威胁，只得同意。

几天后，公子宋便伙同他人，把郑灵公给杀了，立灵公之子公子坚为君，即郑襄公。

趣味链接 甲鱼

甲鱼，又称鳖，是水陆两栖动物，多生长于淡水湖泊中。甲鱼不仅味美，而且有很大的药用价值。在我国，汉江之鱼鳖鼋鼍为天下之最。春秋时期，楚国所在地正是今天汉江一带，只是如今宽一米以上的巨鳖已经少见，楚国使者赠送的两百多斤的甲鱼更是罕有，因而可以说是十分珍贵的。

秦穆公用五张羊皮，换来春秋霸主

秦穆公位列春秋五霸之一，自即位那天起，成就一番霸业就是他最大的梦想。为此，他不惜四处游走，求贤若渴。而他用五张羊皮，求得百里奚的故事，更是不拘一格求贤纳士的典范，成为历史佳话，街头巷尾妇孺皆知。

百里奚，字井伯，虞国（今山西陆县东北）人。年少时便饱读诗书，游走天下，希望能找到贤明之君，为其提供一展宏图的机会。百里奚先是奔走至齐国，终因未得见齐襄公而转至宋国，这一次，他遇到了他一生中最重要的朋友——隐士蹇叔。百里奚、蹇叔两人后一起回到虞国，拜访蹇叔在虞国为官的朋友宫之齐，宫之齐欣赏二人的才华，请求二人留在虞国参与政事，但是蹇叔认为虞国国君贪图小利，非成事之人，因此婉拒。而百里奚受困于饥饿、贫穷，因此不得不留下来，当上了虞国的大夫。

蹇叔想得一点也不错，虞国国君果然是贪利怕事之人，出卖了唇齿相依的虢国。晋献公借道伐虢时，顺道灭了虞国。而百里奚侥幸不死，沦为晋国的俘虏。

秦穆公五年（公元前 655 年），秦穆公迎娶晋献公之女，百里奚被当作陪嫁的奴仆一并被送去了秦国。满腹才华的百里奚自然不愿一世为奴，于是在半路上借机逃跑，不幸的是，百里奚逃至半路时，又被楚国人当作奸细给抓了起来，并将其押送至南海去放马。

细心的秦穆公发现陪嫁的礼单里有百里奚的名字，却不见其人，便询问此事，有个叫公孙枝的晋国人告诉秦穆公：百里奚乃治国栋梁之材，可惜时运不济，一直怀才不遇，现在楚国牧马。楚国人不知百里奚之才，真是可惜呀！

秦穆公素来求贤心切，听罢更是急于觅得百里奚。为此，他还准备了一份厚礼，想要送给楚成王，不过公孙枝却及时地阻拦了他。他对秦穆公说："楚成王不知百里奚之才，倘若您备厚礼请他，岂不是提醒了楚成王吗？如此一来，他又怎会放人？"

秦穆公听后恍然大悟，便依照当时普通奴隶的价格，派人带五张羊皮去见楚成王，借口说：老奴百里奚犯法，躲在贵国，请允许我们把他带回治罪。楚成王果然中计，命人将百里奚关在囚车里，交到了秦穆公手里。

不过，当秦穆公看到百里奚时却是大吃一惊很是失望。原来那时的百里奚，已是一个白发苍苍的老人。秦穆公叹惜道："唉，先生老矣！"百里奚答曰："若论上山打虎，百里奚老矣。若谈国家大事，百里奚比姜太公遇文王之时还年轻。"此番回答让秦穆公倍感欣慰。百里奚果真是个人才。

秦穆公

百里奚在秦国大展拳脚，提出了很多行之有效的战略构想，令秦穆公心悦诚服，后被升至相国。百里奚借机又向穆公推荐了蹇叔。秦穆公于是派公子絷前去聘请蹇叔。在公子絷再三恳求之下，蹇叔来到秦国担任右相。在百里奚和蹇叔二人的协助下，秦国的经济和军事实力迅速提升，很快便傲视群雄。而亡国在即的楚成王，看着当年那五张羊皮，后悔也来不及了。

可以说，秦穆公能成就一番事业，百里奚居功至伟。但秦穆公对待人才的态度，才是他称霸一时的根本原因。

趣味链接 百里奚在历史上的地位

百里奚辅佐秦穆公称霸，对以后秦国兼并六国结束分裂局面，形成大一统的帝国，奠定了坚实的基础。据古史记载，百里奚去世后，秦国不论男女皆痛哭流涕，连小孩子也不唱歌谣，正在舂米的人也因悲哀而发不出相应的号子。百里奚在当时的贡献是多方面的，在历史上有着极高的地位。

苏秦自请“五马分尸”

古代有无数种酷刑，五马分尸是最残酷的刑罚之一：把受刑人的头跟四肢套上绳子，由五匹快马拉着向五个方向急奔，把人活活地撕成六块。五马分尸学名“车裂”，如果不是罪大恶极之人，或者彼此之间没有不共戴天之仇，一般都不会用此刑。但是，历史上偏偏有一个人，他留下的最后遗言竟是恳请帝王把自己“车裂”！这样的举止不能不说是前无古人，后无来者。那么，这个中国历史上唯一自请“五马分尸”的人是谁呢？他就是战国时期著名的纵横家苏秦。

苏秦本是战国时期著名隐士鬼谷子的高足，与张仪、孙膑、庞涓是同学，按说有这样耀眼的光环，苏秦的一生应该是一帆风顺的。其实不然。苏秦虽然胸怀大志，希望自己能成为一国丞相级别的高官，但事与愿违，他最开始的两次求职都失败了，这激起了他“不成功则成仁”的强烈愿望。而且，苏秦求职失败后身无分文，只能回家，没想到家人不但不理解，反而无情地打击他。这都促使苏秦更加努力地学习。

功夫不负有心人，苏秦的第三次求职非常成功，他凭借合纵学说成功地说服了七国之中最弱小的燕国国君燕文侯，得到了燕文侯的重用，被拜为相。更令苏秦心情激动的是，夫妻不和的他在燕国竟找到了自己的“红颜知己”，而这个“红颜知己”正是燕文侯的夫人。奇怪的是，燕易王发现了苏秦与自己亲生母亲的这层关系，不但没有生气，反而对苏秦更加宠信，更加厚待。燕王不追究苏秦这段丑闻，却使苏秦内疚、惭愧、恐惧，“士为知己者死”的心情交织在一起，可以说苏秦后来佩挂六国相印与这件事脱不了干系。

有了燕王给的金钱与地位做后盾，苏秦凭一张利口，说服了除秦国之外的六国君主联合起来，并当了六国的丞相，使强大的秦国十五年不敢跟六国用兵。不过，好景不长，苏秦明为六国之相，实际上为燕一国之相的做法最终被他国的有识之士发现了。燕国与齐国有灭国之恨，苏秦为兑现为燕王报仇的承诺，利用他的影响说服齐王归还了燕国的十座城池，劝齐王大兴土木，极大地削弱了齐国的国力。这一举动遭到了齐国大臣们的极力反对，而苏秦也遭遇刺客的行刺，受了重伤，无法治愈。在临死之前，苏秦向齐王要求在人口集中的街市上把他五马分尸示众。

苏秦为什么自请“五马分尸”？有人说苏秦是为了报仇，抓住刺伤自己的人。可是，如果单纯是为了报仇，为什么要用这么重的刑罚？砍头示众不行吗？做做样子将凶手引诱出来不行吗？所以，也许报仇只是原因之一，恐怕苏秦还有更深层次的想法。五马分尸之后，正好把苏秦分为六块，或许苏秦只是为了把这六块分给六国，希望自己来世能继续为这六国效劳吧！

不过，这些只是后人的猜测。至于苏秦为何要五马分尸，估计只能是个未解之谜了。

趣味链接 苏秦刺股的故事

我们说一个人非常刻苦，会用“悬梁刺股”这个词来形容，而这个词中“刺股”说的对象就是苏秦。

苏秦自幼家境贫寒，连书都读不起。为了维持生计和读书，他不得不时常卖自己的头发或者帮别人打短工，后来又背井离乡到齐国拜师学艺。经过一年的学习，苏秦认为自己已经把老师的本领都学到了，便迫不及待地告别老师和同学，去闯荡天下。但是一年后不仅一无所获，连钱也用完了。他只能穿着破衣草鞋踏上了回家之路。

苏秦到家时已骨瘦如柴，全身破烂肮脏不堪。妻子见他这个样子，只是摇头叹息，继续织布；嫂子见他这副样子，把他奚落了一番后扭头就走；父母、兄弟不但不理他，还暗暗笑他活该！苏秦看到家人这样对待他，十分伤心，便立志好好学习，以期能扬眉吐气。

于是苏秦重新振作精神，搬出所有的书本，发愤读书。他每天读书到深夜，有时候不知不觉就伏在书案上睡着了。第二天醒来后，他后悔不已。为了不让自己睡着，苏秦想了一个办法：用锥子刺自己的大腿。这个方法果然奏效，以后苏秦每当要打瞌睡时，就会用锥子扎自己的大腿，让自己突然“痛醒”。他的大腿因此常常鲜血淋漓，惨不忍睹。

经过“血淋淋”的一年，苏秦已经很有学问了。他又出去闯荡天下，这一次终于事业有成，开创了自己辉煌的政治生涯。

秦武王嬴荡死于举鼎

战国时期有一位君主，不喜政事而专爱练习武艺，因此有人说他是一介莽夫，而其死后的谥号亦为“武”。不过最有意思的是，他的死也恰巧与“武”有关——因为他死于举鼎。有人为他的英年早逝而叹惋，而他却认为自己死而无憾。这位君主就是秦武王嬴荡。

嬴荡生得牛高马大、虎背熊腰，对骑马射箭、驾鹰走狗、摔跤角力等非常痴迷。为此他还特意下旨，在全国范围内寻找具有神力的能人。大力士乌获和任鄙闻讯毛遂自荐，来到了嬴荡的身边且受到了重用。有了这两个的宣传作用，秦国上下，乃至九州之内的能人异士都纷纷投奔秦国而来。

齐国有个叫孟贲的人，他自幼以力大无穷而闻名乡里，后来又学习兵书战策、沙场武功，闯荡天下，游览山川，寻名师、访高友以增强自己的本领，誓要在战场上成就自己的一番宏图伟业。当他听说了秦武王“招贤纳士”的消息后，也投奔秦武王来了。

据传，孟贲曾在龙虎山学得一身奇异的本事，在水里不怕蛟龙，在陆地上不惧虎狼。一次，他在野外看见两头雄壮威武的公牛在打架，两头公牛锋利的牛角叉在了一起，久久僵持、难分胜负。孟贲来了兴致，他想做个和事佬，把两头公牛分开。可事与愿违，两头牛非但不肯罢休，还一个劲儿地用头冲撞。孟贲见牛很不识相，激起了他心中的怒火，他一手按着牛头，一手用力拔牛角，最后竟然将牛角活生生地拔了出来，那两头可怜的悍牛就这样死了。还有一次，孟贲在渡黄河时，因为渡口的人太多，而渡船又太少，所以众人都要排队。孟贲本是急脾气，这让他很不耐烦，就想先上船。船家就说了好些难听的话，最后还用桨点点他的头，说：“你这么好强，难道是孟贲先生吗？”孟贲被气得须发倒竖、虎目圆睁，抖丹田大喝一声：“气杀我也！”一时间喝得波涛翻滚，渡船上的船家和渡客都被吓得掉水里去了。孟贲夺过船桨，一跃上船，划了几下子就到岸上了。孟贲如此神武，自然很得秦武王的喜爱，加官晋爵，青云直上就不必多说。

后来，秦武王带着任鄙、孟贲等一班人到东周洛阳。此行的目的是去看一看九鼎。这九座宝鼎据说是大禹时期铸成的，那时中国分九州，一个鼎代表一个州。秦武王看了一番后，特意找到代表“雍州”（秦国）的鼎，上上下下地看了许久，然后若有所思，对众人说：“这不就是代表我们秦国的宝鼎吗，我们应该把它搬到我国都城咸阳去才对呀。”一旁看守宝鼎的小吏说：“这鼎又叫‘千钧鼎’，有一千钧之重，自它铸成以来，没有人能移动它。”

秦武王一听，顿时来了兴致，他对任鄙和孟贲两位大力士说：“二位义士天生神力，能不能把这座鼎举起来？”任鄙虽是武夫，却极有头脑，他知道秦武王好勇斗狠的劲又上来了，为了防止意外，他说：“这鼎太重了，还是别举了吧。”

可是，在一旁跃跃欲试的孟贲早就控制不住自己了，他不屑地看了任鄙一眼，冷冷地说："看我的！"任鄙还要劝解，可是已经来不及了。孟贲脱掉外衣，来到大鼎旁边，双手扳住大鼎的两只耳朵，运了运气，大叫一声"起"，还真起来了，宝鼎离地被抬起了半尺，但后来孟贲力气跟不上，宝鼎又重重地砸在地上。由于孟贲用力过猛，他的眼眶内都迸出了鲜血。

秦武王看到任鄙畏缩不前，孟贲铩羽而归，心中有些恼火了，于是准备亲自举一举这大鼎。任鄙又劝他说："大王您是一国之君，身体宝贵，不可妄动啊。"可秦武王哪里肯听，他有些不悦，对任鄙说："你自己举不起来，还不让我举，难道是因为嫉妒我吗？孤王自幼练武、神力无敌，岂是你们这些小人物所能比的？"任鄙只好无奈地点了点头，说："大王，小人错了！"

秦武王嬴荡举鼎

秦武王扳住大鼎后果然也将鼎抬起来一点，他想要将孟贲比下去，于是就打定主意要举着大鼎走上几步。可是秦武王对自己的实力估计过高，刚走了一步，宝鼎就重重地落了下来，正好砸在他的右脚上，鲜血迸流。秦武王大叫一声，就不省人事了。众人大惊，急忙把他抬回住处，延医诊治。可是秦武王的脚伤还在其次，重鼎落地的巨大震荡使他的五脏六腑都受到了损伤，郎中回天乏术，秦武王到半夜就去世了，死时年仅二十二岁。而孟贲也因"怂恿"秦武王举鼎落得身首异处、全家抄斩的下场。

趣味链接 你知道"九鼎"的来历吗

大禹在位期间，各部落都对其毕恭毕敬。一次，大禹在涂山召集众部落首领开会。在会上，各个部落用自己贡献出的铜铸成了九个大鼎，即象征地上的九个州，每个鼎中都放有各个州的土产品和奇珍异兽。这九个鼎从各地而来，汇聚到大禹的宫殿，被当作镇国之宝。后来，每当部落首领来向大禹进贡时，都要向这九个鼎致敬。这便是"九鼎之尊"的来历，而"九州"也逐渐成为天下和国家的象征。再往后发展，九鼎象征着国家政权，因此秦国在强大后，经常向东周王室索取九鼎。在秦统一中国后，九鼎不知去向。

樗里子弥留之际的预言百年后竟成真

樗里子是战国时期的一个王室贵公子，更是一名优秀的政治家、军事家。身为秦国宰相的他足智多谋，为秦国的江山社稷做了不少贡献。樗里子的一生并不神秘，可是他在弥留之际的一句话却令人吃惊不已，也正是因此，后来有皇帝专门为他守灵，他也被誉为中国历史上最牛的风水先生，这到底是怎么回事呢？

樗里子，嬴姓，赵氏，名疾，是秦惠文王同父异母的弟弟。嬴疾的家在昭王庙西边渭水之南的阴乡樗里，因此人们俗称他为“樗里子”。樗里子不但能言善辩、足智多谋，而且文武双全、出将入相，秦人称他为“智囊”。他在秦惠王、秦武王、秦昭王三朝历任宰相等要职。他击魏、攻赵、伐楚，斩将拓地，为秦国立下了汗马功劳。

秦昭王七年（公元前300年），樗里子死去，被葬在渭水南边章台之东。樗里子生前虽没有什么奇闻逸事被历史大书特书，但是他在临终前曾预言：“一百年之后，这里会有天子的宫殿夹着我的坟墓。”当时，樗里子的子孙们听了这老爷子的话都不明白是什么意思。

天子的宫殿会夹着樗里子的坟墓，这不就是在说，一百年以后，会有天子给他老人家守墓吗？樗里子为何会这样说呢？樗里子生前虽然智谋过人，有“智囊”的美誉，可是这身后百余年之事，又有谁能说得清楚？况且，樗里子虽然博学多才、诸子百家无所不通，但也没听说他熟谙堪舆之术、青囊之法，能看出葬地的吉凶祸福来。于是，家人以为樗里子在弥留之际神志不清，没有在意，只是按照礼节，把樗里子安葬了。

樗里子

可是令人万万没想到的是，樗里子弥留之际那句看似不着边际的话，到后来竟然应验了。到了西汉时，刘邦建都长安城，长乐宫在他的墓东，未央宫在他的墓西，他的坟墓被夹在了两宫中央，武库正对着他的坟墓。

至于为何樗里子能预测成功，学界和民间有许多说法，众说纷纭，莫衷一是，但这都已不重要，最关键的是，这句话让他成为中国历史上最牛的风水先生。他也留给了后人无限遐想、无限猜测，这不也是一种乐趣、一笔财富吗？

趣味链接“严君”封号的由来

秦惠文王更元十二年（公元前313年），秦惠文王任命樗里子为将军攻打赵国。樗里子不负众望，拿下了蔺邑，还俘虏了赵国将军庄豹。第二年，他又协助魏章攻打楚国，战败楚将屈丐，夺取了汉中地区。就这样，樗里子一举成名，各诸侯国的人都不敢谈论樗里子的名字。秦惠文王为了嘉奖樗里子，也为了鼓舞秦军士气，赐封樗里子为“严君”。

孙膑奉老母寿桃使其返老还童

在中国，凡家中老人大寿，晚辈们必要进献寿桃，祝老人家健康长寿、福禄安康。那么，大家是否知道送寿桃的传统是怎么来的吗？这其中有什么典故呢？

据说，送寿桃的传统始于孙膑。相传，孙膑十八岁时离开家乡到千里之外的云蒙山拜鬼谷子为师学习兵法，一去十二年杳无音信。在一年的五月初五那天，孙膑猛然想起这天是母亲的八十岁生日，而后他又想起乌鸦十八日反哺母鸟，羊羔吃奶跪乳，心想禽兽还知恩达礼，而他自己却有十二年没报母亲的养育之恩。因此，孙膑十分愧疚，于是向鬼谷子请假回家看望母亲。孙膑离开的时候，鬼谷子摘下了一个桃送给孙膑，说：“这桃我是不轻易送人的，你在外学艺未能报答母恩，我送给你一个带回去给令堂祝寿。”

寿宴当天，孙母原本以为自己的儿子又回不来了，正暗自伤神，没想到却听到了孙膑呼唤母亲的声音。孙膑看到自己的母亲已经白发苍苍，再不复当年的模样，当即就在堂上为母亲磕头拜寿，并从怀里捧出师父送的桃给母亲，说：“孩儿一去十多年，无以为报，这是师父临行前送给孩儿的，特带来孝敬母亲！”

孙膑的老母亲听后十分高兴，接过桃子就吃，还没吃完，容颜就变年轻了，满头白发也重新变成了青丝。这让在场贺寿的人十分好奇，众人也都感到高兴。后来，人们听说孙膑的母亲吃了寿桃变年轻了，便纷纷效仿孙膑，在父母过生日的时候送鲜桃祝寿，也希望长辈们能够长寿平安。但是由于鲜桃的季节性强，在没有鲜桃的季节时，人们便用面粉做成寿桃给父母拜寿。这便是送寿桃的由来。

趣味链接 鬼谷子的桃子从何而来

我们都知道孙膑母亲食用的具有延年益寿功效的桃子是鬼谷子所赠，那么，有如此神奇功效的桃子，鬼谷子又是从哪儿得来的呢？

古时候，民间流传西王母是中国昆仑山上的仙女，农历七月十八日是她的诞辰。每年这个时候，西王母都要设蟠桃宴款待众位大仙。据说，王母娘娘的蟠桃园有三千六百株桃树。前面一千二百株，花果微小，三千年一熟，人吃了成仙得道。中间一千二百株，六千年一熟，人吃了霞举飞升，长生不老。后面一千二百株，紫纹细核，九千年一熟，人吃了与天地齐寿、日月同庚。传说凡间享用过“仙果”蟠桃的只有三个人，一位是周穆王，一位是汉武帝，还有一位就是智慧通神的鬼谷子了。

当然，我们平常食用的鲜桃并没有延年益寿的功效，但是由于它里面的果糖有滋补强身的作用，含有的纤维素对老人的常见病亦有好处，因此，民间有“宁吃鲜桃一口，不吃烂杏一筐”的谚语。此外，据史考证，人们认为桃是“五木之精”，有驱邪扶正的功用，所以，用桃祝寿也有祝颂保安康的意思。

鲁班妻助夫造伞

说起雨伞，大家一定都不陌生。在我们的日常生活中，常常会用到伞这个工具，而它也确实为我们的生活带来了便利。那么，雨伞是什么时候开始出现的呢？又是谁发明了伞？

史载，雨伞大约发明于公元前1000年，而这个想法是由鲁班的妻子云氏提出来的。这其中，还有一个非常温馨的故事呢！

班妻造伞

据说，鲁班当时经常在乡间为百姓做活，而他的妻子云氏每天往返为他送饭。天气晴朗的时候还好，若是遇上雨季，常常挨淋。鲁班为此十分心疼自己的妻子。于是，鲁班在妻子必经的路途中沿途设计建造了一些亭子，遇上下雨，妻子便可在亭内暂避一阵。可是亭子虽好，但总不便多设，而且雷阵雨说来就来，根本来不及躲进亭子。有一天，妻子云氏突发奇想：“要是随身有个小亭子就好了。”鲁班听了妻子的话，茅塞顿开。这位本领高强的中国发明大王就依照亭子的样子，裁了一块布，安上活动骨架，装上把手。就这样，中国历史上第一把雨伞就被发明出来了。

趣味链接 班母和班妻

鲁班的母亲和妻子对鲁班的发明创造都有很大的帮助。鲁班做木匠活时，最初需由鲁班和他母亲握住线的两端，否则工作起来很不方便。

鲁班的墨斗刚做好时，鲁班每次弹线，都得请母亲帮忙，捏住墨线的一头。有时，母亲正在做衣服或煮饭，也不得不放下，赶来帮忙。有一天，鲁班母亲对他说：“你做个小钩子，不就可以代替我捏着墨线了吗？”鲁班一听，觉得对呀！于是他很快做成了一个。从此，他一个人就可以弹墨线了。直到现在，木匠们还把这个小钩子叫“班母”呢！

鲁班的妻子也是一位巧妇，经常帮鲁班干活。鲁班刨木料时，妻子在对面抵着。可是这样一来，浪费人力不说，有时候还会抵不住。于是鲁班的妻子在鲁班的工作凳上钉了个木橛子，用它顶住木头。当鲁班再刨时，就觉得稳当多了。而鲁班的妻子也可以腾出手来干别的活去了。后来，人们就把这个木橛叫作“班妻”。

庄子丧妻为何要“鼓盆而歌”

在人们的认知里，如果有亲人去世，会是一件非常悲伤的事情。我们中国人也讲究在发丧时号啕大哭，以此来表达自己对逝者的怀念。但是，远在几千年前，就有一个人很反常，他在自己的妻子去世后不仅不哭，反而坐在屋中一边拍打瓦盆，一边按照节拍唱歌！这个人就是庄子。

据说，当时庄子的朋友惠子来吊唁时看到自己的朋友这么做，还很不高兴，甚至批评庄子：“你的妻子死了，你不仅不哭，还鼓盆唱歌，真是太过分了！”

谁知庄子却说：“我的妻子，推察起来，开始并没有生命。不但没有生命，而且没有形体。不但没有形体，而且没有形体产生的气候征兆。在混沌混杂之中，逐渐酿成了产生形体的气候征兆，进而有了形体，进而有了生命，进而又有了现在的死亡。生生死死，如同春夏秋冬的交替运行。推察起来我的妻子本不是我的妻子。不只她不是我的妻子，而且我自己也不为我所有。现在我的妻子死了，她人已经安静地回归混沌混一的初始状态，躺在天地万物的大房子里，如同秋去冬尽，等候春天重新来临。而我却嗷嗷地在她身后痛哭，我自以为是我不懂道理了，所以就又止住了哭。”

虽然这在常人看来有些荒唐，但庄子会这样想并不是没有道理的。众所周知，庄子一生钟爱道家，主张顺其自然。所以，庄子会“鼓盆而歌”来怀念自己的妻子。

趣味链接 “濠梁之辩”的故事

惠施是先秦名家的代表人物，和庄子既是朋友，又是论敌。《庄子》一书，记载了他们之间的许多辩论。其中，有一个很有名的故事，叫“濠梁之辩”。

一天，庄子和朋友惠施在濠水的一座桥梁上散步。

庄子看着水里的苍条鱼说：“苍条鱼在水里悠然自得，这是鱼的快乐啊。”

惠子说：“你不是鱼，怎么知道鱼的快乐呢？”

庄子说：“你不是我，怎么知道我不知道鱼的快乐呢？”

惠子说：“我不是你，固然不知道你；你不是鱼，无疑也没法知道鱼是不是快乐。”

庄子说：“请回到我们开头的话题。你问‘你怎么知道鱼快乐’这句话，这就表明你已经肯定了我知道鱼的快乐。”

这只是他们其中的一次辩论，但是这个故事受到古今中外众多读者的欣赏。至于他们的辩论究竟谁是谁非，谁输谁赢，历来也是智者见智，仁者见仁，大家不用太在意。

桃花夫人侍二夫三年不语

唐代诗人杜牧曾经写过一首名为《题桃花夫人庙》的诗歌，在诗中，杜牧感叹了桃花夫人的一生，展现了桃花夫人内心的创伤，为桃花夫人掬了一把同情泪。说到这里，不免就有人发问了，这个桃花夫人姓甚名谁？是何方人士？杜牧为什么要为她写一首诗呢？她的一生又有着怎样曲折离奇的故事？

“桃花夫人”就是息夫人，她本名息妫，因其容颜绝代，目如秋水，脸似桃花，故名为“桃花夫人”。据说，息夫人初到息国时，息国的国力衰弱不振，国君也整日沉溺于酒色，疏于政事，息夫人忧国忧民，心怀天下，就规劝息侯勤于朝政，亲贤远佞，奖耕织，兴农商。息侯听了息夫人的劝导后，开始勤于政事，使息国慢慢地走上了自强的道路。

蔡哀侯十一年（公元前684年），息夫人回陈国探亲，路过蔡国，去探望已是蔡侯夫人的姐姐，谁知蔡侯竟在接风的宴席上调戏息夫人。息夫人盛怒之下回到息国，将此事告诉了息侯。息侯便与楚文王密谋图蔡，楚国出兵俘虏了蔡侯。蔡侯心有不甘，便设计报复息侯，极力向楚王称赞息夫人的美貌。好色的楚王果然动心了，于楚文王十年（公元前680年）发动战争，以武力灭掉息国，将息夫人据为己有。息侯愤郁而死，息国自此灭亡。

息夫人虽被迫与楚王为妻，为楚王生了两个儿子，但是，人们都说息夫人终日怀念故国，三年不语。其实，息夫人并不是三年都不说话，而是不先开口说话。据《左传》记载，息妫“生堵敖及成王焉。未言，楚王问之，对曰：‘吾一妇人，而事二夫，纵弗能死，其又奚言。’”。当时息妫既有国破家亡之痛，又有降志辱身之恨，悲恨交集，面对楚王，她不想开口，也不愿开口。但迫于楚文王的淫威，在“生堵敖及成王”的夫妻生活中，她又怎么可能不开口说话呢？所以，在这种两难的情势之下，息夫人最大的可能就是不先发言。而后人为了纪念她，就在汉阳城外的桃花洞修建了一座桃花夫人庙。

趣味链接 “桃花夫人庙”与诗

唐代有人为息夫人建造了“桃花夫人庙”后，一些文人墨客经常在庙里咏叹不绝。其中著名的诗篇要属王维的《息夫人》：“莫以今时宠，能忘旧日恩。看花满眼泪，不共楚王言。”从“不共楚王言”里，我们自然会想到息夫人“不言”的苦楚。

唐代著名诗人杜牧则从另一个角度来咏叹和评说息夫人，写下有名的《题桃花夫人庙》：“细腰宫里露桃新，脉脉无言几度春。至竟息亡缘底事，可怜金谷坠楼人。”杜牧对息夫人的悲剧形象予以重新解说和评价。在诗人杜牧看来，息夫人的可悲遭遇诚然可悯，但她的性格懦弱胆小，没有以一死相争的勇气，也不值得感佩和赞叹。

到底桃花夫人的所作所为是对是错？我们这些不能身临其境的“外人”无法评断，而她也只是一个可怜的女人罢了。

秦汉——六合一统、泱泱汉风

秦始皇不立皇后，背后有何隐情

秦国在秦孝公时，立后制与储君制就已互为表里，成为后宫制度乃至君主政治的重要组成部分。而在战火纷飞的战国时期，秦国的各项制度相较于他国而言，是最为完善的。而且，秦始皇统一中国后，更是全面系统地将各项制度加以强化，并明确规定皇帝的正妻为皇后，皇帝的母亲为皇太后。

但近年来，考古工作者对秦始皇陵寝地宫的外围进行勘探时，却发现其陵园内没有皇后陵，也没有预留给皇后陵的位置，而且，在历史文献上，也没有找到秦始皇立后的相关记载。难道秦始皇自始至终都没有立过皇后吗？这其中，究竟又有着怎样不为人知的隐情？

因为史料中没有明确记载，因此，我们也只能凭借当时的点滴资料以及民间传说来揣测。归结起来大概有三方面的因素，使秦始皇不立后。

第一，怨母仇女。据传，秦始皇母亲赵姬原是投机商人吕不韦的小妾，怀孕两个月即被吕不韦献给秦庄襄王。而很多人都怀疑，赵姬当年怀的就是秦始皇。庄襄王死后，身为太后的赵姬经常与吕不韦重温旧情。后来她又与嫪毐私通，并生下两个儿子。母亲的失检行为令秦始皇的性格变得极为暴虐、冷酷。最后他亲手杀了两个弟弟，将其母赶出咸阳，并迁怒于吕不韦，罢免其相国之职。吕不韦最后因害怕被诛而服毒自尽。

因受困于母亲带来的心理阴影，秦始皇将对母亲的怨愤，逐渐发展为对一切女人的仇视，造成他后来在婚姻上的偏执。纵使六国佳丽入怀，他也没有想过立后。

第二，自视甚高。据传，秦始皇统一六国后，从各国收来充实后宫的佳丽众多。这些女子竟然将亡国之辱忘得一干二净，为取悦秦始皇极尽魅惑之能事，这让秦始皇十分痛恨。而秦始皇又是中国历史上第一个实现大一统的帝王，自认为功盖三皇五帝，所以立后的标准自然也高，以致没能从后宫佳丽中选出一人。

第三，热衷求仙。秦始皇对方术、炼丹等情有独钟，毕生都在追求长生不老，为此不惜四次巡视六国故地，甚至还派徐福率领三千童男童女赴东海神山求药。对长生不老如此孜孜不倦，在一定程度上也抑制了他对其他事情的兴趣，试想，为了实现长生的理想，牺牲一些个人俗念又有什么不妥呢？

趣味链接 秦始皇为寡妇赐座

秦始皇虽然对后宫佳丽不屑，但对守贞重节的女子倍加欣赏。据说有一个年轻寡妇名清，她数年如一日遵守妇节，秦始皇曾赐令她“旁座”，与自己平起平坐，但在当时，就连当朝丞相这样级别的人物在皇帝面前，也只能站着，少有赐座之事。由此可见秦始皇对此女的重视。后来，秦始皇还为这名寡妇修筑了一座怀清台，以彰扬其事迹。至今蜀中有一山名贞女山，便是该寡妇曾经寡居的地方。

徐福东渡寻仙问药，一去不复返

在如今的山东，有一座海岛名叫芝罘岛。登上芝罘岛纵情饱览，只见云海之间，山川人物时隐时现，蔚为壮观。虽是一片海市蜃楼之景，但在秦始皇看来，却是仙人所居所显。这件事情，发生在秦始皇第二次出巡时，据此推算，应是秦始皇二十八年（公元前 219 年）。秦始皇在那里一待就是整整三个月。

在秦始皇的巡游队伍中，有个方士名叫徐福。他看出了秦始皇的心思，于是立即上疏说，渤海湾共有三座仙山——蓬莱、方丈、瀛洲。他曾亲眼见过这三座仙山。在三座仙山上居住着仙人，手中有长生不老药。

秦始皇听后非常高兴，于是就派徐福带领千名童男童女，并携带五谷种子乘船泛海东渡，寻找长生不老药。可是第一次东渡，徐福并没有带回长生之药，他自称见到海神，海神以礼物太薄为由，拒绝给予仙药。对此，秦始皇深信不疑，增派童男童女三千人及工匠、技师、谷物种子，令徐福再度出海。秦始皇一直等候三个月，不见徐福消息，才怅然而回。

次年，秦始皇再次东巡，顺便寻找徐福，虽然路上遇到刺客张良用大铁锤袭击，但躲过一劫的他，仍按原计划到达琅邪，可惜没见到徐福。

秦始皇三十七年（公元前210年），秦始皇第五次出巡，再次来到此地。但距离当年徐福入海寻找仙药，已经有九年光景了，徐福依然没有找到仙药。他的解释是这样的：本来就要拿到仙药了，但是海上有大鱼护卫仙山，功败垂成。

为了获得长生不老仙药，秦始皇决定亲自率领弓箭手，到海上与大鱼搏斗，并且成功杀死了大鱼。扫除了最大障碍，这次徐福应该可以拿回仙药了吧。可事实上，这是秦始皇自己的一厢情愿。徐福仍像过往一样，带着浩浩荡荡的求仙团队，漂洋过海，寻找虚无缥缈的三座神山和灵丹妙药，但这次，徐福再也没有回到中原。而秦始皇亦在返回咸阳的途中，染病不起，没几日就死了。

趣味链接 徐福去哪儿了

据《史记·淮南衡山王列传》记载，徐福东渡的终止地是“平原广泽”。那么，这个“平原广泽”究竟在哪里？司马迁也不清楚。但是，自唐代以来的许多学者都认定是日本，而到了北宋，徐福东渡日本一事，已经广为流传。但是根据中国文献，日本国号产生于唐高宗咸亨元年，也就是公元670年。因此，司马迁根本不能预知平原广泽就在日本。

对于徐福东渡日本一说，仍然需要两方面的证据。首先，从考古学的角度讲，需要有出土材料的验证；其次，从文献学的角度讲，《史记》中的记述虽然可信，但对徐福东渡到底去了哪里，并没有确切地指出。唐代以来，虽有徐福去了日本的传闻，但权威性不够，仅能作为参考。不过，即便这样，我们还是不能轻易排除徐福东渡日本的可能性。

张良铸铁锤，刺杀秦始皇

张良出生在战国时的韩国，本来家境富裕的他，能够快乐地做个“富二代”，过着衣食无忧的好日子，可这一切都被秦王嬴政破坏了。嬴政灭六国建立秦朝，张良所在的韩国也一并被消灭。自此之后，张良举倾家财誓要为韩国报仇。皇天不负有心人，经人介绍张良找到了沧海君。沧海君是东夷的首领，东夷泛指辽东以东的少数民族地区。在沧海君那里，张良找到了一个大力士，而且还打造了一个重达一百二十斤的铁锤。

通过一番努力，张良成功说服大力士，让他帮助自己刺杀秦王。当时，张良打听到秦始皇又要外出巡游，于是他把刺杀地点安排在了秦王必经的博浪沙。博浪沙地理位置优越，路面沙丘起伏，所以秦始皇的车队在那里会减速，其北面是黄河，南面是官渡河，芦苇丛生，便于逃跑。但智者千虑，必有一失，张良算好了一切，却算不到秦始皇到底会乘坐哪一辆马车，因为秦始皇为了保证自己的安全，准备了多辆副车，每辆都是由六匹马拉的，用来干扰刺客。于是，刺杀行动失败，大力士被当场击毙，张良侥幸逃脱。说来也奇怪，尽管秦始皇大肆搜捕，最终却没能逮到张良。最后，张良逃到了下邳。国恨家仇未报，刺杀计划又以失败告终，年轻的张良满是愁绪。

趣味链接 大汉开国功臣张良

张良是我国著名的军事家，他跟着黄石老人学兵法，得到了《太公兵法》一书。张良日夜钻研后终于精通兵法，有鬼神莫测之机。后来他辅佐汉高祖刘邦，在项羽设下鸿门宴的时候，挺身而出救了刘邦，还常常给刘邦提出好的建议，帮他谋划该如何进行下一步的军事行动。他和萧何、韩信一起帮刘邦建立汉朝江山，立下了汗马功劳。

秦始皇与神女汤泉的传说

关于骊山华清池的由来，民间自古流传着一个有趣的传说。

远古时代，女娲补天时在骊山留下了一块石头，于是人们便在那里修了一座娘娘庙，远近的信徒都到那里烧香拜神。

秦始皇统一中国后，到骊山游玩。他见娘娘庙香火很旺，也要去朝拜。谁知，秦始皇进了娘娘庙后，便停在女娲娘娘的神像前不动了。原来，女娲娘娘的神像塑得很美，秦始皇看呆了。当时，秦始皇就心想，若是自己能有一个像女娲娘娘这样美丽的姑娘做妃子该多好！想着想着，秦始皇就不自觉地向前走了几步。当他离神像越来越近时，奇迹出现了，女娲娘娘猛地朝秦始皇吐了一脸唾沫。秦始皇摸着自己的脸，吓了一大跳。这女娲娘娘是泥塑的，怎么还能吐唾沫呢？因此，秦始皇以为自己触犯了神灵，越想越害怕，急忙带着卫士匆匆离开了。

令人没想到的是，秦始皇回去以后，被唾的地方竟然生起疮来，又痒又痛。许多太医看了他脸上的疮后都说这种烂疮没有办法医治，这让秦始皇心里很害怕。

华清池温泉古源

那天陪秦始皇去娘娘庙的大臣中有一个叫项平的，是秦始皇的心腹。他见秦始皇脸上的疮越烂越厉害，便出主意说："陛下可虔诚地去庙里焚香，女娲娘娘见您确有诚心，就会宽恕您的。"秦始皇没有办法，只好去娘娘庙焚香。这样一连七七四十九天，女娲娘娘终于被感动了。

一天，秦始皇刚刚拜完，桌上的签筒里就跳出一支竹签。秦始皇接过一看，上面写着"汤泉洗痂"四个字。正在思索时，侍从进来禀报说，骊山下突然出现了许多热气腾腾的汤泉。秦始皇听后恍然大悟，心中大喜。他用温泉冲洗疮痂，不久脸便渐渐好了。

原来，这是女娲娘娘恼怒秦始皇轻薄无礼，故而用生疮惩罚他。现在见他能改正错误，于是就显神通帮他治好了。

趣味链接 华清池是很早就有的吗

华清池位于西安市临潼区骊山北麓，也叫华清宫，南依骊山，北临渭水，是以温泉汤池著称的中国古代离宫，也是古代帝王们游宴享乐的行宫别苑。可是，华清池并不是秦朝才出现的，而是早在西周时期就已经存在，可谓历史悠久。

据记载，西周末期周幽王就在今华清池所在地修建"骊宫"；"千古一帝"秦始皇于此"砌石起宇"，名曰"骊山汤"；汉武帝时，在秦汤的基础上进行修葺；北周武帝造"皇堂石井"；隋文帝重加修饰，为美化环境而"列松柏数千株"，以点缀温汤风景；唐玄宗更是对华清池进行扩建，易名"华清宫"。安史之乱时，玄宗弃京师急携杨贵妃西逃，华清宫至此由盛转衰。后来，随着政治、经济中心的转移，华清池也渐渐失去了它的特殊地位。

相传毛笔是武夫蒙恬发明的

我们看影视剧的时候，发现我国古时候人们都是用毛笔书写文字。至今，毛笔书法已经成了一门高雅的艺术。那么，大家知道，毛笔是什么时候发明的吗？又是谁发明的呢？

根据《太平御览》引《博物志》中的记载，以及崔豹在《古今注》中的记载，我们知道毛笔是“自蒙恬始造，即秦笔耳。以枯木为管，鹿毛为柱，羊毛为被。所谓苍毫，非兔毫竹管也”。而关于蒙恬造笔，据说还有一个很美的故事。

相传，大将军蒙恬救了落水的美女卜香莲，二人因此心意相通，互生爱恋。一天，蒙恬在路上拾到一撮羊毛，就随手插在一枝竹管上，高兴地来到卜香莲家里。香莲立即取来白布一方，锅灰一撮，对蒙恬说：“听闻将军文武全才，必定会写字，何不让我见识一下？”蒙恬用这支竹管花了老大的劲，才写下了“弗聿笔”三个篆字。卜香莲一看，果然是好字！接着又问蒙恬什么叫“弗聿笔”。蒙恬便解释道：“这写字的工具，北方燕地叫‘弗’，南方楚地叫‘聿’，东方吴地称‘不律’。我用的这支笔是羊毛插在竹管上，所以我叫它‘弗聿笔’。”卜香莲听了连声称赞说：“羊毛毫中杰，好个弗聿笔。”蒙恬又说：“过去我在北方，写字惯用鹿毛，如今头一次用羊毛写字，还感到不顺手呢！”说着，他把这支“弗聿笔”放在窗台上。第二天，香莲从窗台上拿起那支弗聿笔，心里甜滋滋的，还把这支笔当作宝物了。据说，香莲用角梳精心地梳齐笔毛，又用簪子把没有锋的毛择去，把弗聿笔加工成了一支像模像样的毛笔。直到如今，做笔的工具中，还保留着角梳和择刀。

后来，蒙恬接过卜香莲梳理过的笔，蘸着锅灰再次写字时，就觉得得心应手、运转自如了。原来这笔在石灰中一泡，去掉了羊毛上的油脂，所以与先前大不相同。由此，蒙恬做笔、卜香莲辅助的消息一传开，附近的乡亲们纷纷前来请教。蒙恬白天耕田，晚上传授做笔技艺，二人十分快乐。可惜，好景不长，蒙恬由于劳累过度，第二年就因病过世了。乡亲们非常悲痛，为了寄托哀思，感谢他的恩德，在善琏的东南角建了一座蒙公祠，并聘请名匠为蒙恬将军塑像。可是不知什么缘故，塑像的头和身子就是连接不到一块。正在这时候，传来了卜香莲姑娘也突然去世的噩耗，这时蒙恬的头像却已稳当地和身子连接在一起了，于是村人也为香莲塑了一个像，供在蒙公的旁边，让这对生前的伴侣，死后结为夫妇，另外还塑了两个孩子，分两旁侍奉，一个名叫“停停”，另一个名叫“搭搭”，在善琏方言中，是表示“歇一歇”“等会儿”的意思。据说，这是根据蒙恬生前的教导衍化出来的。因为做毛笔是一件精工细活，要聚精会神，耐心挑选，太累了就歇歇停停，养好精神再做。后人为了纪念他二人，还把蒙公祠前的一条河改名为蒙溪，把特制的笔更名为“香水”“香块”来纪念卜香莲。

趣味链接 各行业祖师爷是谁

我们都知道鲁班是木匠的祖师爷，黄道婆是丝织业的祖师爷。世界上还有那么多行业，大家都知道他们的祖师爷是谁吗？

裁缝业尊奉轩辕氏（黄帝）为祖。因传言黄帝曾教民众用骨针穿麻线缝树叶和兽皮做衣，故被缝纫业尊为祖师。

酿酒业尊奉杜康为祖师。杜康即少康，为夏代的第五任君主，《说文解字》称“古者少康初作箕帚、秫酒”，故而为祖。

铁业与冶铸业均尊太上老君为祖师。传说老子曾铸造八卦炉（后人称为“老君炉”），炼制丹药以求长生。

商业尊范蠡为祖师。范蠡曾协助越王勾践灭吴，功成后弃官经商，后人称“陶朱公”，曾“三致千金”，但均散济贫民，其商德极受后人崇敬。

印染业奉东晋葛洪为祖师。葛洪曾在炼丹过程中提炼出各色染料，被后世用来印染布帛、纸张。

秦陵地宫中真的有水银吗

据《史记·秦始皇本纪》记载，秦始皇的地宫内“以水银为百川江河大海”。后世的人经过勘探，猜测秦陵地宫完全被水银覆盖，而秦始皇的棺材就漂浮在水银之上。人们关于秦陵地宫的猜测是真是假？现在，就让我们一起来揭开秦陵地宫的神秘面纱。

经过考古学家和中国地质调查研究员们的通力合作，再加上现有的物探证明，地宫内的确存在着明显的汞异常反应。在秦陵封土中心1.2万平方米的范围内，有一个强汞异常区。专家们认定，封土中的汞异常是地宫大量存在的水银挥发造成的，其分布呈有规律的几何形，从而证实了史书中的“以水银为百川江河大海”。

早在我国古代，炼丹家们已掌握了将硫化汞分解得到水银的方法。如果秦始皇陵地宫中以水银为百川大海，保守估计至少使用了100吨水银。这些汞并不是随意横流的，而是有条理地分布在整个地宫中。从勘探到的信息来看，东南、西南地方的水银浓度高，而东北、西北等地较低。如果以水银的分布代表江海，这正好与我国渤海、黄海的分布位置相符。所以，秦始皇很可能把江海勾画进自己的地宫。

那么，秦始皇为什么要在自己的陵墓中使用这么多水银呢？他有什么目的呢？相传，秦始皇以水银封陵的目的，不单是营造恢宏的帝王气势，还因为在地宫中弥漫的汞气体可使入葬的尸体和随葬品长久不腐烂，而且，汞是剧毒物质，人体大量吸入会导致死亡，还会毒死盗墓者。

此外，据说在秦始皇陵地宫的周边还填有一层很厚的沙子，形成沙海，此沙海构成了秦陵地宫的第一道防线。史书记载秦陵中设有暗弩，当盗贼进入秦陵触动机关时，就会被强弩射死。这些与暗弩配合的机关、陷阱，还有大量的水银，都使盗墓者对秦始皇陵望而却步，让始皇陵千百年来都安然无恙。

趣味链接 秦陵地宫穿三泉而防水

秦陵地宫中不仅有水银，《史记》中更是记载秦陵地宫“穿三泉”。可是，埋葬于地下的地宫如果真像《史记》中描述的那样有“三泉”，那整个地宫岂不是已被水腐蚀殆尽了？

其实，这个“穿三泉”应该是指在施工中遇到了水淹，所以故意修建了阻排水渠，形成了“三泉”。研究人员发现，秦陵周围地下的阻排水渠规模巨大，长约千米，底部由厚达 17 米的防水性强的清膏泥夯成，上部由 84 米宽的黄土夯成。由于秦始皇陵园地势东南高西北低，落差达 85 米，而阻排水渠正好挡住了地下水由高向低渗透，有效保护了墓室不遭水浸。

楚霸王项羽，竟然长有双瞳

楚霸王项羽是中国军事思想“兵形势”的代表人物，是与孙武、韩信等人齐名的顶级名将。他曾在秦朝灭亡后称西楚霸王，实行分封制，封灭秦功臣及六国贵族为王，后与刘邦争夺天下，进行了四年的楚汉战争，战败突围至乌江边自刎。直到如今，楚霸王的英雄事迹还广为流传，令后人唏嘘不已。然而，令我们没有想到的是，英勇的楚霸王竟然是双瞳！

关于项羽双瞳这件事，《史记》《汉书》《资治通鉴》等书都有记载，说“项羽目有重瞳”。其实，目有重瞳的人，在中国史书上有记载的共有八个人，他们分别是造字的仓颉、五帝里的舜帝、春秋五霸中的晋文公、项羽、十六国后凉吕光、隋朝猛将鱼俱罗、后主李煜、北齐高洋。所以，项羽重瞳并非古今无双。

双瞳，顾名思义，就是一个眼睛里有两个瞳孔。在上古神话里记载，有重瞳的人一般都是圣人，而这在古人看来也是一种“非池中之物”的征兆，所以古人才说项羽以后会有大作为，而这也是后世的兵将们喜爱和尊敬他的原因之一。不过，随着科技的发展，我们现在都知道重瞳只是一种生理现象。根据现代医学解释，这种情况属于瞳孔发生了粘连畸变，从 O 形变成∞形，但是这并不影响光束进来。这就像我们把照相机镜头分成两半一样可以使用，并且不会造成什么影响。据了解，双瞳大约属于“返祖现象”，说明眼睛有向昆虫的复眼回归的趋势。

趣味链接 楚霸王的心头肉：戟

楚霸王项羽精通十八般兵器，但他偏偏独爱百兵之霸——戟！

传说项羽起兵之前会稽郡曾天降陨石，后他的叔父项梁私下请当地铸造兵器的名人用此石取铁为项羽锻造兵器，经九天九夜终锻成一杆巨型盘龙戟，长一丈二尺九寸，重一百二十九斤，仅杆就有碗口般粗细，项羽为其起名为“鬼神”。此枪需两人齐力方可抬动，然项羽天生神力，使此戟只用单手，后来更自创出一套无敌的招数“单手十八挑”，横扫敌军无数。

刘媪在梦中与神仙缠绵，诞下刘邦

纵览中国历史，无论哪朝哪代，围绕着帝王的传说总是不断。单就帝王出生这一点，传出来的灵异事件就数不胜数。若说黄帝出生几个月就会说话是奇闻，那么，大汉开国皇帝刘邦的出生，则更具传奇色彩。

刘邦

据司马迁所著《史记》载：“其先刘媪尝息大泽之陂，梦与神遇。是时雷电晦冥，太公往视，则见蛟龙于其上。已而有身，遂产高祖。”

这段话翻译成现代文就是：刘邦母亲刘媪，一日在大泽岸边休息，做了一个非比寻常的梦。梦中，她与一个神仙相会，并彼此缠绵。而就在她沉醉于梦中时，万里晴空突然雷鸣电闪，天昏地暗，眼看山雨欲来，刘媪的丈夫太公前来找寻刘媪，只见一只巨龙在空中盘旋。没多久，刘媪就怀孕了，后怀胎十月产下一个男婴。太公为他取名刘邦。

在今人看来，这段故事带着迷信色彩，不足为信。但在古时，人们却对此深信不疑，且在民间被传得神乎其神。最重要的是，这件事还被司马迁写在了权威性与真实性俱著的《史记》中，由此可见，史学家司马迁也是相信的。

趣味链接 刘邦到底是怎样一个人

提到刘邦，大家都知道他是中国历史上第一位布衣天子，是大汉的开国君主，真正的英雄。但这只是一部分人的观点。因为民间关于刘邦的种种恶评也不在少数。比如，关于刘邦的造反动机，就有多个版本流传。有人说他是一介村夫，被官兵逼得没办法了，才揭竿而起，并一路披荆斩棘最终击败西楚霸王项羽而统一天下。而有人却说，刘邦自幼就无比叛逆，成天打架斗殴，且不以为耻，反以为荣。长大成人后，刘邦竟在造反中找到了乐趣，发现了自己的价值。而刘邦自己也曾说过，他接受不了自己庸庸碌碌。

关于楚汉之争，民间也有多个版本流传。比如，刘邦在起兵造反以后，不改无赖本色，不仅用无赖的办法打败项羽，夺得了天下，而且在夺得天下后，公开宣布：他不是无赖，项羽才是。他不仅自己这样说，还要求别人也这样说。于是，大家都说，刘邦不是无赖，刘邦是英雄。

不管刘邦是怎样一个人，有一点是确定无疑的，那就是他以实际行动推动了历史的前进。他对汉民族的统一、汉文化的保护与发扬做出了巨大贡献，单凭这一点，他就足以受后人尊敬！

韩信千金一饭酬漂母

大将韩信曾帮助汉高祖平定天下，官至封侯，可谓风光无限。但是，“一分钱难倒英雄汉”，有着雄才伟略的韩信早年却差点儿因为吃不起饭而饿死。幸亏有好心人救了他，这才有了韩信发达成功的一生，有了“一饭千金”的佳话。

早年，韩信在未得志时，生活很是困苦，甚至都吃不起饭。那时候，他时常在城下钓鱼，希望碰着好运气，可以解决生活问题。但这究竟不是可靠的办法。因此，他时常饿肚子。幸运的是，在他时常钓鱼的地方，有很多漂母，也就是负责清洗丝棉絮或旧衣布的老婆婆，在河边做工，其中有一位漂母很同情韩信的遭遇，便不断救济他，给他饭吃。韩信在艰难困苦中，得到那位以双手勉强糊口的漂母的恩惠，很是感激她，便许诺，若是将来飞黄腾达，必定重重地报答她。

后来，韩信果然发迹了，替刘邦立了不少功劳，被封为楚王。这时，韩信想起从前曾受过漂母的恩惠，便命侍从送酒菜给她吃，还送给她黄金一千作为来答谢。成语“一饭千金”也因此而来。

趣味链接 有哪些人与韩信的命运休戚相关

后世常用一句话来概括韩信的一生：“成败一知己，生死两妇人。”其中，“知己”说的是萧何，而“两妇人”除了漂母，另一位则是指吕后。之所以说萧何是韩信的成败知己，是因为萧何极力向刘邦推举他，才促进了他事业的开始与发展；而韩信的死亡，也与萧何有着直接的关系。

楚汉战争结束后，韩信野心膨胀，要求封王。汉高祖刘邦再次采用陈平计谋，诱捕韩信，将韩信贬为淮阴侯。几年后，刘邦宠臣陈豨反叛，自立为赵王，而韩信一向与陈豨交情不错，于是称病在家，不听从刘邦诏令，暗地里却派人去和陈豨联络，谋求里应外合，并准备发兵袭击吕后和太子。当时有人知道韩信的密谋，便向吕后告发韩信。吕后便与丞相萧何商讨计策，说刘邦已平定叛乱，要诸臣前往宫中庆贺。韩信不疑有他，前往宫中，就被抓了起来，并斩杀于长乐宫钟室，灭三族。

《天书》为何落到了张良手中

《天书》即《太公兵法》，原作者是在渭水河畔独钓的姜子牙，是中国古代的四大奇书之一。张良之所以被后世称为“谋圣”，与韩信、萧何并列为“汉初三杰”，正是因为熟读了《天书》，而他为大汉所做的贡献，如烧栈道瞒项羽、约法三章、修栈道度陈仓、立太子平韩信，到最后从汉宫的信任危机中及时抽身等，皆拜《天书》所赐。这么厉害的一部秘籍，为什么就落到了张良手中呢？

有一天，张良路过郊外的一座小桥，突然迎面走来一位须发花白、衣衫褴褛的老头挡住了他的去路。他让一下，老头进一下，搞得张良甚是恼火。但是，张良自恃是个读书人，尊老爱幼的道理还是懂得的。于是，他就问：“老人家，是不是有什么事情需要帮忙？”只见老头二话没说，抬脚就把自己的鞋取下来扔到了桥下，并对张良说：“孺子，下去把鞋给我拾上来！”张良受此挑衅，很想揍他，但见他是位老人，便忍了下来，跑到桥下把老头的鞋捡了上来。老头却不罢休，命令张良替他穿上，张良一忍再忍，跪在地上给老头穿鞋。穿好后，老头大笑而去。

本来心情就不好的张良，经老头这么一折腾更是怅然。正在这时，那个老头又回来了，并对张良说："孺子可教矣！五天以后天将亮时再来这见我。"张良不知何意，但还是恭敬地跪地应诺。五天后的鸡鸣时分，张良急匆匆地赶到桥上。谁知老人故意提前来到桥上，此刻已等在桥头，见张良来到，愤愤地斥责道："与老人约，为何误时？五天后再来！"

还未等张良分辩，老人就不见了踪影。张良无奈，不过心想："老头肯定有来头，我下次再早点来便是了。"结果，老头故技重演，让张良再次晚他一步。第三次，张良索性半夜就到桥上等候。这次，老头终于现身相见，并送给他一本书，说："读此书者可为帝者师，十年后天下大乱，你可用此书兴邦立国；十三年后再来见我。"说罢，消失在了黎明前的薄霭中。

这个故事看似有些玄虚，好像是后人杜撰的。但司马迁在《史记》中做了记载："良尝从容步游于下邳圯上，有一老父，衣褐，至良所，直堕其履圯下，顾谓良曰：'孺子，下取履！'……有顷，父亦来，喜曰：'当如是。'出一编书，曰：'读此则为王者师矣。后十年兴，十三年孺子见我济此，谷城山下黄石即我矣。'递去，无他言，不复见。旦日视其书，乃《太公兵法》也。良因异之，常习诵读之。"

由此可见，张良确实得到过一本奇书。十年说长不长，说短不短，没有人知道，张良除了研读奇书外还干了什么，但是有一点可以肯定，在这十年里，张良对《太公兵法》的掌握已炉火纯青，他需要的只是一个实战演练的机会。

果然，秦二世胡亥元年（公元前 209 年），就在张良遇到老者之后的第十年，天下开始大乱，起先是陈胜、吴广起义，接着年过四十的张良召集起百十号年轻人，顺势而起。

张良得《天书》

当时，前楚国贵族景驹自立为楚王，张良想前去投奔。不料，半路上杀出个刘邦。此时的刘邦，手下兵马数千，张良料定此人必成大器，便和刘邦"共举大业"，直至西汉诞生。张良在其间宏图大展，最终成为一代奇才。刘邦在感激之余，曾盛赞张良：“夫运筹帷幄之中，决胜千里之外，吾不如子房。”后世也因此称张良为“帝王之师”，这又印证了老者所说之言。

趣味链接 张良不出军帐，出谋略功比天高

刘邦打下江山以后，在洛阳南宫举行盛大的宴会，酒过几巡后，他向群臣提出一个问题：“我为什么会取得胜利？项羽为什么会失败？”有人认为是因为高祖派有才能的人攻占城池与战略要地，赏罚分明，立功的人加官晋爵，所以人人都奋力作战。而项羽有能人却不用，还常常怀疑别人背叛自己，所以人心背离，导致失败。

汉高祖刘邦听了，认为他们说得有道理，但他说自己最重要的取胜原因是能用人。他称赞张良说：“夫运筹帷幄之中，决胜千里之外，吾不如子房。”（古人有名，有字，子房为张良的字。）意思是说，张良坐在军帐中运用计谋，分析局势，想出高明的方法和计策，就能决定千里之外战斗的胜利。这说明张良计谋多，善用脑，善用兵。后来人们就用“运筹帷幄”表示善于策划用兵，指挥战争。

“金屋藏娇”背后的权力角逐

千百年来，人们每每谈及“金屋藏娇”都兴致盎然，但很少有人去追寻它的来历。有人说，“金屋藏娇”是年轻的汉武帝对陈阿娇许下的庄重诺言；也有人说，“金屋藏娇”只不过是风流的汉武帝，对长公主开的一句玩笑。总之，“金屋藏娇”是和汉武帝有关，那么，汉武帝究竟有没有“藏娇”呢？而金屋藏娇背后，又上演着怎样的权力角逐呢？

汉景帝嫔妃众多，皇子亦多。而在母凭子贵的封建王朝，女人间的斗争往往都是以孩子作为筹码。在汉景帝的诸多嫔妃中，栗姬、王美人最受汉景帝宠爱。而栗姬凭借子多，自恃为国母的不二人选，且汉景帝还曾与她私下订约，许诺将栗姬所生的长子刘荣立为储君。这让只有刘彻一子的王美人颇为妒忌。

馆陶长公主是景帝胞姊，生有一女，唤作阿娇。长公主与景帝姐弟关系很好，许多后宫妃子为得宠幸，都去巴结长公主。听闻汉景帝打算立刘荣为太子的消息后，长公主也做出了让女儿阿娇与未来太子喜结连理的决定，并派人询问栗姬的意思。谁知栗姬竟颇为自大地一口回绝。颜面扫地的长公主遂与栗姬结了怨。她笑且恨道：“栗氏以为己子立储，将来定得为皇太后，千稳万当，哪知还有我在，

管教她儿子立储不成！废立常事，且看我手段如何。”

而这件事恰好给王美人提供了飞上枝头的机会。她借机劝慰长公主，且大献殷勤，但长公主谈及此事依旧恨声不断。一天，长公主漫不经心地对王美人说：“彼既不识抬举，我将阿娇配与彻儿，也是一样。”王美人心中暗喜，但嘴上谦逊道：“彻非太子，怎敢有屈阿娇。”惹得长公主耸眉张目，王美人又假装劝慰，长公主愤然道：“她既无情，我也无暇多顾！”王美人善于以退为进，最后用激将法哄得长公主与她暗订了亲事。

刘彻与阿娇的结合，意味着在汉景帝面前话语权重的长公主，站在了王美人这边，有了长公主的支持，她将刘彻推向太子宝座的梦想便成功了一半。最后，双方经过一番密谋和交流，打算征得景帝的同意，将婚事正式定下来。可是，在王美人说服景帝之时，却遇到了困难，考虑到阿娇比刘彻大几岁，景帝并没有贸然答应这门亲事。无奈之下，王美人请长公主出面求亲。

为了说服景帝，长公主索性带女儿一起入宫。她当着景帝的面携住刘彻，问刘彻愿不愿意娶媳妇，聪明的刘彻并没有立刻回答，而是对着长公主嬉笑无言。长公主明白刘彻的心思，故意指着身边的一群宫女问刘彻喜不喜欢，刘彻立刻将头摇得像拨浪鼓一般表示不喜欢，双眼一直盯着旁边的阿娇。这时，长公主才用手指着阿娇，问刘彻愿不愿意娶阿娇。刘彻立刻笑起来并说道：“若得阿娇为妇，当以金屋贮之。”刘彻此话一出，不仅逗得长公主和王美人捧腹大笑，而且连一旁的景帝也开口笑骂刘彻是“厚脸皮”。最终，景帝考虑到刘彻小小年纪便有如此豪迈的口气，两人可能是前世注定的姻缘，便同意了这门亲事。“金屋藏娇”的典故也流传了开来。

为了让女儿成为一国之母，也为了报复栗姬，长公主不时在景帝面前说栗姬的坏话，还经常夸赞刘彻，景帝也认为刘彻德才兼备，而且又有从前他母亲梦日入怀的祥兆，所以对刘彻愈加宠爱。

一次，长公主对景帝说：“栗姬和各位贵夫人及宠姬聚会，常常让侍从在他们背后吐口水诅咒，施用巫蛊之术。”在汉代，人们对巫蛊之术深信不疑，而“祝唾其背”是最简单易行的巫术。景帝听后，对栗姬生出厌恶之心，不久便将栗姬废黜并打入冷宫，他的儿子刘荣也遭到牵连。后来，在长公主与王美人的共同努力下，刘彻继承了皇位，并立阿娇为后。

汉武帝为什么要对司马迁施以宫刑

汉武帝天汉二年（公元前99年），司马迁被汉武帝下令施以“宫刑”。历代皇帝在收拾文人的时候大都不会手软，但对一个整天埋头于简牍中，忙于阅读、整理历史文献的文人施行宫刑者，汉武帝刘彻却是独一个。汉武帝为何会这样对待司马迁呢？

司马迁出生在黄河岸边的龙门，是一个典型的关西硬汉，具有刚强正直的气概。他犯的错，不过是站在客观公正的立场上，为被迫投降匈奴的李陵说了几句公道话，就使汉武帝恼羞成怒。其他官员趁机弹劾司马迁，说他执意为叛徒李陵开脱，又有诬陷皇亲李广利之嫌，按照汉朝律令，罪当至死。但汉武帝不想让司马迁这么痛快地死去，尤其是看到他被判死刑的瞬间竟然面无惧色，遂决定对司马迁施以“宫刑”。

为了能让司马迁顺利接受“宫刑”，汉武帝还特别提醒负责此案的酷吏杜周说：“此人性烈，不要让他在受刑前死掉。”他还特意让杜周把可以免除“宫刑”的赎金，提高到五十万两这样一个天文数字，并派人密切关注那些准备掏钱为司马迁赎罪的人的动向，看谁敢与皇命抗衡。有钱的人不肯相救，肯救的人却没有钱，在这种严酷的政治高压下，司马迁只能听天由命、任人宰割了。

司马迁

不能否认，汉武帝在“处置”司马迁的时候，心情确实很糟糕。李广利的兵败，李陵的投敌，大汉朝的颜面扫地，匈奴军得胜后的欢呼，都让汉武帝感到窝火。最重要的是，由于历年穷兵黩武，民不聊生、国库空虚，大汉朝表面上看起来风光依旧、兴盛非凡，但实际上内囊已空。而那一年，齐、楚、燕、赵和南阳等地相继爆发的来势迅猛的农民起义，更让汉武帝心情郁闷、心理扭曲。在这种内忧外患的情况下，脸上无光的汉武帝需要的是同情、支持和顺从，不需要别人指责他的谋略方针，更不愿意看到别人怀疑他的雄才大略。这个时候，不懂军事的文人司马迁跳出来不加掩饰地针砭时弊，其下场可想而知。

趣味链接 司马迁担任太史令

司马迁被处以宫刑之后，汉武帝还是觉得不够解恨。他把受刑后的司马迁安排到太史令的位置上，可谓用心险恶。因为太史令一职自创立以来，皆由太监担任。汉武帝这种刻意的安排，既有知人善任的自我标榜，也有不言而喻的羞辱意图。司马迁坐在太史令的位置上，承受着天大的羞辱，无形的折磨，个中滋味估计只有他自己才能体会吧！

东方朔帮汉武帝看风水，有什么猫腻

汉武帝茂陵是汉代规模最大、修造时间最长、陪葬品最丰富的帝王陵墓。它北依九峻山，南望终南山，且与渭北诸陵连成一体，西、北龙脉相连，实为千古第一吉壤。

据说汉武帝当年在选择陵址的时候，路经茂陵所在地，即被此处风水所吸引。不过，就在他赞叹不已之时，一只貌似麒麟的动物向他跑来。汉武帝心一惊，未加思索便张弓搭箭，片刻后利箭破空而出，可惜未能射中，貌似麒麟的动物也倏忽间踪迹全无。汉武帝向来有打猎的喜好，其箭术非同寻常，但这次却空手而归，未有所获，这是为何？那只貌似麒麟的小动物究竟是什么动物，为什么忽然就消失了？更奇怪的是，在麒麟状动物消失的地方，突然长出一棵长生果树，这让汉武帝惊出了一身冷汗，他心想，难不成是上天在劝诫我不要在此处建造墓陵？为了弄清楚这一问题，汉武帝叫来了东方朔，希望这个智圣能说出一二。

东方朔来到此地，只见该处视野开阔，气象极佳，便说是建造墓陵的最佳场所。至于那只消失的麒麟状动物，以及突然出现的长生果树，在东方朔看来，都是吉兆，在此建造墓陵，定能使国运长久。汉武帝闻言，龙颜大悦，立即下令开始营建陵墓。这一建，就建了足足五十三年。这就是茂陵，汉武帝去世后的墓地。

武帝入葬后没过多久，茂陵就被盗墓贼盗掘，盛极一时的西汉王朝也逐渐走向衰落。而东方朔大失水准的判断，以及他自己的墓葬，亦在坊间成为话题。

有人说，东方朔当时起了私心，故意瞒着汉武帝，把茂陵址故意向上移了一段，却将真正的宝地留给了自己。他还特意在这块风水宝地上种了一棵小树，目的就是日后能顺利找到此处。东方朔一直把这个秘密深藏心底，从未说与人知，直到咽气前才把儿子叫到床边，叮嘱道："我死后，你去茂陵下面找一棵老树，找到后就把我埋在那儿！切记切记！"他的儿子很有孝心，就依照父亲的遗愿把他葬在了那里。

就在东方朔下葬后的第二天，他的墓骤然长高了五丈，第三天，墓又高了五丈，几乎就要高过汉武帝的茂陵了。天神看不过去，说你东方朔区区一个风水先生，坟墓怎么能比汉武帝的还要高呢？天神一怒之下，便捡起一块石头压住了东方朔的墓顶。由于被天神扔来的石头压住了，东方朔的墓便也不再长高，后人就把东方朔的墓称作"压石冢"。

后人说，就风水而言，东方朔的压石冢要比汉武帝的茂陵好。在压石冢处，可以"卧看长安"；在茂陵处，只能"坐看长安"。

趣味链接 东方朔偷桃

东方朔偷桃的故事源于一段传说：汉武帝寿辰之日，宫殿前一只黑鸟从天而降，武帝不知其名。东方朔回答说："此为西王母的坐骑'青鸾'，王母即将前来为陛下祝寿。"果然，顷刻间，西王母携七枚仙桃飘然而至。西王母除自留两枚仙桃，余五枚赠予武帝。帝食后欲留核种植，西王母言："此桃三千年一生实，中原地薄，种之不生。"又指着东方朔道："他曾三次偷食我的仙桃。"据此，始有东方朔偷桃之说。东方朔并以长命一万八千岁以上而被奉为寿星。后世帝王寿辰，常用东方朔偷桃图庆典。"寿星"也成为中国传统文化的元素，被用作绘画和文房用品等的题材。

狂人东方朔言行狂妄"搏出位"

汉武帝初继位时，为广招贤才向天下下了一道纳贤诏书。各地有识之士闻讯，皆快马加鞭前来进言，以求得到汉武帝的赏识。普天之下，人才济济，若想从中脱颖而出绝非易事。有人花钱贿赂，有人买通杀手杀掉竞争对手，有人雇美女巧施美人计，还有的人一身傲骨，不屑于做出类似举动。而在这众多的"有识之士"中，有一个人极为特别。此人正是靠狂妄言行搏出位的东方朔。

东方朔本姓张，之所以后来改姓东方，是因为他是一个孤儿，在被捡到的时候，正值东方发白天明欲曙，于是他的养母就为他改姓“东方”，取名为“朔”。据说，东方朔是一个生性滑稽、举止荒诞的人，所以人们常以“狂人”来戏谑他，但他并不在意，还引以为荣。

自小饱览群书，又自负才能的东方朔听闻汉武帝招纳贤才的消息后，自然不会放弃这样的机会，于是向汉武帝送去了一份三千片竹简的“简历”，汉武帝对此大为诧异。竟有人愚蠢到撰写如此工程浩大的“简历”。不过，当汉武帝翻开东方朔“简历”的第一片时，他就惊呆了。东方朔竟然毫不谦虚地在自己的“简历”中说自己高大威猛、英俊潇洒，又说自己文武双全，精通用兵之道，是个不可多得的经世之才。汉武帝读罢反而笑了，想要看看他到底有多大的能耐。汉武帝没有犹豫就赏了东方朔一个小官。

可是，东方朔却因为不能接近皇上，发表他的治国之道而很是苦恼。一次，他在长安看到一个侏儒，就对他说：“你马上就会有大难了！”侏儒不解，他便接着解释道：“因为皇上说，你们不能为国效力，让你们去种田吧，你们连锄头都扛不起来，要你们去当官吧，你们又没有当官的本领，让你们去当兵，你们更没有上阵杀敌的本领，所以干脆全都杀了。”侏儒一听，大哭起来，东方朔说你别哭，一会儿皇上会从这儿经过，你看见他来了，就去叩头谢罪，说不定皇上会放你一马。”说完，告诉了他自己的名字。

不久皇上真的来了，侏儒就跑过去跪下来，不断地磕头，汉武帝感到很是奇怪，就问他怎么回事。侏儒就一把鼻涕一把泪地把事情的经过说了一遍，这时汉武帝才知道这是东方朔的歪点子，于是将他召来，问他为什么要这样做。东方朔便说：“侏儒每月能得到的口粮和我一样多，他们吃不掉还有剩余，可是我却吃不饱，陛下要是觉得我没用的话，就让我回家算了，但您要是觉得我是个人才，就要给我更好的待遇，让我留在您的身边。”汉武帝一听哈哈大笑，就将东方朔升了官，留在了自己身边。

由于东方朔自小生活在社会底层，接触面较广，而且博览群书，所以常常能为汉武帝出谋划策，提出很多有效的建议。因此，他的官越做越大，从待诏公车到待诏金门马，后来一直做到了太中大夫的职位。

趣味链接 驺牙

据说，在汉武帝年间，皇宫里突然出现了一种奇怪的动物，满朝大臣都不知是何物。于是汉武帝命人把东方朔找来，东方朔看见之后，就对汉武帝说，这种奇怪的动物名叫驺牙，它来到皇宫，说明在不久之后必定有来归附的人。一年以后，果然有匈奴的浑邪王带着自己的将士，前来归附汉武帝。

汉成帝竟把舞女提拔为皇后

汉成帝管理国家不行，吃喝玩乐却很在行。汉成帝最宠爱的两个女人是一对姐妹花，姐姐叫赵飞燕，妹妹叫赵合德。

赵飞燕原本是阳河公主家的一个舞女，她不仅容貌绝艳，而且舞技超群，是公主家里的头牌舞姬。据说她腰身纤细，舞姿轻盈，仪态万方，翩翩起舞时如同燕子一般轻盈灵动。总而言之，她是一位倾国倾城的绝代佳人。

这一天，汉成帝来到阳河公主家做客，从此改变了舞姬赵飞燕的命运。话说酒宴之上，公主为了助兴，叫来了赵飞燕，让她跳一支舞。赵飞燕领命后，便翩翩起舞。只见赵飞燕衣袂飘飘，细腰婉转，汉成帝十分喜欢，便动了心思。

歌舞结束以后，汉成帝一边假意起身更衣，一边用眼睛死死盯着赵飞燕。公主把这一切都看在眼里，自然了解皇帝的意思，便命赵飞燕随皇帝一起更衣。汉成帝与赵飞燕的第一次鱼水之欢，就这样在公主府里完成了。

不久之后，汉成帝便将赵飞燕纳入宫中，自此便与赵飞燕夜夜交欢，而置其他妃子于不顾。然而，赵飞燕见到宫中美女如云，又不能不感到担忧，如果哪天皇帝不喜欢自己了，那又该怎么办呢？何况自己本是一个毫无背景的舞姬。这时候，她想到了自己的妹妹赵合德。妹妹赵合德丰满娇艳，一定会得到汉成帝的喜爱。如果妹妹也能到宫里来，姐妹二人相互提携，情况就不会令人担忧了。

于是赵飞燕便对汉成帝说自己还有一个妹妹，容貌更在自己之上。姐姐如此貌美，妹妹还在其上，那得有多美呀！汉成帝听后心痒难耐，便赏给赵飞燕无数珍宝，要她把妹妹召进宫来。不久后，妹妹赵合德便来到了宫中，与姐姐赵飞燕一起侍奉汉成帝。在汉成帝眼中，与赵飞燕姐妹相比，其余三千粉黛皆如草芥一般。

为了哄赵飞燕开心，汉成帝命人造了一艘豪华游船，暑热时常在太液池里泛舟消暑。这天，成帝命音乐才子冯无方在船上吹笙，让赵飞燕跳舞，他自己则手持玉环打击节拍。赵飞燕正在轻歌曼舞之际，一阵大风呼啸而来，瘦削的赵飞燕不胜风力，几乎被吹入池中，这可吓坏了汉成帝。汉成帝再定睛看时，赵飞燕并没有被吹入池中，只见她在空中衣袂飘飞，宛若仙子凌风曼舞，直看得汉成帝神思恍惚，心神不能自持。

赵飞燕虽是一个柔弱女子，但也是一个狠辣的角色。她入宫不到两年，便用计扳倒了原皇后，扫除了自己坐上皇后宝座的最大障碍。紧接着，赵飞燕不停地贿赂后宫上下，陆续得到了大多数人的支持，后来就成了汉成帝的皇后。

汉成帝去世以后，哀帝刘欣即位。当时要求废掉赵飞燕皇后封号的呼声很高，但是哀帝顾念赵飞燕于自己有养育之恩，便力排众议，仍封她为皇太后。六年以后，哀帝身亡，赵飞燕失去了最后的靠山，很快便被废黜了皇太后之名，并被安排为汉成帝守陵。赵飞燕过惯了奢华的生活，无法忍受寂寞清苦的日子，不久便在成帝陵旁自缢身亡。

趣味链接 断袖之癖

西汉绥和二年（公元前7年），成帝去世后，其养子刘欣继位，是为汉哀帝。汉哀帝有治国之志，却无治国之才。原本熟读经书、文辞博敏的他，当上皇帝后却大好声色。

御史董恭之子董贤英俊潇洒，被汉哀帝看中，选为太子舍人。哀帝在与董贤的交往中产生了爱恋，不久，将他任命为自己的随身侍从。汉哀帝对董贤非常宠爱，不仅同车而乘，同榻而眠，而且为他建造了一座宫殿居住，并将宫中最好的东西赐给董贤，而自己则用次品。董贤因为哀帝的宠幸，二十二岁时便出任大司马。一日，哀帝与董贤一同睡午觉，醒来时发现还在熟睡的董贤将他的衣袖压住了，他不忍心将董贤弄醒，便用刀子将衣袖割断。后来人们便用“断袖之癖”来代指同性恋。

解忧公主红颜离国白发归

解忧公主少年时远嫁异域乌孙国，到老得以回到故国，也算是落叶归根。她一生经历了三个丈夫，都是乌孙王。直到甘露三年（公元前 51 年）才回到汉朝，天子怜悯她的境遇，在她回来的时候，亲自出城迎接。每逢上朝，对解忧公主的礼仪待遇和正宗公主一样，后有三个子孙留在汉朝为她看守陵墓。

解忧公主的祖父是第三代楚王刘戊，这个人口碑奇差，目无尊长，不学无术，生活淫荡，性情骄狂。属下屡次向他倾吐肺腑之言，希望他能改过自新，好好治理封国。谁知，他不听劝告，不信前车之鉴，国家大事荒废不管，整天游山玩水。后来，刘戊参与“七国之乱”，兵败后自尽。他的死并没有解决问题，而且还牵连了其子孙后代，他的封地被收回，刘戊一支也从皇族宗籍里被除名，王侯将相都不敢和他们打交道。直到汉武帝元狩二年（公元前 121 年），一个小女孩出生，刘戊家族才又逐渐进入人们的视线。这个女孩就是解忧公主。

当时，黄河以西传来战事捷报，汉朝的军队取得巨大胜利，匈奴的祭天金人被汉军缴获送到皇宫，匈奴王廷出现了内乱和自相残杀。浑邪王率领部属投降了汉朝，汉朝安置匈奴人的五个附属国在河西一带连成一片坦途。因此张骞得以凿通西域，开辟了汉朝和乌孙联盟的新纪元。同年，解忧公主出生，安贫乐道的家人十分高兴，希望她能给已被贬为平民的家人带来生活的希望之光。十八年后，第一位和亲公主细君去世，乌孙国客人来到长安，上疏汉廷为乌孙王求娶汉家公主，以此延续乌汉联盟，平抚大王失去细君公主的悲痛。对此，汉武帝爽快地答应，并挑选了解忧公主去完成和亲任务。

虽此去经年，不知道还能不能再见到父母故土，但解忧公主并未因此感到悲观，因为她生性爽朗，忠君爱国，对朝廷的“和亲政策”十分理解，决心在另一个战场上为国效命。因此，解忧公主抱着一种大将军出征，必定凯旋的心情踏上了征途。没多久，解忧的第一任丈夫后乌孙王军须靡暴毙，肥王翁归靡继位，按照习俗，解忧公主需嫁给肥王。解忧千方百计赢得肥王的欢心，以图国家的安宁。幸运的是，肥王与解忧性情相投，恩爱异常，接二连三地生下了元贵靡、万年、大乐三位王子。肥王对解忧关怀备至，言听计从，从而使汉朝与乌孙国的关系密切，双方信使来往频繁。但那边被冷落的匈奴公主不断向娘家告状，激怒了匈奴单于出面干涉，双方很不愉快，大有一触即发的战争态势。

本始二年（公元前 72 年），解忧公主上疏汉宣帝，请求汉家出兵共同征讨匈奴，独揽朝政的大将军霍光当机立断，出兵十五万，兵分五路与乌孙共击匈奴，并派校尉常惠前往乌孙协同作战。本始三年（公元前 71 年），常惠与乌孙兵大败匈奴，同年冬天，匈奴单于亲率数万骑兵攻打乌孙，途中遇到罕见的大雪，死伤惨重，活下来的人连十分之一都不到，丁零、乌桓、乌孙三国趁机从三面围攻匈奴，使得匈奴全国人口损失十分之三，国力极大削弱，各属国土崩瓦解，从此一蹶不振。

之后，解忧公主在乌孙又经历了很多大事。有一年，乌孙内部的狂王叛乱，解忧公主与汉使坚守城池数月之久，率城中军民击退叛军的一次次进攻，城墙下血流成河，堆满了战死者。殿帐之中，解忧公主已经做好了赴死的准备：她面颊飘逸着辉彩，身着铠甲，肩披鲜艳的战袍，登上日落时分的城墙，满含泪水地对一位大将说："我是这样爱乌孙啊！乌孙的太阳是这样的美啊！"将军注视着公主说："你就是乌孙的太阳！"

后来，西域都使郑吉率诸国兵马往救赤谷之难，打败了狂王之子。这时翁归靡匈奴妻所生之子乌就屠靠着强大的母系家族支持，杀死狂王，自立为乌孙王，使乌孙再次倒向匈奴。大汉与乌孙之战一触即发。

在此危急关头，解忧公主聪慧的侍女冯嫽站出来，手持汉宣帝的节杖走进乌就屠军帐，对其分析当前局势，晓以利害，劝其审时度势，珍视乌汉长久的友谊，最终化干戈为玉帛，使乌就屠让出王位，立解忧公主之子元贵靡为大昆莫（乌孙国对国君的称呼），领户六万余；自己为小昆莫，领户四万余。汉宣帝对两人均赐印绶，予以嘉勉。

年老后，解忧最大的愿望就是落叶归根，在有生之年返回故乡。于是，她上疏汉宣帝，表示"年老思土，愿得归骸骨，葬汉地"，获准还乡。甘露三年（公元前 51 年），年逾七十的解忧公主终于带领着三个孙子回到了阔别五十年的长安。红颜离家，皓首归来，长安繁华依旧，公主青春不再，不只公主自己，连汉宣帝都感慨万千，以极高的规格接待并安置了这位大汉的功臣。两年后，解忧在长安去世。

趣味链接 婢女冯嫽

随同解忧公主远嫁乌孙的婢女冯嫽，知书达理、细心有谋、机敏爽朗、能言善辩，兼有特殊的语言才能，解忧公主待她如同姐妹。到了乌孙国后，解忧公主将她嫁给了位高权重的右将军。解忧公主和冯嫽在乌孙国的地位，形成了一种特殊的权力，在乌孙王廷内外连成犄角之势，对乌孙国的政治、经济、社会、军事等，都产生了极大的影响。

刘秀敕封乌鸦的传说

古今中外，帝王将相封王封侯不足为奇，但是，如果有人要敕封乌鸦，就十分奇怪了。那么，有着如此奇异行径的人是谁呢？他又是在怎样的情况下敕封乌鸦的呢？

第一个敕封乌鸦的人是东汉开国皇帝刘秀。当年，刘秀从王莽手里争夺天下，在一次战斗中，刘秀不幸兵败，只身落荒而逃。为了骗过王莽的追兵，刘秀甚至男扮女装，转身逃入一个山谷之中。不料，这些追兵发现上当后又立即杀了回来，把刘秀堵在谷中。这山谷三面都是峭壁，后路又被截断，刘秀就是插翅也难飞出。眼见敌人已包抄上来，刘秀急中生智，看到前边地沟边长着一片茂盛的马齿苋，便冲到那里一头扎了进去，把身子紧贴在地沟里边，一动也不敢动。

这时，大队的追兵赶来了，王莽命大家仔细搜查，连一只地鼠都不许放过。当时有一只喜鹊恰好飞到了刘秀藏身的地方，并且开始大喊大叫："喳！喳！喳！"王莽一听喜鹊的叫声，以为喜鹊在为他指路，马上打算派人去马齿苋下边的地沟里寻找。这时，一只乌鸦飞了过来，冲着王莽叫道："哇——哇——哇！"乌鸦的叫声粗哑难听，把喜鹊吓跑了，而王莽觉得乌鸦不是吉祥之物，便带兵追往别处去了。

据说，脱险以后，刘秀指着那只"告密"的喜鹊恨道："我封你'三九天气不卧窝，三伏天气不喝水'！"刘秀是九五之尊，说的是金口玉言，从此以后，喜鹊们就真的"三九天气不卧窝，三伏天气不喝水"了，甚至它们临死时，也总是一个劲地向天上飞，一直飞到太阳近边被晒化为止。同时，刘秀对护驾的马齿苋和乌鸦非常感激，就当面封马齿苋永远不死，又赐乌鸦一副银项圈。这马齿苋受封后，不怕旱不怕淹，连根拔掉也晒不干，所以人们叫它"晒不干的马齿苋"。

乌鸦戴上银项圈后，得意忘形到处炫耀，到处哇啦哇啦地吹大话、表功劳，慢慢地人们都讨厌它，都叫它臭嘴老鸹，把它过去的那点儿功劳也慢慢遗忘了。

趣味链接 刘秀为什么说"仕宦当作执金吾，娶妻当得阴丽华"

刘秀曾经说过这么一句话："仕宦当作执金吾，娶妻当得阴丽华。"这句话表达了一个年轻人的远大抱负与纯真理想，那么，大家知道刘秀为何会说出这样的话吗？

史载，刘秀年少时，只是个没落皇族。有一次，他听说新野有一位美女叫阴丽华，有倾国之貌，便心生了君子好逑的想法。而后，刘秀去长安求学时，在街上看到执金吾一职的车马众多，场面甚是壮观、阔气，于是大为感叹，激动之余，说出“仕宦当作执金吾，娶妻当得阴丽华”这句话。

不过，现今人们对刘秀这句话的一个错误理解就是，误以为“执金吾”是达官贵人。当年，刘秀看到的“执金吾”是为皇帝执行警戒任务的车马，因此，刘秀当时羡慕的不是这烜赫一时的排场，而是希望自己能够建立万世功业。当然，刘秀到最后实现了他的愿望，成为一国之君，而美女阴丽华也成为他的一代贤后。

《四十二章经》真的存在吗

看过《鹿鼎记》的人一定知道《四十二章经》，因其整个故事正是以各路豪杰争夺《四十二章经》为线索展开的。《鹿鼎记》中，各路江湖豪杰为了抢夺《四十二章经》彼此追逐厮杀，不惜任何代价。最后真相大白，原来大家并非冲着书上的经文而去，而是为了那张藏在经文中的藏宝图。那么，《四十二章经》是金庸为了情节需要杜撰的，还是历史上确有《四十二章经》？而那张引无数人挥刀相向的藏宝图，又是否真的存在呢？这就要从汉明帝的一个梦说起了。

永平五年（公元 62 年）的一个晚上，汉明帝刘庄在后宫寝殿休息时做了一个奇怪的梦，他梦见一个头顶放射白光的高大金人降临在宫殿中央。明帝大惊，颤颤巍巍地开口问道：“来者何人？”但那金人只字未提，“呼”的一声腾空而起，向西方飞走了。明帝不觉从睡梦中醒来，对梦中出现的异象百思不得其解。第二天朝会时，他向群臣详细地描述了自己所做的梦，想让大家判定是吉是凶。结果大臣们面面相觑，谁也无法做出解释。

这时，通事（掌管递奏章传达圣旨的官员）傅毅上前奏说：“周昭王二十四年四月初八，山川震动，江河泛滥，晚上西方天空现出五色光华。太史苏推测，这当是一位大圣人在西天诞生。这位圣人降临人间是为了救苦救难，他的教义，一千年后就能传入我国。”

明帝听罢惊得目瞪口呆。傅毅见明帝如此模样，便继续说：“掐指算来，那时至今将近千年，陛下梦到的金人，大概就是这位圣人吧！据臣所闻，现在西域有位神人，其名叫‘佛陀’，陛下梦见的想必就是他。”

听到这里，明帝化惊为喜，就想进一步了解一下这位“佛陀”的详情，于是选派使者羽林郎中秦景、博士弟子王遵等一行人去西域，访求佛道。经过三年的时间，他们回到洛阳，还带来了两位印度僧人迦叶摩腾和竺法兰以及一些经书和佛像。汉明帝为了对二位僧人表示欢迎，于永平十一年（公元68年），敕令按天竺式样为摩腾、竺法兰建精舍居住。

由于那些经卷为梵文，所以汉明帝又安排此二人在白马寺着手翻译一部分佛经，相传译出来的就是《四十二章经》。

据古史记载，“四十二章”者，一经之别目；以此经分段为义，有四十二段故。“经”者，梵语修多罗，此云契经，凡佛所说真理皆可曰经。经又训为常，以所说为常法故。此经以四十二段经文，摄佛说一切因果大义，故名《四十二章经》。这是佛教最入我国时留存下来的第一部经书，而白马寺也成为佛教的“祖庭”和“释源”。

由此我们可以断定，《鹿鼎记》中提及的《四十二章经》确实存在，只不过其与“宝藏”“龙脉”等并无关系，只是金庸在写小说时的杜撰罢了。而《四十二章经》的真正价值就在于，其内容多以譬喻说理为主，警句迭出。比如：“恶人害贤者，犹仰天而唾，唾不至天，还从己堕。”如果说《四十二章经》里真有什么“宝藏”，大概是那些醍醐灌顶的警句，它们本身就是一笔取之不尽、用之不竭的精神财富，值得后人研读！

放牛娃靠“抓阄”当上了皇帝

刘盆子是汉高祖刘邦之孙城阳景王刘章的后代。初始元年（公元8年），王莽篡位，刘盆子家族被贬为庶民。尽管外界战事频仍，但刘盆子拥一田，携一牛，生活大体还算惬意。不过命运有时就是爱和人开玩笑，即使刘盆子自己想继续过田园牧歌式的生活，也无奈造化弄人。有些事不是他想，就能顺其心意的；同样道理，有些事，也不是他不想，就能如愿。比如皇帝，不是谁想当就能当得了的；而有些人，无论他多么不情愿，该他当皇帝的时候，他就得当。而刘盆子恰巧就是这么一位命途多舛、被历史推着走的悲剧皇帝。

王莽篡汉夺权后，企图通过改革来缓解社会危机，然而由于其改革措施严重脱离实际，既触动了豪强地主、商贾和一部分官僚贵族的既得利益，也给广大百姓带来了深重的苦难，所以举国不满。加之王莽滥用刑罚，妄兴兵戈，至新朝末年，社会危机已严重恶化。朝不保夕的贫苦百姓挣扎在死亡线上，正所谓“官逼民反”，绿林、赤眉农民起义一触即发，最终将王莽所立的新朝推入了深渊。

一朝灭亡，便有一朝兴起，而起义军领袖樊崇并不傻，他知道老百姓心向汉室，而此时任何一个异姓人来称帝，都非明智之举，所以，他决定立一个刘氏宗室来做皇帝，继而打出“匡扶汉室”的旗号出战，就会达到“师出有名，号令天下”的目的。

方案既定，樊崇便展开了积极的搜罗活动。而刘茂、刘孝、刘盆子三名刘姓皇族后人最终成为帝位决选的候选人。

不过汉室后裔经过数代以后，已经落魄不堪，比如刘盆子，在当时已沦落为一名普通的老百姓，每天所做之事无非是在山野间放牛罢了。但樊崇的想法是只要是汉室后裔就行。

那么，这三人中，究竟该挑谁来做皇帝呢？樊崇没有更好的办法，只能通过组织一次“抓阄”来决定，既然一切都是天意，那么索性就交给老天吧，谁摸到帝札谁就做皇帝，反正都是樊崇手中的一枚棋子，只要乖乖听话，积极配合即可。通过“抓阄”决定帝位归属，这件事听起来简直匪夷所思，但这件荒诞离奇之事，就这样确确实实地发生了。

最后的结果是，十五岁的放牛娃刘盆子摸到了帝札。昨天还是在山沟里放牛的牧童，时隔一日竟成了皇帝，这种角色的巨大转换多少让他有些不适应。

据传，当时刘盆子手里还拿着放牛的鞭子，而突如其来的命运转折令其头脑混乱。然而，历史的车轮不会静止在那一刻，台下众人高声齐呼“万岁”，将山沟里走出来的刘盆子吓哭了，他哭着喊着要去放牛。不过，这哪能由他？纵览中国历史，傀儡皇帝并非刘盆子一人，而等待他的命运就是跟着起义军南征北战，不停奔波……

一年内，起义军攻入长安，灭了刘玄政权。不过后来，起义军因饥荒向东撤退时，遭到了刘秀的围困。结果赤眉军大败，死伤十几万，被迫投降。而由放牛娃晋升为皇帝的刘盆子，只能跟着樊崇一起，成了刘秀的阶下囚。

趣味链接 东汉十四帝，十位是小孩

东汉王朝自光武帝刘秀开国，至最后一位皇帝汉献帝刘协，共经历了十四位皇帝，196 年的历史。从时间上来看，东汉统治并不算短，但是就在这 196 年东汉历史中，有十位皇帝都是小孩，他们分别是明帝、章帝、和帝、殇帝、安帝、顺帝、冲帝、质帝、桓帝、灵帝。在这十位皇帝中，有的甚至还是“襁褓婴孩”时，就做了皇帝，而年龄稍大一点的也不过十四五岁。

王莽晚年染发大婚，暗藏玄机

染发于时下已司空见惯，街头潮男潮女喜欢把黑发染成红色、黄色等以突显个性；中老年人把灰白发染成黑色，是为了增添活力，让自己看上去年轻一些。有人认为，染发是最近几年才兴起的事。实际上，两千年前的王莽就已经开了染发之先河。不过，王莽染发和今人染发的动机是有差别的。

王莽是历代史学家公认的野心家，但在成功篡得西汉天下后，他推出的一系列“复古革新”的计划，基本上都只能停留于纸面，因过于荒诞不切实际而招致各个阶层的反对。

一时间，无论黎民百姓，还是豪强地主，都对这个浑身上下散发着迂腐气息的新朝皇帝感到失望、痛恨。在这种状况下，各地纷纷揭竿而起，以期打倒王莽，推翻新朝。很快，王莽的新朝已经到了分崩离析的境地。而不甘失败的王莽，在万难之际想出了一个对策，那就是大办婚礼。

王莽是这样想的：举办一场皇帝大婚的盛大典礼，既可以粉饰太平，安定人心，还可以显示出新朝的生机与活力，从而争取时间做最后的挣扎。于是，在农民起义的呐喊声中，王莽向全国下发了选后诏令，一批批美女被接连送至长安。

经过层层选拔，王莽看中了杜陵史家的女儿，欲册立其为皇后。史家女儿正当妙龄，而王莽则已年近古稀，这不免让王莽有些担心，生怕别人说闲话。辗转反侧几日未眠，王莽终于想出了计策：将白发染黑。如此一来，既可以让自己看起来像一个精壮的小伙子，还可以制造一种身板硬朗的假象，以示自己还有足够的精力来稳定政局，力挽狂澜，对付各地起义军。

王莽

事实证明，王莽的想法只是他的幻想，用大婚和染发，怎么可能扭转败局呢？就在王莽大婚七个月后，起义军便攻破了新朝的城门，而王莽则在刀光剑影中，身死渐台。这还不算完，王莽的肢体被肢解，头颅则四处辗转，最后挂于城门示众，而那个脑袋上的发须依旧保持着乌黑的颜色。

趣味链接 王莽碎玉

西汉末年，王莽被罢官，南阳太守派王莽的下属孔休担任新都相。一次王莽生病，孔休前来探望，王莽就送给他一把玉饰的宝剑。孔休觉得礼重，不肯接受。于是，王莽说只把剑上的玉质剑鼻送给他，因为美玉能治他脸上的疤痕，可孔休还是不接受。王莽便把剑鼻打得粉碎，亲手把它包起来送给孔休。孔休见他如此真诚，才把剑鼻收下。

道教始祖张道陵是否成仙

每当说起我国的本土宗教——道教，人们就会联想到道教的始祖张道陵，而关于他的故事，不仅各类史书多有记载，每个人也能说上许多。其中，对于他的传说，争议最大的就是他是否得道成仙。

据说，张道陵曾为东汉江州令，他自觉做官无益于年寿性命，于是弃官归隐，改学长生之道。他得到了黄帝的《九鼎丹经》后，开始在繁阳山修炼。后来，张道陵又率领众弟子登乐平云子峰，在山间炼丹，山神知道后，派遣双鹤引导其出入山间。后来，张道陵又离开此地，溯流入贵溪云锦山，开始炼九鼎神丹，一年后红光照室，两年后五云覆鼎，三年后丹药炼成，山中龙虎齐现。

道教创始人——张道陵

随后，张道陵又在万山石洞中得到了秘术及号令山岳众神之术。他听说四川民众淳朴，那里的名山又多，于是就带着道中的弟子入蜀修炼传道，来到鹤鸣山。山上有一只石鹤，有人得道，它就会发出叫声。果然，张道陵到那里没多久，石鹤就扬声天外，接着天上有千乘万骑的白鹤拥着太上老君而来，太上老君授予张道陵“正一盟威之道”，不久又派清河玉女教他吐纳清河之法，修行千日后，能分形为数十人。太上老君又授张道陵金丹秘诀，他依法修炼，一年炼就神丹，服之可升至真人。这时，张道陵自认未有功于世，又立教设治，成立五斗米道，门下弟子众多，教徒也多称其为祖天师、正一真人。

据说张道陵一百二十三岁时，与他的得意弟子王长、赵升三人白日冲天而去，道教尊其为泰玄上相、降魔护道天尊。

虽然神话传说中都说张道陵得道升仙了，但也有人说这是子虚乌有的事情。在历史上，汉代确实有一位道士叫张道陵，史载他是张良的八世孙。后来，因其是道教的创始人，所以被尊为第一代天师。在某些道教流派中，他还与葛玄、许逊、萨守坚一起，被人们称为“四大天师”。但是，人们说他并没有修成仙，只不过活了一百多岁，年岁较长，再加上众多教徒的宣扬，就被人们神化了。

趣味链接 张道陵与张天师、张三丰是同一人吗

张道陵、张天师、张三丰这三个人同属于中国的本土教派——道教，但他们并不是一个人。

众所周知，张道陵是五斗米教的创始人，后人也经常称其为“张天师”。但是，也有人说，真正的张天师另有其人，他就是与张道陵同时代的张角。当时张角也在传播道教，不过他传的是太平道，自称大贤良师，信徒遍布天下九州，已是颇有影响。但是当时黄巾起义失败，太平道便日趋衰微，而张道陵的五斗米道由于与最高统治当局合作，使得五斗米道的影响从西南一隅播于海内，成为道教正宗。

张三丰，名君宝，字三丰，是元末明初的道教首领。他行游四方，曾在武当山结庐修行，是武当派开山祖师。史书记载张三丰龟形鹤背，大耳圆目，须髯如戟，寒来暑往仅一衲衣，雨雪天气蓑衣着身。张三丰在武当山创立了一个新的道派——三丰派，掀起了中国道教发展史上的最后一波浪潮。

三国魏晋南北朝——风云变幻、英雄辈出

曹操为何要对知识分子下杀手

在东汉末年这样一个动荡年代，曹操之所以能够脱颖而出，统一中原，很大程度上得益于他实行的“唯才是举”的用人机制。曹操为了能广泛地吸收和笼络文人名士，哪怕这些人把他骂得狗血喷头，他也“爱怜其才”，赦之不咎。然而，曹操却对几个有才的文人表现出了让人惊讶的举动，上演了一场场侮辱、屠杀的惨剧。这让众人不由得发出疑问：标榜爱惜人才的曹操为什么会这样做呢？

祢衡是一个纯粹的文人，但他自恃其才，不知天高地厚，甚至目中无人，狂悖不羁。令人意想不到的是，这位丝毫不懂政治的文学青年，竟然在曹操面前出言不逊，大放厥词，引起了曹操的强烈愤恨和不满。对付这样一个不识时务、蔑视权贵的文人，曹操有自己的一套办法，那就是通过“不命坐”“令为鼓吏”和“不起身相送”等方式，在礼法上有意怠慢。当然，曹操是个聪明人，他知道如果他杀了祢衡，定会让其他文人心寒，于是他开始“借刀杀人”，派遣祢衡到荆州出使，结果祢衡因出言不逊被一介武夫黄祖砍下脑袋。

与三国“愤青”祢衡不同的是，孔融不仅是文学家，更是一位政治家。作为孔子的二十世孙，孔融官高名远，众望所归，顺理成章地成为一代知识分子的领袖。名士出身的孔融向来看不起曹操，丧失地盘来到许都后，孔融认为自己是在为汉献帝做事，而不是为曹操效劳，不买曹操的账。这让大权在握的曹操觉得很窝火，萌生杀掉孔融的念头。但是由于北方局势还不稳定，加上孔融的声名远播，曹操不便对他怎样。到了建安十三年（公元 208 年），北方局面已定，曹操在着手实施他的统一大业的前夕，为了排除内部干扰，便授意部下诬告孔融“欲规（谋划）不轨”，又曾与祢衡“跌荡放言”，将孔融杀害弃市，孔融的两个儿子也未能幸免。

第三个被曹操杀掉的人是崔琰，他虽然算不上一个完全的文人，但他代表着当时整个贵族集团，也代表着聚集文化精英的士大夫阶层。崔琰表面上归顺曹操，但打心眼里不服，尤其是对曹操自封魏王这种僭越行为更是义愤填膺。对于经自己举荐却赞同曹操称王的门生杨训，崔琰忍无可忍，索性以前辈的口气给杨训写了一封义正词严的书信，里面竟有“时乎，时乎，会当有变时”的“反句”。曹操知道后，勃然大怒，将其关押。可崔琰在关押期间不但不老实，竟然还“通宾客，门若市人”，与那些不肯降服的士大夫阶层搞反动聚会和非法活动，这是曹操无论如何也不能原谅的，于是利用“文字狱”的方式除掉了这位爱出风头的名人。

由此我们可以看出，曹操一方面实行“唯才是举”，吸收、笼络和重用知识分子，一方面又坚持“宁教我负天下人，休教天下人负我”的用人原则。对于愿意臣服归顺自己的文人，曹操可以给他们高官厚禄，可以与他们推心置腹，尊重爱护；但对于那些不肯服膺归顺，不愿与自己合作，甚至另怀心思的知识分子阶层精英，曹操不惜背上屠杀知识分子的千古骂名，也要对他们下狠手，做到杀一儆百。

趣味链接 陈琳痛骂曹操，曹操为何没有杀他

三国称霸时期，大才子陈琳替袁绍写了一篇文章骂曹操，骂得很难听，把曹操的祖宗几代一起给骂了。

按说曹操非常生气，以他的脾气，他很可能就把陈琳杀了。事实却不是这样。曹操抓住陈琳，审讯他：“你骂我可以，为什么骂我的祖宗？”陈琳无奈之下说了这么一句话：“箭在弦上，不得不发耳。”意思是说他当时奉命写文章，文思泉涌，酣畅淋漓，骂得痛快，就骂过头了。曹操听了陈琳这说辞，竟然心领神会，心想“建安七子”之一果然名不虚传，是个人才。于是，曹操不仅没杀陈琳，反而把他留在身边让他做秘书！

由此可见，曹操是一个惜才如金、不计前嫌的人。同时，这也说明曹操度量很大。

曹丕率众学驴叫

在现代人看来，“学驴叫”无疑是一种很滑稽搞笑的行为，但是，在魏晋时期，却有人用这种方式来为友人送葬。而曹丕作为当时的文坛领袖、一国之君，怎么会不顾自己形象率众学驴叫呢?

故事还得从魏晋时期的风尚说起。魏晋时期，民间流传着这样一个趣闻：有人听见驴的叫声，就像听到了天籁，如痴如醉。“建安七子”之一的王粲，也有这样的癖好，每次听到驴叫，都很高兴。当时的很多文人雅士甚至帝王将相，也都把听驴叫、模仿驴叫当作一种风尚。

建安时期，曹操父子当权，而他们父子三人又都喜欢文学，所以被誉为文坛领袖。当时，曹操专门命人在邺城建造了一座铜雀台，据史料记载，铜雀台高十丈，上面建有百余间房屋，专门供“建安七子”等文人名士活动所用。

“建安七子”中，若论文采，当以王粲为最，他出口成章，为人又诙谐幽默，虽然出语不凡，但有一个癖好，就是学驴叫。当他高兴的时候，往往喜欢学驴叫，那些前来拜访他的人，或者聆听他思想的人，常常被他逗得前仰后合。

王粲博闻强识，有过目不忘的本领，而文采又高，深受曹氏父子的信赖。在建安二十一年（公元 216 年），王粲随曹操征讨孙吴，不幸染病死于途中。关于此还有一个小故事，他在二十岁那年，曾遇“医圣”张机，张机那时候就说他已经生病了，告诉他服用玉石汤可以免于早亡，可是王粲不听，后来，他果然和张机说的一样，四十岁时眉毛脱落，半年后逝世。

王粲的死，是当时文坛的一大损失，作为王粲最好的朋友，曹丕不胜伤感。想到再也见不到至交好友，曹丕不禁悲从中来。王粲出殡那天，作为魏国的第一任君主，曹丕亲自率领文人雅士，去为王粲送葬。想到以后天人永隔，曹丕心胸激荡难平。回忆起从前好友王粲的音容笑貌，曹丕决定纪念他的癖好，于是曹丕带头，第一个学驴叫，在他的带领下，其他的文人雅士也纷纷效仿，来表达自己对文坛泰斗逝去的哀思。同时也希望，王粲在天堂也能一如既往地欢乐。

曹丕

其实，“学驴叫”这种奇特的送葬方式，不仅是表达对友人的思念，更多的是文人追求精神自由、个性解放、放浪不羁的内心世界，这种不拘于固定形式对友人真心的祭奠，更体现出曹丕与王粲的特别感情。我们祭奠一个人，懂得他内心的真正需求，给予他心灵的快乐便足矣。

趣味链接 过目不忘

有一天，王粲与几个伙伴到郊外玩耍，走到半路上，发现路旁立着一块石碑，上面刻满了密密麻麻的碑文。勤奋好学的王粲见碑文写得不错，就大声读了起来。伙伴们早就听说他有过目成诵的本领，就和他开玩笑说："王粲，你读完这一遍，能背下来吗？"王粲谦虚地说："试试看吧。"于是，他把脸背过去，一句句地背诵起来。伙伴们一边听，一边对照原文看，他们吃惊地发现，王粲竟然背得一字不差！大家不禁为他喝起彩来。

庞统见刘备"长揖不拜"

"长揖不拜"是行礼者站立着，对长者或尊者行拱手礼，同时向前弯腰，两手由上向下抱拳至膝盖处，但不跪拜磕头。因此，"长揖不拜"其实就是"作揖"的动作，简称为"揖礼"，属于一般性的礼节，有点像是当代流行的鞠躬礼。

《三国演义》第五十七回，写江南名士庞统自恃才高，初次拜见刘备，长揖不拜。看到庞统行这样的见面之礼，刘备有些不高兴，而庞统又长得十分丑陋，刘备就更不高兴了。

"长揖不拜"的礼节在《三国演义》中多次出现，如《三国演义》第八十六回记载，蜀汉派使臣邓芝前去东吴游说孙权与蜀结好，小说中写道："近臣引至帘前，邓芝长揖不拜。权令卷起珠帘，大喝曰：'何不拜！'芝昂然而答曰：'上国天使，不拜小邦之主。'"孙权大怒，差点想用油鼎烹了邓芝。邓芝到了东吴，不肯下拜，而只是"长揖不拜"，这是为了维护蜀汉的尊严。

《史记》卷九十七《郦生列传》记载："郦生至，入谒，沛公方倨床，使两女子洗足而见郦生。郦生入，则长揖不拜。"说的是郦食其去拜访刘邦的时候，刘邦正坐在床边洗脚，在这样的情形之下接见郦生，当然是不尊重他的表现，于是郦生也就没有行跪拜的大礼，而是长揖不拜，只是弯腰行拱手礼而已。所以，从上面的材料中也可以看出，"长揖不拜"多用于同辈之间或对长者、尊者的一种略示尊敬的礼节。而传统礼节，臣子见君主不可以行"长揖"的揖礼，应该行拜礼。

趣味链接 曹操祭袁绍墓时为什么拜了两拜

《三国演义》第三十三回，曹操攻破冀州后，亲自到袁绍墓下祭拜，再拜而哭甚哀。“再拜”，也就是第二次下拜，也即拜了两拜。

《礼记·杂记下》记载，有一次孔子的马厩失火，乡人前来慰问，孔子答拜表示感谢，“拜之，士一，大夫再，亦相吊之道也”。孔子对于士人只拜一次，而对于比士高一级的大夫，就拜两次。可见再拜就是对对方身份一种更为尊重的表示。所以，清代赵翼《陔余丛考》卷三十一关于“再拜”等条目的解释是：“古人拜，虽臣之于君，亦只再拜。”也就是说，在上古时期，大臣拜见皇上，也只要两拜就够了。而曹操为了表示对袁绍的尊敬，拜了两拜。

鲁肃为何坐牛车上朝

在赤壁大战前夕，张昭等文臣主张东吴投降曹操，鲁肃却竭力反对。鲁肃对孙权说：“今肃可迎操耳，如将军，不可也。何以言之？今肃迎操，操当以肃还付乡党。品其名位，犹不失下曹从事，乘犊车，从吏卒，交游士林，累官故不失州郡也。将军迎操，欲安所归？”鲁肃的意思是，他是可以投降曹操的，降操以后，还可以坐着牛车上班，还可以做一个州郡的太守，但是孙权不可以投降曹操。

这一段话，实际上从侧面点明了当时东吴的大臣上朝不是坐马车的，而是坐牛车，也就是“犊车”。

对于“犊车”，《宋书·礼志五》中记载：“犊车，耕车之流也。汉诸侯贫者乃乘之，其后转见贵。孙权云车中八牛，即犊车也。”说的是在汉代，牛车是诸侯当中的贫弱者乘坐的交通工具，但在汉末三国时期乃至南朝时期，牛车反变成尊贵的象征，孙权出行要坐八头牛拉的车。

造成这一现象的原因是，当时东吴与北方的曹魏处在敌对的状态，所以曹魏与东吴之间的马匹交易就比较困难。马匹在当时是重要的军事战略物资，往往用在军事上，所以日常生活中主要用牛车。与之相反，北方的曹操出行则没有坐牛车的记载。

由此可见，最初都是坐马车的，后来因为政治、军事的原因，马匹减少，于是就改坐牛车。从坐马车到坐牛车，很明显速度变慢了。《晋书·舆服志》中记载：“古之贵者不乘牛车，汉武帝推恩之末，诸侯寡弱，贫者至乘牛车，其后稍见贵之。自灵献以来，天子至士遂以为常乘。”这段记载说明本来尊贵者是不坐牛车的，坐的是马车，但由于七国之乱后，汉武帝推行推恩令，削弱了诸侯王的实力，于是诸侯王就只好改坐牛车了。但在汉晋以后至南北朝乘牛车已成时髦，王公贵族都觉得坐牛车也别有风致，于是变成喜欢坐牛车了。

趣味链接 古代坐牛车与坐马车有什么区别

《宋书·礼志五》中记载：“汉制，乘舆御大驾，公卿奉引，太仆、大将军参乘，备千乘万骑，属车八十一乘。古者诸侯贰车九乘，秦灭九国，兼其车服，故八十一乘也。汉遵弗改。”这说明帝王出行，有跟随的马车81辆，而诸侯则是9辆。但在西汉时期吴楚七国之乱后，朝廷不允许地方诸侯自己设立御史、廷尉等官职，于是诸侯国的实力都有所下降，原来是坐马车的，自从七国之乱发生后，一些小诸侯王因为贫穷坐不起马车，就改坐牛车。同时，汉武帝时对匈奴大规模用兵，导致中原地区的马匹十分短缺，贵为天子，要找出四匹颜色一样的马也很困难，于是将相们有人就改坐牛车上朝了，汉武帝为了得到西域的汗血宝马，还专门发动战争，可见对马的渴求。

刘备摔子为了收买人心吗

“刘备摔孩子——收买人心”，这个歇后语在我国的使用率颇高。它出自长篇历史小说《三国演义》“赵子龙长坂坡救主”一章，就像歇后语中所说的那样，后人评论刘备摔阿斗是假摔，是为了笼络人心。也就是说，人们认为刘备摔孩子的举动，并不是出于真心，只不过是在收买赵云及将士的人心，使他们更加为自己卖命。对于这件事，人们历来看法不一。

东汉建安十三年（公元208年）秋，曹操在消灭北方群雄之后，挥师南下荆州。此时割据荆州的刘表病逝，其子刘琮不战而降，屯兵樊城的刘备感到形势孤危，被迫带领人马和不愿投降的荆州官兵及百姓向荆州重镇江陵转移。曹操知道了这个消息后，恐怕刘备得江陵而成为后患，于是令精骑五千以一日一夜行三百余里的速度急追，到了当阳长坂坡，两军遭遇，刘备仓促应战。由于迎战被动，敌我实力悬殊，刘备很快兵败，丢下妻子和儿子仓皇出逃。

赵子龙在曹营中七进七出，险些将性命丢在曹营，费尽九牛二虎之力，方将幼主阿斗救出。刘备从赵云手中接过阿斗，不仅没有表现出应有的高兴，反而将自己的亲生儿子掷于地，说：“为你这乳子，几乎损我一员大将！”赵云见此情景，立时被感动得涕泪涟涟了，连忙抱起被刘备抛掷于地的阿斗，跪到地上道：“赵云就是肝脑涂地，也不能报主公的知遇之恩啊！”那么，刘备摔孩子是不是收买人心呢？

第一种观点是否定的。持这种观点的人认为，赵云投奔刘备的时候，正是刘备事业最低谷时，即便是这种情况，赵云依然来了，从此追随在刘备左右。在众人怀疑赵云投降曹操的时候，刘备说“子龙从我于患难，心如铁石，非富贵所能动摇也”，又说“子龙此去必有事故，吾料子龙必不弃我”。由此可以看出，刘备和赵子龙的关系很好。刘备早在张飞因醉酒被吕布袭破徐州时，就曾对悔恨交加闹着要自杀的张飞说：“兄弟如手足，妻子如衣服。衣服破，尚可缝；手足断，安可续？”在刘备看来妻子就像一件可随时脱下穿上的衣服，没什么大不了。既然妻子没什么大不了，那么孩子也就没什么大不了的了。千军易得，一将难求，以复兴汉室为己任的刘皇叔，要找赵云这样于千军万马之中取敌人首级如探囊取物的大将，恐怕不是容易的事。再说，作为政治家，他看重的是江山社稷。成功的政治家是不会忽视对人才的培养、选拔和安抚的。

然而大多数人认为，刘备摔阿斗，其实是刘备御人术的一次表演，其精彩处在于：既收买了赵云誓死随主之心，又感化了当时在场的所有文武随从，起到一箭双雕的作用。刘备从一织席贩履之徒成为一代英雄人物，其公关御人术的确有令人拍案叫绝之处。因此后人诗曰：“曹操军中飞虎出，赵云怀内小龙眠。无由抚慰忠臣心，故把亲儿掷马前。”

《孙子兵法》记载，兵圣孙武要求为将者应具备“智、信、仁、勇、严”五个方面的才能，强调将帅不仅要拥有威武之仪，还需要怀揣仁爱之心。唐朝诗人白居易也说：“动人心者莫过于情。”情动之后心动，心动之后理顺。仁爱兵卒，仁爱部下，无非是启示为将者如何动之以情，统一军心，达到制胜的目的。

趣味链接 刘邦为逃命曾将亲生儿女推下马车

在《资治通鉴·汉高祖二年》中记载了这样一个故事，刘备的先祖汉高祖刘邦，当年被项羽的军队追得狼狈逃窜，在逃跑的途中，刘邦遇到了自己嫡生的长子和女儿，即后来的孝惠帝和鲁元公主，就让他们上了自己的车子。但是当楚军追之愈甚的时候，刘邦嫌人太多马车跑不快，为了自己逃命竟将自己的亲生儿女几次从车上推下。多亏了掌管车马的太仆夏侯婴的搭救，他们才幸免于难。

刘备在梦里与关公会晤

有一天，刘备精神恍恍惚惚，坐卧不安，似乎感觉有什么不对劲，但是又不能具体说出哪里不对头，只觉得隐隐有些不安。到了夜里，刘备仍像往常一样，打算在睡觉前看一会儿书。那时候条件艰苦，刘备虽贵为一方之主，条件也很艰苦，只能借着烛光看书。

看书看了一会儿，刘备觉得有些困倦了，便伏在案几上睡着了。这时候，刘备做了一个梦，正是在这个梦里，他得知了二弟关云长被害的消息。

梦境中，一阵冷风透窗而入，立时便吹灭了蜡烛，于是整个房间都被黑暗笼罩着。但是，黑暗并没有在房间里停留太久，因为蜡烛旋即又亮了起来。这真是奇怪啊，已经熄灭的蜡烛会自己亮起来吗？当时也没有像刘谦、大卫·科波菲尔这样的魔术师。其实这也没什么好奇怪的，一个字就足以解释这种匪夷所思的现象：梦！在梦里，发生任何事情都是可能的。更加匪夷所思的事情还在后面。

话说蜡烛灭而复明以后，刘备抬起头，看见一人站在灯下。刘备便问道："你是谁，为何深夜来此？你可知道这是我的卧室？"

那人浑然不应，就好像没有听到一般。刘备感到很奇怪，便站起来细细打量来人，看究竟是谁敢如此造次！啊，不是别人，竟是二弟关羽！只见关羽在灯影下面来来回回，不知道在做什么。

刘备说："贤弟别来无恙！这么晚了，你来我这儿一定有原因。贤弟快告诉我，你为何总是闪避？"

关羽流着泪说了八个字："愿兄起兵，以雪弟恨！"

说完这话，一阵寒风袭来，就把关羽的身影吹散了。

刘备大吃一惊，急忙追问："贤弟你要往哪儿去？快告诉我你的话是什么意思。"刘备在这一惊之下，便从梦中醒来了。醒来以后，刘备赶紧召来军师诸葛亮商议对策。刘备知道诸葛亮上知天文，下知地理，世间之事，没有他不懂的。召来孔明，或许就会明白自己为什么会做这种梦。

诸葛亮入见，待听主公刘备把梦中之事细细说完以后，便说："主公之所以有此一梦，是因为太过思念关公，故还请主公宽怀！"

尽管诸葛亮再三宽慰，但是刘备心中还有疑虑，生怕关羽遭到了什么不测。果不其然，这时有属下来报，说关羽失守荆州，败走麦城，最后被东吴所杀。听到这个噩耗后，刘备大叫一声，立时昏厥倒地。当刘备终于醒来的时候，想起梦中关羽的话，便决心起兵伐吴，以满足关羽的遗愿，同时也成全他们的兄弟之义。

趣味链接 关羽失荆州

刘备命关羽守荆州，但是关羽目空一切，刚愎自用，致使荆州失守，而他自己也被东吴所害。关羽之死令刘备方寸大乱，刘备急忙提兵杀往东吴，以图雪二弟关羽之耻，结果反被东吴陆逊火烧连营，从此西蜀元气大伤。

诸葛亮老婆有多丑

诸葛亮的丑老婆故事很多，据《襄阳耆旧传》记载，汉末诸蔡最盛，蔡讽的姐姐嫁给了太尉张温，育有两女，长女为黄承彦的妻子，小女为刘表后妻，即蔡瑁的姐姐。诸葛亮的妻子就是黄承彦的女儿黄硕。

《三国志·诸葛亮传》记载："黄承彦者，高爽开列，为沔南名士，谓诸葛孔明曰：'闻君择妇，身有丑女，黄头黑色，而才堪配。'孔明许，即载送之，时人以为笑乐，乡里为之谚曰：'莫作孔明择妇，正得阿承丑女。'"由此可见，诸葛亮的老婆是由老岳父亲自送上门的。

据传，黄硕长得面貌丑陋，黄头发，黑皮肤，身体十分强壮。但是，黄硕是位才女，诸葛亮使用的木牛流马就是其妻子的发明。黄硕虽然生得丑陋，但是对孔明而言，是难得的贤内助。诸葛亮在前方指挥作战，黄硕在家植桑养蚕、织布教子。诸葛亮的儿子诸葛瞻曾奉命镇守绵竹，邓艾兵临城下时，诸葛瞻丝毫不受威胁利诱，最后壮烈殉国，诸葛亮的孙子诸葛尚也同时殉国。晋统一天下后，曾诏诸葛亮的第三个儿子诸葛怀到洛阳加官晋爵，被诸葛怀谢绝了。可见黄氏的教育得法。

实际上，黄氏可能没有传说的那样丑陋，人们说黄硕长得貌丑，主要是因为黄承彦对诸葛亮说"身有丑女"。但是根据当时的情况来推断，黄氏应该是相貌平平，不至于奇丑无比。因为首先，黄承彦的话可能是一种自谦，作为父亲，一般不会说自己的女儿长得十分漂亮，谦虚一点是很正常的。其次，黄氏的母亲与刘表的后妻是亲姐妹，但从来没有人说刘表的后妻长得丑陋。作为亲姐妹，长相有差异很正常，但是按照常理不至于差异特别大。最后，有一种说法说诸葛亮娶丑女是因为想跻身上层社会，但实际上当时的诸葛家族与黄家地位基本相等，诸葛亮的两位姐姐就嫁给了当时比较有名的蒯、庞两家，所以这种说法是没有道理的。因此，诸葛亮的“丑妻”应该不至于太丑。

趣味链接 古代四大丑女

古代的四大丑女是指远古时代的嫫母、战国时期的钟离春、东汉时期的孟光、东晋时期阮德慰的女儿阮氏。她们虽然容貌丑陋，但都是有德有才之人。

嫫母被认为是四大丑女之首，但嫫母十分贤德。嫫母养蚕缫丝，把丝织成绸子来做衣服，被后人尊称为“先蚕姑娘”。黄帝娶她为妻，后来黄帝打败炎帝，杀死蚩尤，都是因为有嫫母这个贤内助。

第二个丑女是战国时期的钟离春，据古史记载，她“四十未嫁”，长相也十分惊人：凹头深目、长肚大节、昂鼻结喉、肥项少发，而且皮肤黑如烤漆。因她居住在齐国无盐县，后来人们常以“无盐女”指代丑女。但她关心国家大事，以天下为己任，曾去拜见齐宣王，当面指责齐宣王的不足之处，齐宣王十分感动，遂立她为后。

第三个丑女是东汉时期的孟光，《后汉书·梁鸿传》记载，孟光“粗陋无比”“肥丑而黑”，能“力举石臼”。有人给孟光提亲时，她说“必嫁梁鸿”。当时的人都笑她，但是梁鸿看准了她的德行，于是娶她为妻。后来，孟光随梁鸿隐居于霸陵山中，每天在家准备饭菜等候梁鸿回来，然后双手把盘子举到自己的眼眉处递到梁鸿面前，十分恭敬，因此有了“举案齐眉”的佳话。

第四个是东晋时期阮德慰的女儿阮氏，她嫁给了当时的名士许允。但是新婚之夜，许允却被阮氏的相貌吓得跑出了洞房。可见，阮氏相貌也是很丑的。后来，还是许允的朋友恒范相劝，许允才勉强进了洞房。当他实在无法忍受阮氏的丑貌，想再次跑出洞房时，阮氏抓住他的衣服说：“妇女有妇德、妇言、妇容、妇功四项标准，我只是缺乏容貌而已；衡量君子的标准上百条，你占哪一条？”许允说：“我都具备。”阮氏说：“百条之中，第一便是德，但你却好色不好德。”许允十分惭愧，知她与一般女子不同，于是与她相敬一生。

白帝城的白帝是人还是神

三国蜀汉皇帝刘备讨伐东吴，兵败猇亭，忧伤成疾，临终前在白帝城托孤，传为千古佳话，也使白帝城千载留名。那么，白帝城的白帝，究竟是人还是神呢？

白帝城位于长江北岸，距奉节城东八公里。它一面靠山，三面环水，背倚高峡，前临长江，雄踞水陆要津，气势十分雄伟，是历代兵家必争之地。

历史上的白帝城，是西汉末年公孙述据蜀时所建。公孙述，字子阳，所以白帝城也叫子阳城。这个人很有政治才能，年少时曾为当地太守所重用，治下兼摄五县，竟能做到“政事修理，奸盗不发，郡中谓有鬼神”。王莽时受命为蜀郡郡守。王莽被诛后，天下一时群雄蜂起，公孙述联合蜀中豪强，聚集精兵，凭借蜀地的山川之险，见利则出兵而略地，无利则坚守而力农，割据巴蜀，自立为帝，定都成都，自称白帝。东汉建武十二年（公年 36 年），公孙述被刘秀所灭，白帝城亦在战火中化为灰烬。

由于公孙述称帝期间，各地战乱频繁，而蜀中却在他的治下相对安宁，当地百姓追思其德，为了纪念他兴建了一座白帝庙，塑像供祀。宋代诗人陆游有《白帝庙》一诗，曰：“参差层颠屋，拜人祀公孙。力战死社稷，宜亭庙貌尊。”由此可见，白帝之祀，南宋犹存，当时的人也知道白帝就是公孙述。到了明朝，公孙述的塑像被刘备像所取代，但“白帝庙”的名称一直沿用至今。只不过，关于白帝是人还是神，已经无从求证了。

趣味链接 诗城

白帝城是观“夔门天下雄”的最佳地点。它以得天独厚的地理位置和深厚的历史文化底蕴，激发了无数诗人的创作灵感。历代著名诗人李白、杜甫、白居易、刘禹锡、苏轼、黄庭坚、范成大、陆游等都曾登白帝城，游夔门，留下了大量诗篇。李白的《早发白帝城》，最是脍炙人口。故白帝城又有“诗城”之美誉。

昭烈庙里为何没有刘禅像

魏黄初四年（公元 223 年），刘备病死，被葬在成都南郊的惠陵。南朝刘宋时期，惠陵扩建为先主庙，或称汉昭烈庙。明初与武侯祠合并，明末时毁于战火。现在的建筑为清初重建。

跨进高悬着“汉昭烈庙”匾额的大门，迎面翠柏苍松，浓荫蔽日，正中间刘备殿高大宽敞，气势雄伟。殿内正中塑有三米高的刘备贴金泥塑像，仪容丰满庄重，双耳垂肩；旁边有他的孙子，北地王刘谌的塑像。

刘备殿的两旁为偏殿，东偏殿有关羽和他的儿子、部将的泥塑；西偏殿是张飞和他的子孙的塑像。

刘备殿前的两廊共塑有二十八尊塑像，东廊是文臣，以庞统为首，西廊为武将，以赵云为首。每一个神像前立一小石牌，刻其姓名、生平。文臣塑像尊尊器宇轩昂，仪态高雅；武将塑像个个凛然正气，威武雄壮。

刘备殿后为诸葛亮殿，内塑诸葛亮三代雕像。可人们找遍汉昭烈庙都找不到刘备的儿子刘禅的塑像，这是怎么回事呢？

根据《太平寰宇记》记载，昭烈庙内原来是有刘禅像，而没有刘谌像的，可能因为刘禅是亡国之君，在唐代以前就曾被请出昭烈庙，但后来又被请了回来。所以唐代杜甫在诗中说“可怜后主还祠庙”。

北宋庆历年间，人们痛恨民族败类秦桧之流，同时，也痛恨如阿斗这般无能力、无志气、无名节之辈，益州知事为了顺应民间的呼声，便下令拆除刘备庙内的刘禅塑像。不过，到了南宋绍兴年间，刘禅再一次回到庙内。

明朝初年，重修刘备庙时，也曾考虑过重塑刘禅的塑像，但遭到了民间各界的强烈反对，民间认为，他的所作所为不配被后人敬奉，远不如他的儿子刘谌。考虑到刘备殿内只有刘备一个人的塑像，人们怕他孤单冷清，而民间又对刘谌敬重有加，就增塑了刘谌的塑像。这样的格局一直保留到了今天。这次之后，刘禅的像就再也没有被请回来，最终被其子刘谌取代，直到今天。

趣味链接 扶不起的阿斗

刘禅，小名阿斗。十七岁即帝位，以张飞之女为皇后。由于有诸葛亮辅佐，事无巨细，都由诸葛亮说了算，所以刘禅无所事事，热衷于选美女充实后宫，成天花天酒地，直到四十岁时才亲政。可执政不久，他就宠信宦官黄皓，打击忠良。

蜀景耀七年（公元263年），魏军已大兵压境，他仍被黄皓的谎言诓骗着。直到成都被围，他却不听儿子刘谌以死相抗、保留名世的劝阻，自缚其身，投降了曹魏。

刘禅投降后被迁洛阳，封安乐县公，成天寻欢作乐，安然自得，早把亡国之痛抛到了九霄云外。一次，司马昭宴请他，特地安排演奏蜀地乐舞，以试探刘禅有没有复国之心。在场的蜀国旧吏无不怆然伤怀，唯独刘禅嬉笑自如。司马昭问刘禅：“颇思蜀否？”刘禅竟然回答：“此间乐，不思蜀！”司马昭叹息道：“人之无情，乃至于是乎！”与此形成鲜明对比的是，他的儿子刘谌在成都破城之前先杀妻儿，再自杀，以殉国难，留下了忠贞不屈的美名。而“扶不起的阿斗”刘禅留给后人的却是一个有名的成语：“乐不思蜀”，让后人耻笑。

武将关羽为何成了民间财神

关公即关羽，是中国一个家喻户晓的人物。近代，越来越多的人把关公作为行业的保护神和财神，人遇有争执时，便向关公求明见决断。旱时人们向关公求雨，病时又向他求药，他被人视为驱逐恶鬼凶神的有力者。向来被人们称为“武圣”的关羽怎么又是财神呢？

关羽，字云长，本字长生，是三国时期蜀国的著名军事家，官至前将军，汉寿亭侯。因关羽骁勇忠义，得到历朝统治者的大力推崇，被尊称为“关公”，晋封为关圣帝君、伽蓝菩萨、武财神、武圣等称号，并与“文圣”孔子齐名。

关公原本是一名武将，但是变成了中国的财神，这是怎么一回事呢？据传，这其中的原委与曹操有关，而且与历代统治者对关羽的推崇有关。据《三国演义》记载，关羽原籍有恶豪仗势欺人，他激于义愤杀恶豪后奔走于江湖。东汉末年，与刘备、张飞“桃园结义”，誓共生死，同起义兵，争雄天下。建安五年（公元200年），曹操出兵大败刘备，关羽便与刘备走散。刘备投靠了袁绍，曹操也擒住了关羽，曹操看中关羽为人忠义，便拜为偏将军。在关羽斩了颜良之后，曹操更是上表朝廷，要封关羽为汉寿亭侯。曹操对关羽的赏赐有加，在民间更是传为“上马一锭金，下马一锭银”。因此，关于关羽的财运也是深为民间所羡慕的。

而且对于这一段历史，在陈寿的《三国志·蜀书·关羽传》中用一个句子加以解释：“礼之甚厚。”可见，关羽在曹操手下确实积聚了大量的财富。但后来曹操察觉到关羽并无久留之意，便使用更多的金银珠宝、更高的官爵和更艳丽的美女来收买他的心，但是关羽丝毫不为钱财名利所动。当关羽得知刘备在袁绍处，立即封金挂印，欲过五关斩六将去寻刘备。在关羽走的时候，曹操还亲自相送，并送给他一盘黄金，但关羽还是没有接受。所有的这些历史传说，都为民间百姓津津乐道，这也为关羽后来成为财神奠定了基础。

刘备自立为汉中王后，便封关羽为五虎大将之首将。曹操得知后大怒，与司马懿商议设计，联合孙权共取荆州。当时刘备拜关羽为前将军，都督荆襄郡事，令其取樊城。关羽分荆州之兵攻取樊城，却不幸中了吕蒙的计谋，痛失荆州，而后夜走麦城，兵败被擒，最后不屈而亡。

但是，关羽死后，他的地位反而越来越高。在《三国演义》第七十七回就写到关羽死后，在当阳县玉采山显圣，当时就被佛教吸收为神灵。到了明代，关羽又得到了道教的最高封号“三界伏魔大帝神威远镇天尊关圣帝君”，其原因是关羽是一个讲义气而且武艺超群的人，当然，关羽也财资颇丰，所以在民间，人们都亲切地称他为关老爷、关财神。

财神关羽

还有一种说法认为，关羽被奉为财神与康熙、乾隆时期民间的商业活动繁荣有很大的关系。当时，各行各业都借“三国”之事奉关公为其行业的神灵。如相传关羽年轻时曾卖过豆腐，于是豆腐业便借此供奉关羽为神；烛业则因关公秉烛达旦，恪守叔嫂之礼，而奉其为神；更夸张的是理发业、屠宰业、刀剪铺业，因为他们的工具都是刀，而关羽的兵器是青龙偃月刀，所以也把关公奉为了神……

还有人认为，关公成为财神与山西商人有关。山西商人把关公作为出门在外的保护神，在他们遍布全国的会馆里都会供奉关公。因为游走天下闯荡江湖需要彼此照应，共同面对困难，因此，他们就经常仿照“桃园结义”结成异姓兄弟，这也使关公忠诚和义气的美德广为流传。后来，晋商富甲天下，其他生意人纷纷仿效，关公也就成了公认的财神。所以，民间把关公奉为财神也是有一定的根据的。

趣味链接 解梁老龙

徐道的《历代神仙通鉴》中记载了一个有关关羽的传说：关公的前生本是“解梁老龙”，汉桓帝时，河东连年大旱，老龙怜众心切，于是兴云布雾，汲黄河水施雨。玉帝见老龙有违天命，擅取封水，令天曹以法剑斩之，掷头于地。解县僧普静，在溪边发现龙首，即提到庐中置合缸内，为诵经咒九日，闻缸中有声，起视空无一物，而溪东解梁平村宝池里关毅家已有婴儿落地，乳名寿，幼从师学，取名长生，后自名羽，字云长。这个传说又为关羽披上了一层神秘的面纱。

孙皓皇后三十人创历代帝王之最

历朝历代帝王的后宫，都是佳丽如云。然而作为后宫之首的皇后，一般只能有一个，这就和一朝只能有一位天子亲政是一样的道理，若出现两位皇帝一同在位，岂不是很荒唐？皇后也是如此。但有的皇帝就是喜欢挑战古代先辈流传下来的宗法制度，偏要立多个皇后，而将这违逆纲常的荒唐之事推到极致的，便是东吴末帝孙皓。

孙皓乃东吴开国皇帝孙权之孙，二十三岁继帝位。登基之初，孙皓还是颇有些作为的，不仅发布诏令，抚恤人民，开仓放粮，赈济贫民，而且将后宫的宫女放出，许配给那些无钱娶妻的人，这一系列举措为他赢得了一片赞誉之声。

然而，权力极容易让一个人改变，没过多久，孙皓就暴露出了自己残暴荒淫的一面——整日沉湎于酒色之中，再也无暇治理朝政。

孙皓在继位之前，娶了一个滕氏女子为妻。孙皓称帝以后，滕氏被立为皇后。但是孙皓立后不久，便因腻烦而想将滕氏废黜，此举遭到了群臣激烈的反对，皇太后也认为不妥，所以孙皓只能作罢。但是他对滕皇后日渐冷落，甚至令其搬进了如同冷宫的长秋宫，其他妃嫔也开始不把“一国之母”放在眼里，后宫“群凤无首”，淫乱之风四起。

后来，孙皓的淫欲不断膨胀，竟然下了一个十分荒唐的命令：凡是二千石大臣的女儿，年龄在十五六岁的，必须经他亲自过目，看中的，立即入宫；看不中的，才允许嫁人。

于是，孙皓的后宫迅速充实了起来，甚至达到了人满为患的程度。然而孙皓仍不满足，他充分发挥了一代淫君的本色，继续挑选少女，甚至将处理政务的未央宫搬到了后宫，一边处理国家大事，一边投入声色犬马之中。朝中忠良之臣看不下去，对孙皓进谏，孙皓根本不予理会，且越发地张狂起来。

后来，孙皓为了取悦宠姬，竟大肆向美女颁赐皇后印玺。皇后印玺是皇后名位的象征，一旦颁赐，就相当于名义上是皇后了，而册封只不过是个仪式罢了。因此，这些宠姬一时间皆被升为了皇后。

孙皓在当皇帝期间，究竟立了多少皇后呢？据古史记载，大概有三十人之多，是史上立皇后最多的皇帝。

趣味链接 以茶代酒

吴王孙皓每次大宴群臣，座客至少得饮酒七升，都要亮盏喝干。有位叫韦曜的大臣，酒量不过二升，孙皓对他特别优待，担心他不胜酒力出洋相，便暗中赐给他茶来代替酒。这就是成语“以茶代酒”的出处。

“以茶代酒”直到今天仍被人们广为沿用，并称得上大方之举、文雅之事。这对于孙皓和韦曜来说，都是没有预料到的。

魏晋南北朝时期的男人为什么爱化妆

古时候，女性为了能够取悦自己喜欢的男性，会精心打扮，此谓“女为悦己者容”。自古以来，化妆就是女性的专利，在现代，一些男性也会适当地使用一些化妆品。那么，男性化妆是在现代才出现的吗？在魏晋南北朝时期，是否也流行男性化妆呢？

魏晋南北朝时期，随着唯美思潮的盛行和玄学思想的影响，男性开始用化妆的手法美化自己，尤其是社会中上阶层的男性，更加注重自己的外在形象。这样的例子非常多，如三国时期才高八斗的曹植，在会见朋友的时候，“不先与谈。时天暑热，植因呼常从取水自讫，傅粉”。这就是说曹植在见朋友前，先给自己精心打扮一番。又比如名士何晏，史书中记载他好美容修饰，傅粉施朱，任何时候粉帛都不离手，因而面色异常白洁。此外，在魏晋南北朝的史书以及当时人的著作中，也常常提到某人“善自修饰”或是“美仪容”，这也是对男子化妆这一社会风气的真实反映。不过男子化妆多是出现在上层社会的名士中间，民间几乎看不到这样的事例。因此，这样的化妆可能是上层社会人士的独特追求，并没有普及民间。

说到化妆的用品，史书中关于男子化妆的记载虽然比较多，但是关于化妆材料却鲜有记载。其实古代男子化妆所使用的材料和女子的差不多，只不过在化妆的程序上，比女子简单得多。从史书的记载来看，男子化妆时最注重的就是肤色，因而面脂就最为关键了。此外，男性在化妆时还常常用到口脂和香泽。口脂即唇膏，不仅可以保护嘴唇，还可以使之看起来更有光泽。香泽即润发的香油，也是日常生活中必不可少的一项。

当时的男子除了喜欢傅脂抹粉，还喜欢在衣服上熏香。熏香也多是进口的，来自西域各国，特别是安息等国家。西域进口的香非常奇特，一着身几乎一个月香味不散，因此非常受士人的喜爱。虽然曹操曾发布禁止烧香、熏香的命令，但是熏香已经成为一种社会风气，这样做没有什么作用。魏晋时期，士族中普遍传开熏香之风，士人随身佩带香囊的现象也非常普遍。

魏晋时期，男性品评的范围包括品行、语言、容貌、才情、智慧、性格、气质、风度等。在这些品评范围中，尤其注重男性美丽的容貌和潇洒的气度。比如曹植和何晏，他们的外表之美不仅几乎可以与女子相提并论，而且兼具由内散发出来的洒脱飘逸的气质，两者完美的结合，使魏晋时期的男子出现了有别于任何其他历史时期的风韵气度。

趣味链接 男人化妆和女人化妆有什么区别

从化妆的影响程度来看，男子化妆的影响力远远不及女子。正如前面所讲的那样，男子化妆产生在特定的社会环境中，是受特定思想的影响才兴盛起来的，而且范围局限在上层社会人士，并没有普及平民百姓身上。而且男子化妆的盛行时间也仅在魏晋时期，之后的各朝各代，除了唐代还具有一定的影响力，其他时期都鲜有记载。而女子化妆则不同，从原始社会直至现在，女子化妆一直都处于兴盛的状态，而且越往后发展的样式越多。而且从影响范围来看，女子化妆的普及面非常广，上至嫔妃贵妇，下至平民百姓，几乎人人都化妆。此外年龄跨度也很大，从十几岁的女子到几十岁的老妇，都不例外。

从化妆的本质来讲，男子化妆是为了展示自我，女子则是为了取悦男性。魏晋时期的男性化妆，是出于对社会的反叛与对自身价值的重新界定，因审美观念转变而产生的。他们借化妆这种改变自己外在形象的方式，展示自己的内心世界，表达对社会与对人生的态度。

五废六立，历史上命运最坎坷的皇后羊献容

皇帝作为一国之君，往往处于权力争斗旋涡的中心，而作为皇后，虽然母仪天下，也不可避免地会被牵扯进来。而且，命运有时候不由自己。历史上就有一位传奇皇后，姿容绝色，但被“五废六立”，饱尝人情冷暖，最后找到了真爱。她就是晋惠帝的第二任皇后——羊献容。

西晋永康元年（公元300年），皇后贾南风被废赐死，羊献容成为继任皇后，但是，在入宫之时，曾经发生过一件事，就是“嫁衣失火”。当时服侍左右的人，

都觉得这是"不祥之兆"，但都彼此默契地心照不宣。果然，从此之后，这颗政治棋子，便开始了她沉浮于乱世的生活。在当时，"八王之乱"达到了顶峰，而作为一国之母的羊献容，注定要有一番痛苦的挣扎，任谁得势，无论是王爷、将军甚至县令都敢废掉她的后位。

在她当皇后不足一年时，赵王司马伦就把晋惠帝和羊献容软禁，让他们当太上皇和皇太后，自己当皇帝。这是她第一次被废，但这只是个开始。

赵王司马伦的登基激怒了其他诸王，于是其他诸王不甘落后，开始了轰轰烈烈的争抢，政治空前黑暗。而羊献容不可避免地卷入了一场接一场的政治斗争中。

西晋永兴元年（公元 304 年），羊献容的悲剧命运达到了顶峰。二月，赵王司马伦被司马颖所杀，宣布废羊献容为庶人，这是她第二次被废。七月，左将军陈煌讨伐司马颖，羊献容恢复后位。八月，复被张方废为庶人。西晋永康二年（公元 305 年）四月，再被洛阳留守荀藩、刘暾二人恢复皇后身份。同年五月，张方再次进攻洛阳，再次废羊献容为庶人。十一月，周权为显示自己的合法性，又恢复她的皇后身份。十二月，周权被何乔所杀，为宣布周权非法掌权，废黜了羊献容的皇后位。西晋永兴元年（公元 306 年）六月，司马越入洛阳，为了掩盖自己的野心，又立羊献容为皇后。

作为一个女人，羊献容是悲哀的，但是，上天在和她开了很多恶作剧的玩笑之后，终于让她遇到了自己的真爱，他就是赵国的开国皇帝刘曜。大兴元年（公元 318 年）十一月，刘曜在长安称帝，立羊献容为皇后。这是她第六次被封为皇后，不过这一次的皇后，是另一个国家的。当时，刘曜俘虏了晋惠帝，并强娶羊献容为妻。这时候，羊献容已经是个中年妇人。世人都认为羊献容嫁给刘曜是耻辱，但她却不这么认为。

传说有一次刘曜问羊献容："我与司马衷相比怎么样？"羊皇后说："那根本没法比。皇上是开国明主，他是亡国之君，他连一妇一子都不能保护好，虽贵为帝王，而妻子却被大臣们四次废为庶人。当初我刚被你俘虏时真的不想活了，哪敢想到今天又被你立为皇后。我出身于豪门望族，见惯了那些负心的男子。但自从委身于你以后，我才知道世间有大丈夫啊！"

羊献容死后，刘曜非常悲伤，花光国库钱财为她建造了奢华的显平陵。苦难屈辱半辈子的羊献容，最后能够有刘曜这样一个真心人相伴，可以说是幸运的了！

趣味链接 对羊献容的评价

羊献容五废六立，最后还做了两朝的皇后，虽然其中受很多因素左右，但她自己肯定具有超强的生命力、意志力以及夹缝之中求生存的智慧，才使她能顶住一次又一次废黜的打击，逃脱一次又一次明枪暗箭的袭击，终于找到属于自己的一份幸福。作为一个没有政治野心的女人来说，她历经千辛万苦，终于赢得了还算美满的结局，也算是得到善终了。

一条绳子，一床被子，安、恭二帝毙亡

在中国的帝王中，宋武帝刘裕绝对可以称得上狠角色，他曾命人用一根绳子活活勒死了东晋安帝司马德宗，然后谎称皇帝是暴毙而亡。三年后，他又命人用一床棉被，活活捂死了东晋恭帝司马德文。

刘裕自幼家境贫寒，没正经读过两天书，但对骑马射箭、舞枪弄棒极为喜爱。虽靠卖草鞋过活，但刘裕胸怀远大，立志要干出一番大事业。后因机缘巧合，跑去参了军。而军队，成了他事业的起点。

在军队里，刘裕作战勇猛、机智勇敢，多次打败劲敌，屡立奇功，因此迅速成为风雨飘摇的东晋王朝的一员悍将。当他将起兵闹事的桓玄彻底打败后，晋安帝司马德宗对刘裕更加器重，封他为宋王，地位上升接近顶峰。此后，刘裕一鼓作气，先后灭掉南燕、后秦，使东晋帝国的边防得到了巩固。可以说，刘裕为东晋的社稷安危立下了汗马之功，而朝中也没有了能与他分庭抗礼的人。所以，刘裕动了"做皇帝"的念头。

刘裕本想等安帝死后再扶立一个傀儡皇帝，然后逼迫新皇帝"禅位"，进而夺取皇权。但是安帝身体十分健康，精力也很旺盛，在刘裕看来，大有"长命百岁"的迹象，这让刘裕甚为焦急。于是，他在时机成熟、一切准备就绪后，派杀手用绳子活活勒死了晋安帝，并谎称皇帝暴毙而亡。如此卑鄙邪恶之事，是历朝历代忠臣良将所不齿的。

安帝死后，其弟司马德文继位，是为晋恭帝。恭帝继位之初，就知道他不过是刘裕所拥立的傀儡，同时也深知刘裕那宛若虎狼蛇蝎的本性，所以恭帝一直小心翼翼，以求保全性命。

一次，刘裕暗示恭帝："做皇帝不易，整日为国家社稷殚精竭虑，若恭帝疲累，

微臣愿为恭帝分忧。”恭帝强作笑颜，只能连连说好。

刘宋永初元年（公元 420 年），刘裕在都城建康搭就受禅台，正式登基称帝，建国号宋，恭帝司马德文降为零陵王。司马德文本以为将皇位拱手相让，刘裕就会放他一马，但是他错了，正所谓“野火烧不尽，春风吹又生”，登上帝位的刘裕，为了稳固统治，定会杀司马德文，而且他身为帝王，想让司马德文死，司马德文就不可能活。

次年，刘裕便派人给司马德文送去了一坛毒酒，要他自鸩而亡。司马德文不肯喝，且以佛教徒自居，不肯自杀。刘裕派来的军士们迅速将消息告知刘裕，刘裕听罢大怒，命军士一拥而上，用一床棉被，活活捂死了司马德文。

司马德文既死，刘裕竟然装得哭天抢地，鼻涕一把泪一把，以至于文武百官都劝他节哀。

趣味链接 刘寄奴

刘寄奴是宋武帝刘裕的小名，也是一味中药的名字。据传，刘裕小时上山砍柴，见一巨蛇，急忙拉弓搭箭，射中蛇首，大蛇负伤逃窜。次日清晨，他又上山，却隐隐约约听到从远处传来一阵阵捣药声，即随声寻去，只见草丛中有几个青衣童子捣药，便上前问道：“你们在这里为谁捣药？治什么病呢？”童子说：“我王被刘寄奴射伤，故遣我们来采药，捣烂敷在患处就好了。”刘裕一听，便大吼道：“我就是刘寄奴，专来捉拿你们。”童子吓得弃药逃跑，刘裕便将其草药和臼内捣成的药浆一并拿回，用此药给人治疗，颇有奇效。

后来，刘裕领兵打仗，凡遇到枪箭所伤之处，便把此药捣碎，敷在伤口，伤口很快就会愈合，甚为灵验。但士兵们都不知道叫什么药，就去问刘裕，但他也不知道这药叫什么，所以把它叫作“刘寄奴”。这是唯一用皇帝的名字命名的中草药，一直流传到现在。

许逊斩蛟龙确有其事

许逊是江西南昌人，也是道教的著名人物，因为出任过旌阳令，所以被人们称为“许旌阳”。他曾经得道于兰公、吴猛等人，并在南昌留下了斩蛟龙的传说，被人们称为“许真君”。

话说当年许逊得道之后，四处云游，所到之处，蛟龙一一被除，名声大震。一天，许逊带着徒弟在城中散步，遇到一个英俊少年，与他们寒暄了几句就匆匆走了，许逊对弟子说：“刚才那个少年是蛟龙变的，来试探我们的法力，却以为我不知道，我准备将计就计，端了他的老窝。”于是，许逊带着弟子，沿着蛟龙的气味寻到江边，在沙滩上，看见那少年化作一头黄牛躺在那里，许逊就用纸剪了一头黑牛，用法力让黑牛与黄牛打斗，并且嘱咐弟子在一边助战。正当两牛激烈打斗时，弟子一剑刺中了黄牛的左腿，黄牛受伤跳入城中的井里，当许逊派人去追时，蛟龙已经逃到长沙，化作人形，居住在贾玉家里。

原来几年前，贾玉见一美少年一表人才，便将独生女许配给他，他与贾玉之女已经生下一儿一女，每年春夏之交泛游江湖，到了秋天满载而归，看上去俨然是一位生意人，其实是趁洪水泛滥之际抢夺他人财产。

这年秋天，他空手而回，对岳父说：“在回来的路上，遇到了强盗，打斗中受了伤。”贾玉特别疼爱他，于是到处找医生。许逊就扮作医生到了贾玉府上，这个美貌公子知道许逊来者不善，于是闭门不见，唆使贾玉下了逐客令。许逊对贾玉厉声说：“你睁大眼睛好好看看，这是人还是妖物？”转身对那美貌公子大喝：“害人妖物，你迷惑得了别人，休想瞒过我，我到了这里，岂容你再逃！”蛟龙现出本形，和许逊缠斗起来，不一会儿，就被许逊斩杀，而蛟龙的孩子，也在许逊的一口法水之下，现出原形，被许逊一一斩杀。

许逊听说南昌还有蛟精，于是带领弟子直奔南昌，蛟龙们非常害怕，纷纷逃命。有一天，蛟龙来问许逊的弟子，说：“难道没有真君不杀的东西吗？”弟子笑说：“冬瓜、葫芦可以幸免。”

蛟龙回来后，到处传播这个消息，于是蛟龙们纷纷化作冬瓜和葫芦，漂浮在水面，准备逃出南昌。许逊见江面妖气弥漫，知道是蛟龙所为，于是役使鬼神在东牙城南井铸造铁柱，铁柱高出井外数尺，下面用八根铁锁与地脉相连，真君念下咒语：“铁柱若歪，其蛟再兴，吾当复出；铁柱若正，其蛟永震。”从此，南昌一带蛟害绝迹。

趣味链接 一人得道，鸡犬升天

许逊精于医道，为人治病，药到病除，妙手回春，蜚声远近。时值南昌洪水泛滥，据说是因为有一条蛟龙经常翻云覆雨、兴风作浪、为害百姓。许逊用神剑将蛟龙擒住锁于八角井中，从此水平浪静，风调雨顺，五谷丰登。相传许逊活到一百三十六岁时，在西山得道，“举家四十余口，拔宅飞升”，连家禽家畜都带去了。“一人得道，鸡犬升天”的典故，便出于此。

嵇康二十年不气不笑

《世说新语》中称："陈留阮籍、谯国嵇康、河内山涛，三人年皆相比，康年稍亚之。预此契者，沛国刘伶、陈留阮咸、河内向秀、琅邪王戎，七人常集于竹林之下，肆意酣畅，故世谓竹林七贤。"这便是竹林七贤的来历。而竹林七贤之首，就是那位二十年不气不笑的嵇康。他是我国古代著名的思想家、音乐家、文学家，此外，他还是曹魏宗室的女婿，在曹魏政权中担任中散大夫一职。如此背景和学识，为何二十年不气不笑呢？这就要从嵇康所处的年代说起了。

嵇康生于曹魏中晚期，在那个时期，曹魏政权渐渐旁落于司马氏手中。在经历了司马懿、司马师、司马昭后，曹魏政权最终被司马炎"正式接手"，而中国历史也迎来了一个新的朝代——晋朝。徒有一身才华的嵇康，正是生活在这样一个政权交替、风云变幻的年代。

正所谓"一朝天子一朝臣"，时势造就英雄，亦造就可鄙之人。在那样一个年代，当权者为巩固政权，不惜利用各种残酷手段打压、排除异己；而文人学士为谋取功名利禄，或为苟活于世，纷纷改变自己的志向，有的人甚至向昔日的朋友、师长挥起了屠刀……面对如此黑暗的社会，嵇康甚为心痛，却又无可奈何。

当时有一位名士叫作王戎，他最佩服的人就是嵇康。他曾经这么评价嵇康："与嵇康居二十年，未尝见其喜愠之色。"王戎和嵇康交往二十年，从来没有看到嵇康生气或笑。

如果在当今社会，一个人整天都不笑，我们会说这个人装酷，可是作为生活在大时代旋涡中的嵇康，作为有志向有抱负的嵇康，可不会简单地因为装酷，而二十年不笑。

他知道多言惹祸，于是常年隐忍，看到好事也不高兴，因为他高兴，当权的司马氏就不高兴。看到坏事，嵇康也不生气，生气又有什么用？只是徒劳伤身而已。而且，直接表露出自己的愤怒，不就是宣告自己对于朝政的不满吗，一样要招来祸患。于是，嵇康一忍就是二十年。可是，最终嵇康还是因为没有忍住而遭到了杀身之祸。

钟会曾因为向司马昭献策，成功阻止了曹髦的夺权企图，从而成为司马氏的亲信。当时，钟会写了一篇读书笔记，自己觉得还不错，就亲自拿去拜见嵇康，

竹林七贤

希望嵇康能评点一二。可没想到的是，嵇康根本看不起钟会。于是，嵇康令家人挡驾，谎称自己不在家。钟会没法子，就把文章隔墙扔过去，可没想到，一会儿他的文章又被隔墙扔了出来。嵇康根本懒得看他的文章。

钟会没有泄气，有一天，他打听到嵇康确实在家里，早早就去拜访。来到嵇康家后，他看到嵇康和朋友向秀正在一起打铁。大师正忙着，钟会就不好打扰了，于是在一边等候。没想到一等就是一天，嵇康就是不停下来和钟会谈话。后来，钟会实在忍不住，转身走了。临走时，嵇康终于忍不住了，问钟会："何所闻而来？何所见而去？"钟会很尴尬，恨恨地说："闻所闻而来，见所见而去。"然后就灰溜溜地走了。钟会感觉自己备受侮辱，后来利用嵇康之友犯罪下狱而故意将嵇康也牵连了进来。司马昭很早以前就对嵇康不满，正好抓住这个机会把嵇康给杀了，借此杀鸡儆猴，震慑那些和自己作对的人。就这样，忍了二十年的嵇康，最终还是因没忍住而招致杀身之祸。

趣味链接 嵇康和山涛绝交

山涛接受司马氏的邀请，到朝廷当官，负责选拔官吏。许多人前往祝贺，可好友嵇康却送去自己的《与山巨源绝交书》，和朋友断绝往来。是不是嵇康和山涛之间有什么个人恩怨，以至于如此呢？非也。

在多年之后，嵇康被朝廷认定是不孝罪人，将要处死，临终前他写信把自己的儿子和家人托付给山涛，山涛并未拒绝。为什么嵇康一方面和山涛绝交，一方面又把家人托付给山涛呢？因为嵇康和山涛私交很好，但是政见不同。君子有所为，有所不为，既然山涛选择了投靠司马氏，那就不能再和自己做朋友。而嵇康向山涛托孤山涛也未加拒绝，则是顾及政见之外两人的多年之谊。

王羲之病中卖"当"

大书法家王羲之特别喜欢游山玩水，经常流连于自然美景。一年春天，他去杭州探访朋友，到了苏州地界，走上一座石桥，举目四望，落日余晖，炊烟袅袅，三两行人向农村走去，多么美丽的景色啊！在这种情形下，王羲之觉得浑身的疲累顿时一扫而光。于是，他在桥边驻足，等到月华初上，村庄被朦胧的月光笼罩，变得越发动人起来，水光也在月光之下倒映着清辉，王羲之买来酒水，自斟自饮，在这样的氛围中，带着几分醉意，沉沉睡去。

第二天醒来的时候，他觉得头昏脑涨，回到馆舍之后就病倒了。这可把跟随来的书童急坏了。他请来了苏州最有名的医师为王羲之看病，一番望闻问切，开了几服汤药，总也不见好。可是，物极必反，当他感觉无药可救的时候，病情却一天天好转，这时候一个月都过去了，身上的盘缠也因为生病用完了，这可真是“屋漏偏逢连夜雨，行船又遇顶头风”！怎么办呢？

王羲之一想，馆舍对面有一家当铺，那字已经破旧不堪。自己又身无长物，无东西可当，所幸写得一手好书法，或许可以典当书法。于是，他强提精神，写了一个“当”字，让书童拿去典当，并叮嘱他说：“当三十两银子，少一个子儿都不行。”

书童拿着字去了当铺之后，想不到老板也是一个行家，接过来一看，连声称赞，问书童多少钱典当，书童回答三十两。老板眼珠一转，说：“字虽是好字，可惜笔力轻浮，显然主人是有病在身，不值不值。”就退给了书童，书童回来之后，如此这般告诉了王羲之，王羲之一听，心里很郁闷，于是，就再写了一幅字，让书童送过去，老板一看，说：“这幅字带着孤意与怒气，但比刚才那个好多了，我要了。”于是给了书童三十两银子。

他有了钱，又可以上路了。到了杭州，朋友准备了美酒佳肴，为王羲之接风洗尘，席间，有位朋友的亲戚开了个当铺，想让他写一幅字，当作店铺招牌。王羲之便对他说：“我已经写好了一个当字，你让人取回来就是。”于是，取出了当日的当票给了那人。那人一听，饭也不吃了，拿着当票就往苏州赶。

到了苏州，找到那家当铺，拿出当票就要回当，老板听他口音不是本地人，就想诈他一笔，于是说：“想要回这个字，需要四十两银子。”这人二话不说，就给了四十两银子，而且就跟占了天大的便宜一样。老板感到很纳闷，就问这幅字有什么来历。那人说：“你有眼不识金镶玉，这是大书法家王羲之写的。”说罢，转身就走了，老板肠子都悔青了。

这人到了杭州，把字给了王羲之，王羲之拿过来就撕了，想拦也来不及了。大家都感到纳闷，王羲之解释说：“我撕的这幅字，是我心情不好的时候写的，带

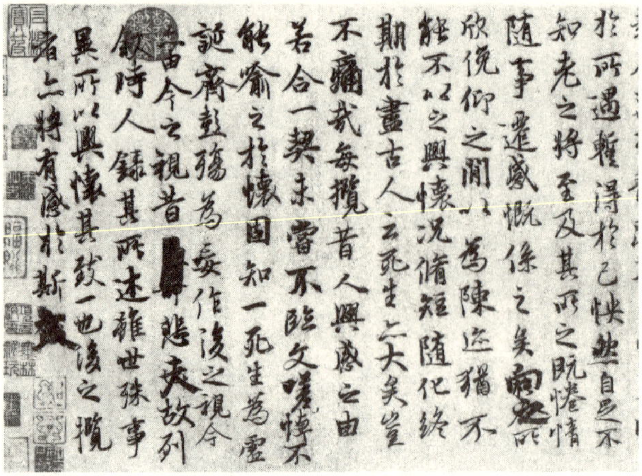

王羲之《兰亭集序》局部

着愤怒，生意人最重要的是心平气和，所以这幅字不好，我再写一个，保证你生意兴隆。”

朋友取来文房四宝，王羲之从容布局，沉气运力，挥笔就写下了一个大大的“当”字，在场的人无不啧啧称奇。这个字，被高级工匠加工，挂在杭州城最显眼的地方。这家当铺，果然生意兴隆，从此以后，杭州城的当铺就变得很有名气了。

趣味链接 入木三分

晋代王羲之，字逸少，是世上难得的才子，七岁就擅长书法。晋帝当时要到北郊去祭祀，让王羲之把祝词写在一块木板上，再派工人雕刻。刻字者把木板削了一层又一层，发现王羲之的书法墨迹一直印到木板里面去了。削进三分深度，才见底，木工惊叹王羲之的笔力雄劲，书法技艺炉火纯青，笔锋力度竟能入木三分。后来人们就用“入木三分”这个成语形容书法笔力遒劲。

梁武帝缘何四十年不近女色

历代君王都是三宫六院，嫔妃成群，这是不争的事实。但有一位皇帝以长寿和不近女色闻名，他便是梁武帝萧衍。梁武帝萧衍是一位博学多才、文武双全的君主。他率军南征北战，建立了南梁，登基称帝。但是到了晚年，梁武帝信奉起佛教，据说他四十年不近女色，这是真的吗？

一些史学家通常认为是萧衍五十岁之后，开始一心向佛，所以才禁欲的。但事实真相绝不会如此简单，因为他最小的女儿长城公主就是他五十多岁的时候生的，而且那时他已经信佛多年了。对于小女儿的降生，他在《净业赋》里解释说：“复断房室，不与嫔侍同屋而处，四十余年矣。于时四体小恶，问上省师刘澄之、姚菩提疾候所以，刘澄之云：‘澄之知是饮食过所致。’答刘澄之云：‘我是布衣，甘肥恣口。’刘澄之云：‘官昔日食，那得及今日食？’姚菩提含笑摇头云：‘唯菩提知官房室过多，所以致尔。’”由此可见，他在当了皇帝以后得过一场病，开始时是由于吃得太好了——“饮食过所致”，后来姚菩提判断是房事过多，纵欲过度所致——“房室过多，所以致尔”。

萧衍前期信奉的是道教，认为行房事对身心有益。可是后来又信奉佛教，改食素食但没有回避女色，还是继续贪恋女色，所以身体每况愈下。为了能让自己延年益寿，萧衍开始重新审视自己的行为，“始知归向”，除了食素食，开始断房事。其实这一切都是为了自己的健康着想。

这个观点还是很有道理的，萧衍四十年不近女色的最初原因是想让自己长寿。事实上，在他不过性生活，也不杀生之后，他的健康状况的确有所好转，脑子也变得越发灵活，不再浑浑噩噩的了。可见这是他禁欲的真正原因，而且自己也的确是受到了益处，梁武帝萧衍活到了八十六岁高龄，这是中国历代少有的高寿皇帝之一，要不是最后受制于侯景，被侯景活活饿死，梁武帝萧衍恐怕还能多活几年。

趣味链接 萧衍也曾淫乱过

据现代一些学者的研究发现，其实萧衍也是一个荒唐透顶的皇帝。当时正处在南北朝分裂时期，而且南强北弱，可是萧衍非但没有收复四分五裂、群龙无首的北魏，而且还上演了多次“出家”的闹剧，朝廷被他弄得一塌糊涂。因为在最初的时候，萧衍并没有好好当皇上，而是像前朝一样，淫乱后宫，整天花天酒地，而且把萧宝卷的美女也都搜罗在自己宫中，还看上了萧宝卷曾经宠爱的潘玉儿。

大将王茂不想让当今皇上重蹈覆辙，置江山于不顾，于是力谏萧衍，说潘玉儿不是个好女人，而是个祸害，“亡齐者此物，留之将恐贻外议”。萧衍为了大局着想才不得不把潘玉儿赐死。后来，萧衍又看中萧宝卷后宫的美女余妃，幕僚范云赶紧劝他别乱来，称余妃也不是好女人，“时纳齐东昏侯余妃，颇妨政事”。可是正值壮年的萧衍哪里听得进去劝谏，后来王茂一起劝才作罢，可见他年少时行事颇为淫乱荒唐。

奸臣侯景竟然饿死梁武帝

北魏分裂成东魏和西魏以后，侯景做了东魏的将领，而当时控制东魏大权的是高欢。高欢死后，他的儿子高澄成了东魏的实际统治者。侯景从来不把高澄放在眼里，更不喜欢高澄，很快便在河南发动叛乱了。

在得知侯景叛乱以后，高澄简直是怒不可遏，立即派出大军前来征讨，以图剿灭侯景。侯景见高澄来势凶猛，知道自己势力尚弱，不足以抵抗高澄。既然打不过高澄，那么该怎么办呢？这时候，侯景想到了南梁萧衍，于是便向萧衍求救，并允诺献出河南之地以归附萧衍。

接到侯景的降书后，萧衍高兴了一整夜，以为自己有了统一天下的资本。就这样，萧衍毫不犹豫地答应了侯景的请求，立即发兵救援。萧衍是非常慷慨的，他派出了十万军队，而担任援军元帅一职的是他的侄子萧渊明。然而，尽管拥有十万军队，萧渊明仍旧打不过高澄的东魏军队。萧渊明不仅输了战争，而且还输了自己——被敌军生擒。

侯景一看援军指望不上，便在涡阳一战中破釜沉舟，与敌军展开激战。侯景虽然一时间拿出了豪迈气概，但他毕竟能力有限，很快就被彻底击败了。侯景的三万军队，最后被打得只剩下了八百人。无可奈何之下，侯景带着这些残兵逃到了寿阳。

两年后，东魏高澄与西梁萧衍停战议和。得知这一消息后，侯景十分担心，因为他怕自己成为他们议和的砝码。为此，他决定试探一下萧衍的态度，便伪造了一封东魏给西梁的信函，说东魏愿意以萧渊明交换侯景。

接到信函以后，萧衍显示出了他的天真，竟没有看破此信乃由人伪造的。萧衍回信说："你们早上把萧渊明送回来，我晚上就把侯景送给你们。"

侯景看到萧衍的回信，恨得咬牙切齿：把我交给东魏，我还能活吗？你萧衍真是太过分了，我都降于你了，你竟然还要把我作为砝码交给敌人！

侯景的心凉透了，他认为与其坐以待毙，倒不如主动出击。但是他明白，以自己目前的实力与萧衍对抗，无异于以卵击石。所以，在行动以前，他需要做好充分的准备工作，首要任务就是招兵买马，储备军械物资。但是该从哪里得到这些军械物资呢？侯景认为萧衍可以提供给他，便向萧衍提出了请求。

如果萧衍能够预知侯景请求这些物资是用来打他的，那么他死也不会满足侯景的请求的。但是萧衍不知道，完全被侯景蒙在鼓里。萧衍的确太过天真，即使当侯景请求让京城的工匠到寿阳打造兵器时，他也没有一丝怀疑。

就这样，侯景的羽翼渐渐丰满起来了，实力渐渐壮大起来。此时侯景便露出了他的狰狞面目。梁太清二年（公元 548 年），侯景起兵作乱，公然对抗萧衍。这时候的萧衍已经没有了当初的雄心和锐气，而是一心向佛，不理朝政，将好端端的梁朝搞得民不聊生。

侯景与萧衍截然相反，他为了赢得人心，严令军队遵守军纪，不得有扰民行为。侯景的表现赢得了广大人民的拥护，再加上当时的南梁不断涌现叛臣，因此侯景一路势如破竹，很快就攻破南梁的都城建康，彻底打败了萧衍所统治的南梁。

萧衍吃了败仗，被侯景幽禁在了冷宫里。这时候的萧衍可谓毫无帝王之态，身边不仅没有一个侍从，供应的食物也是一天天减少，最后侯景索性就不给他提供食物了。侯景认为，一个败国之君，为什么还要浪费他的粮食？有什么义务让他吃我的米？

梁太清三年（公元 549 年）五月，已经多日滴水未进的萧衍想讨一碗蜜水喝。他之所以要讨一碗蜜水喝，而不去讨干粮吃，是因为他知道讨干粮吃，侯景是不会同意的。如果只是讨一碗蜜水喝，侯景说不定就会满足他。

但是萧衍错了，侯景连一碗水也不给他喝了。他用尽全身气力，连着呼唤了几声，都无人搭理。最后，萧衍从喉咙处发出了“嗬嗬”两声，便一命呜呼了。可叹南梁的开国皇帝萧衍，竟在做了四十八年的皇帝以后，被活活地饿死了。

趣味链接 南梁之败亡

梁武帝死后，其子孙为争夺皇位，纷纷自立。湘东王萧绎于江陵称帝，是为梁元帝。武陵王萧纪称帝于蜀，后派兵攻打江陵。梁元帝向西魏求救，萧纪被西魏攻灭，益州亦被夺走。次年，萧詧引西魏军趁机攻陷江陵，梁元帝被杀。西魏立萧詧为傀儡，史称西梁。

梁元帝被杀后，陈霸先拥立晋安王萧方智为帝，即梁敬帝。南朝梁太平二年（公元 557 年），陈霸先又废敬帝而自立，建立南陈，史称陈武帝。自此南梁彻底灭亡。

拓跋弘是中国历史上最年轻的太上皇

我们一说起太上皇，脑海里浮现的是七老八十的老头子形象，可是，在中国历史上有一位最年轻的太上皇，年仅十八岁。这位最年轻的太上皇是谁呢？他就是北魏献文帝拓跋弘。

拓跋弘是北魏文成帝拓跋濬的长子，三岁被立为太子时，亲生母亲被刺死，而他被过继给皇后冯氏。十二岁时，拓跋弘登基，任北魏第五任皇帝。但是由于年幼，再加上冯太后为人硬派、独掌朝政，拓跋弘一直受到太后冯氏的压制及权臣乙浑的百般欺凌。尽管拓跋弘“幼而神武，聪睿机悟”，但在权力欲望极强的冯太后的左右掣肘下，他的才智得不到发挥，能力得不到施展。

十八岁那年，拓跋弘因为反感冯太后淫乱后宫，借故诛杀了冯太后最宠爱的男宠李奕。李奕之死，瞬间激化了拓跋弘与冯太后之间本来就不可调和的矛盾，恼羞成怒的冯太后甚至扬言要废掉拓跋弘。为了逃避和自保，对黄老之学和佛经义理研习颇深的拓跋弘心灰意懒，决定主动禅位，把皇位传给自己的儿子拓跋宏，自为太上皇。

拓跋弘五岁的儿子登基后，冯太后再次临朝听政。为了把幼小的拓跋宏培养成甘心受其摆布的傀儡皇帝，冯太后多次通过残酷手段消磨和折辱他，经常把拓跋宏一个人关在一间黑矮的小房子里，三天三夜不让他吃喝。冯太后的这些做法让身为父亲的拓跋弘十分愤恨。为了对付手段毒辣的冯太后，为了给年幼的儿子撑腰，拓跋弘奋不顾身地投入了与冯太后的政治较量中。对外，他南征北战、开拓疆土；对内，他检阅军队、视察工作、整顿吏治、提拔贤能。这一系列举措，使北魏国势日盛的同时，也大大提升了拓跋弘在国内的威信。因此，担任太上皇期间，可以说是拓跋弘一生中最辉煌、最活跃的日子。

然而，拓跋弘越是能干，越是卖力，越是建功，越是威风，就越发引起冯太后这位政治女强人的警觉。为了打压拓跋弘，把权力牢牢掌控在手中，北魏延兴六年（公元476年），冯太后秘密发动政变，私自将拓跋弘鸩杀，年仅二十三岁。

趣味链接 北魏皇帝的女人生太子后必须被处死

南北朝时，北魏皇室从汉朝沿袭了一个变态的制度——“立子杀母”。顾名思义，如果哪个皇子被立为太子，他的亲生母亲就要被杀掉。因此，北魏朝时出现了一个很奇怪的现象，那就是嫔妃们都不希望自己生的儿子太优秀，以免被立为太子，连累到自己。那么，“立子杀母”所为何来呢？原因很简单，就是避免出现“主少母壮，女主独居骄蹇”的情形。若是老皇帝死了，而小皇帝还年幼，他的生母及外戚专权就不好了。因此，北魏从建立那天起就坚持“立子杀母”原则。这一原则执行了很长一段时间，直到魏宣武帝时，七岁的元翊（即拓跋翊）被立为太子，他深感这个规矩的荒诞，没有认真执行，其母胡太后才躲过一劫。

隋唐五代——隋唐盛世、割据加剧

隋文帝杨坚出生时身上有鳞，头上有角

杨坚在西方人眼中是中国最伟大的皇帝之一。美国学者迈克尔·H. 哈特曾在其1978年所著的《影响人类历史进程的100名人排行榜》中，将这位隋朝开国皇帝排在了第82位，甚至将其尊称为“圣人可汗”，足见杨坚在历史上的影响力。

杨坚在位期间，不仅成功地统一了分裂数百年的中国，而且还开创了先进的选官制度，大力发展经济，使得当时的中国，一跃成为盛世强国，而中国的农耕文明，更是达到了巅峰时期。

但凡功绩显赫的皇帝，都有不平凡的传说。比如，中华始祖黄帝，出生几个月就能说话；大宋开国皇帝赵匡胤，出生时为金身，并且有香气；大明朝皇帝朱元璋，出生时红光满室……而杨坚的出生，亦是神乎其神。据传，隋文帝杨坚出生时，不仅身上有鳞，而且头上还有角。这件事究竟是真是假？

杨坚的父亲杨忠是后周朝的隋国公，因信仰佛教，所以在杨坚出生时，为其取名为那罗延，意即佛学中的东方金刚力士。杨坚出生时，非同小可，他的身上隐隐有鳞片，而在其小脑袋上竟然生着角，不过，这一幕稍纵即逝，因此，他的父母没有看到。看到这一幕的是杨忠从河东请至家中的一个尼姑。当她看到杨坚头上的角以后，十分震惊，便急匆匆地跑去对杨坚父亲说：“这个孩子非同小可，大有来头，不可以养在你们凡夫俗子的家中！”

按说听到这话，杨坚的父亲应该勃然大怒。然而作为佛教徒，他并未对此有过多的犹豫，而是乖乖地按照尼姑的吩咐做了。就这样，刚刚出生的杨坚，便被尼姑带走了，由她亲自抚养。

幼小的杨坚和尼姑住在尼姑庵，一天一天慢慢地长大。杨坚的母亲由于长时间看不到自己的儿子，甚是思念，于是便来庵里找儿子。她只是想看看儿子，亲亲儿子，但是她没有想到在见到儿子的时候，竟把儿子重重地摔在了地上。这又

杨坚

是为什么呢?

杨坚母亲来到时，尼姑恰好外出，所以母亲便趁人不备，把儿子抱在了怀里，心里十分喜悦。但就在这时，母亲突然发现儿子身上长出了鳞片，头上长出了角，一时间吓呆了。她这一害怕不要紧，竟然将手松开，把襁褓中的杨坚，重重摔在了地上。可怜的小杨坚立时哇哇大哭了起来。尼姑庵的尼姑们闻声迅速赶来，并且将此事告知了负责抚养杨坚的尼姑。尼姑哭哭啼啼地对杨坚的母亲说:“哎哟！你把孩子吓坏了！这一跌，得到天下的那一天怕是又要往后推迟不少啊！”

这都是千年以前的传说了，但可以肯定的是，杨坚对于中国历史以及世界历史进程的推进，有不可磨灭的功劳。

趣味链接 杨坚画像大骇陈叔宝

根据《隋书》的记载，杨坚“为人龙颔，额上有五柱入顶，目光外射，有文在手曰王，长上短下，沉深严重”。由上面的描述可以看出，杨坚的相貌有五“奇”:第一，额头突出，并有五个隆起的部分从额头直插到头顶上；第二，下颌很长，而且很突出；第三，目光犀利，咄咄逼人；第四，掌纹形似“王”字；第五，上身长，下身短。

隋开皇三年（公元583年）十一月，陈后主陈叔宝遣散骑常侍周坟、通直散骑常侍袁彦出使隋。陈叔宝听说隋文帝杨坚状貌奇异，便让袁彦画像而归。当陈叔宝看到杨坚的画像后，大骇道:“吾不欲见此人！”立刻命人将画扔了。

隋文帝通过“钓鱼”反腐

杨坚是隋朝的开国皇帝，他废杀北周静帝宇文阐后称帝，平南陈灭北齐，结束了中国自西晋末年以来近三百年的分裂局面。在位二十三年间，他勤思善治，建立正式行政区域实施有效管辖的范围超过了以往。唐朝到贞观四年（公元630年）也未能完全恢复隋朝的疆域。隋朝的军队歼灭或重创了突厥、吐谷浑、契丹、高句丽等，文治武功均有很大的业绩。隋朝首创三省六部制、开皇律、科举制等，这些对后世的影响极大。唐朝的国家体制以及政治经济文化等各方面的制度，好多就是直接照搬隋朝的。此外，杨坚不仅从官员选拔的源头上治理腐败，而且对官员的日常管理也很有一套。

据《隋书》记载，隋文帝杨坚对官员的监督十分密切，他让亲信“密查百官”，发现贪腐行为便严惩不贷，曾一次罢免河北五十二州贪官污吏两百人。而且还以“钓鱼”的手段铁面反腐，即暗中撒下诱饵，钓得鱼儿上钩，欲取先予，让贪官自己现身。此举可谓独树一帜的反腐奇招。具体操作是这样的：他派人暗中向一些可疑的官员行贿，“私以贿之”，这些人一旦受贿，即行处死。由此“晋州刺史、南阳郡公贾悉达，显州总管、抚宁郡公韩延等以贿伏诛”。受贿的风险如此之高，铤而走险者自然望而却步了，谁不珍惜自己的脑袋呢？

在如此高效的“钓鱼”措施下，隋初的贪腐之风也就此禁绝。

趣味链接 杨坚带头讨饭

杨坚是个体察民情且身体力行的好皇帝，他对百姓的甘苦非常在意，带头与百姓同吃苦。当时，关中每遇荒歉，往往都会有大批的灾民为了吃饱肚子，长途跋涉去粮食收入情况较好的洛阳一带逃荒。而此时就会上演一出官民一起逃荒逐食的大戏，这些西来的难民的头儿，有时候会由大隋的天子杨坚亲自来充任。开皇四年（公元 584 年）和十四年（公元 594 年），杨坚就曾先后两次担当这批要饭大军的头儿，带领浩浩荡荡的要饭大军开往洛阳。《隋书》专门有“逐食天子”一章，记载了隋文帝杨坚带领难民逐食的具体经过。

杨素被传为佳话的三段红尘逸事

在历史上，人们称杨素“美须髯，有英杰之表”，更对他冠以“隋朝第一名将”的美誉。他戎马一生，为大隋王朝立下赫赫战功，是大隋王朝功盖华夏的开国元勋。杨素多权略，乘机赴敌，应变有方，征战无数，每战有功，政绩赫赫。战场上，杨素堪为大将；而在情场上，他也留下三段佳话，让人传颂至今。

南朝陈后主叔宝的妹妹乐昌公主“才色冠代”，是陈太子舍人徐德言之妻，夫妻情意甚厚。开皇八年（公元 588 年），隋文帝下令南伐后，身为驸马的徐德言眼看隋军兵临城下，预料陈氏将亡，战乱中家庭离散在所难免，不禁流着眼泪伤心地对乐昌公主说:“今国破家亡,必不相保。以子才色,必入帝王贵人家。我若死,幸无相忘;若生,亦可不复相见矣。”于是打破一面铜镜与公主各执一半,接着与公主约定:“子若入贵人家,幸将此镜合于正月望日市中货之。若存,当留志之,可卜生死。”

陈灭亡后,杨坚把乐昌公主赐给了杨素(陈后主三个妹妹,杨坚、杨素、贺若弼各得其一)。乐昌公主“深为素所宠嬖,为营别院,恣其所欲”。到了正月十五,徐德言按预先约定的办法,到都市长安探听消息。此日,乐昌公主“已令阉奴望日赍破镜诣市”,徐德言见一仆人持半边铜镜,且要价甚高,便“引奴归家,垂涕以告其故,并取己片镜合之”,自然天衣无缝。此时的徐德言悲喜交集,题诗一首:“镜与人俱去,镜归人不归。无复嫦娥影,空留明月辉。”

乐昌公主“得镜见诗,悲怆流涕,因不能饮食”,杨素见公主“憔悴”,问明原委后,深受感动,将公主归还徐德言,并“衣衾悉与之”,还设宴祝贺这对“破镜重圆”的患难夫妻。席间公主在杨素的敦促下,吟诗一首:“今日何迁次,新官对旧官。笑啼俱不敢,方验作人难。”此诗委婉,凄怆动人,深刻地刻画了公主当时左右为难、饮泣吞声的处境,在文学史上留下了一则佳话。

第二段佳话是杨素免去了李百药的死罪。李百药是大臣李德林的儿子,他色胆包天,居然半夜三更潜入当朝权势最重的杨素家,与杨素的宠妾私通。东窗事发后,杨素便喝令将两人双双拿下,一并斩首。这时,杨素发现李百药是一个“年未二十,仪神隽秀”的英俊少年,便动了恻隐之心,便对李百药说:“闻汝善为文,可作诗自叙,称吾意,当免汝死。”果然,李百药解绑后一气呵成,当即成文。杨素看完后非常欣赏他的才能,竟把爱妾嫁给了李百药,还以“资从数十万”相赠。后来,杨素竟又奏请隋文帝,授李百药为尚书礼部员外郎。李百药因此而财色兼收,既得老婆发了财,还当了官。偷人被抓却得到如此结果,这在世上也是绝无仅有的。

第三段是杨素放过了李靖。杨素身边有一个侍妾红拂,这位“肌肤仪状、言词气性,真天人也”的佳人,看上了当时以布衣身份去拜访杨素的李靖,于是便偷偷地找到李靖跟他私奔了。李靖的舅舅乃隋朝大将韩擒虎,事后杨素没有过度追究此事。于是这位“英杰之表,不拘小节”的越国公杨素,又成全了一段才子佳人的爱情佳话:后来李靖在隋朝也当了官,做上了马邑的郡丞,更在唐朝大放光彩。冯梦龙在《情史类略》中对越国公杨素大加称赞:“不追红拂妓,放乐昌,俱越公(杨素)大豪杰事!”

趣味链接 杨素的诗才

杨素除了战功显赫，还是一位著名的诗人，而且他诗如其人，诗风上也表现出平实、旷达和强劲。历来公认两首《出塞》为他的代表诗作，其中不仅描述了他直目战场的历历情景，也表明了他对战事、国事的态度和主张。后人对杨素的诗歌评价也颇高，称其诗“沉雄华赡，风骨甚遒，已辟唐人陈、杜、沈、宋之轨”。

兰陵公主为何自请流放

中国历史上有众多的公主，她们饭来张口，衣来伸手，过着衣食无忧的生活。但是她们中却有一位公主，她蔑视君权，追求爱情，为了爱情甚至甘愿与自己的丈夫一起被流放，她就是隋朝的兰陵公主。

兰陵公主（公元 573—604 年），字阿五，隋文帝杨坚第五女，自幼长相美丽，仪容端庄，个性柔婉和顺，而且喜好读书，在文帝的几个女儿里，以孝顺谦和而著称，因此隋文帝在自己的几个女儿当中最喜爱她。

隋文帝最初把兰陵公主嫁给了仪同王奉孝，但是王奉孝早逝，晋王杨广曾经向文帝请求将兰陵嫁与晋王妃萧氏的弟弟萧场，文帝也曾经表示同意，但是兰陵公主却不同意，杨广对此一直怀恨在心。

兰陵公主十八岁的时候，在隋文帝的安排之下，再次下嫁了朝中大臣河东柳机的儿子柳述，二人的感情非常好。兰陵公主在柳家十分孝敬柳述的父母，一点儿也没有公主的架子。每当老人们有病之时，兰陵公主总是亲自端茶递水，侍奉汤药，而兰陵公主的姐妹自悖出身于帝王之家，都十分骄狂，在丈夫的家中颐指气使，连长辈老人也要按君臣之礼早晚跪拜。隋文帝知道之后，心中十分欣慰。爱屋及乌，本来职位并不显赫的柳述，也因此而受到文帝的重用，逐渐成了隋朝的重臣。他先是被封为开府仪同三司、内史侍郎，一年后，又提升为兵部尚书，不久因为父亲丁忧而辞职。柳述在家尽孝期满，承袭父亲爵位，当了建安郡公。仁寿初又任兵部尚书，参政议政。

仁寿四年（公元 604 年）四月，杨坚在仁寿宫养病，杨广、柳述、杨素及黄门侍郎元岩等大臣陪侍左右，杨广乘父皇患病之机，非礼陈贵人。杨坚知道后大怒，命柳述、元岩修敕书诏回大儿子房陵王杨勇，准备废掉杨广的太子位。杨素闻讯，与杨广商议，篡改诏书，赐房陵王杨勇死，并将柳述、元岩下了大狱，随后将柳述流放于岭南，先安置于粤东的龙川，后来又迁徙至粤西的桂州（今桂林）。桂州当时尚属蛮荒之地，经济十分落后，交通相当闭塞，而此时仍然住在洛阳的兰陵公主，却下定决心要跟随丈夫关山万里前往谪居之所。

兰陵公主毕竟是杨广的妹妹，而且对杨广的皇权构不成任何威胁，于是，杨广旧事重提，要兰陵公主再嫁萧场，不必远谪岭南。但兰陵公主十分坚决地说："当年我嫁与柳述而不嫁萧场，这是先帝的最后决定。现在柳述有罪流放岭南，作为他的妻子，按照国法理应与丈夫同坐，一同前往谪所待罪。"炀帝大怒曰："天下是没有男人了吗？为何要和柳述一起被流放！"最终兰陵公主跟着柳述毅然南下，成为桂林历史上以帝女身份而居于岭南的第一人。

不久之后，公主幽愤过度郁郁而终，年仅三十二岁。临死前上表："昔共姜自誓，著美前诗；郧妫不言，传芳往诰。妾虽负罪，窃慕古人。生既不得从夫，死乞葬于柳氏。"隋炀帝读完后更加愤怒，对于公主之死竟然毫不哀伤，并下令把公主草草葬在洪渎川，朝野都为公主的遭遇感到悲伤。

趣味链接 仁寿宫之变

杨广被立为太子之后，抢班夺权的心思愈盛，想早日登基称帝。隋仁寿四年（公元604年），隋文帝杨坚病重入住仁寿宫，命内臣前往长安宣召太子。杨广星夜赶到，看到文帝病情十分严重，料定文帝即将驾崩，遂急传密信给杨素，向他询问朝廷百官的情况，并命杨素做出相应部署。杨素回复了一封密函，岂料送信宫人误将信送到了文帝手上，文帝见信大怒，之后命内臣传召杨勇，欲废杨广太子之位，改传位于杨勇。

内臣柳述、元岩顿时醒悟，立即遵照皇命入阁撰写复召杨勇的敕书。然而消息不胫而走，杨素、杨广心急如焚之余派兵将柳述、元岩逮捕下狱，并以东宫卫士将文帝卫士全部替下，命大将郭衍封锁了仁寿宫的全部通道，未经杨广允许，任何人不得出入，然后又命右庶子张衡进入文帝寝殿，将所有宫女宦官全部逐出，关在别殿。杨广心腹张衡随即进入文帝寝殿，用刀刺死了文帝。少顷，张衡从文帝寝殿走出，大声喧嚷："皇上已死多时，为何不报？"众人听后吓得浑身哆嗦，虽然心知肚明，但没人敢言一声。

杨广弑父后，立即假传文帝遗诏，绞死了杨勇，诛杀其他胞弟，最终完成了"弑父杀兄，篡权谋位"的政治阴谋。

李渊"雀屏中选"娶窦氏

唐高祖太穆皇后窦氏，当数唐代第一个有政治抱负的女人，这大概与她的皇族血统有关——窦氏父亲窦毅在北周是上柱国，母亲是北周武帝的姐姐襄阳长公主，所以窦氏就是武帝的外甥女。

窦氏到了谈婚论嫁时，窦父在门屏上画了两只孔雀，凡有求婚者，不论贫富贵贱，能射中孔雀眼睛即当选。那么，窦毅为什么要采取这种方式为女儿挑选“贤夫”呢？这是这个核心政治集团内部的价值取向：重视武功可能带来远大前途。应试者纷至沓来，但无一人能够射中。过了数天，又来了一人，两发两中，各射中孔雀的两只眼睛，可见箭法之高超。这个人便是李渊。窦毅十分高兴，于是双方订立婚约。

李渊，祖籍陇西成纪，祖父李虎是后魏左仆射，封陇西郡公，官至太尉，成为著名的八柱国之一，位极尊贵，死后被追封为唐国公。父亲李昞，袭封唐国公，北周时任安州总管、柱国大将军。李渊出生不久即世袭唐国公。青年李渊倜傥豁达，任性率真，在当时人们心目中有很高的威望。隋文帝独孤皇后是李渊的姨母，因此，李渊在朝廷中十分受宠，历任谯州（今安徽亳县）、陇州（今陕西陇县）、岐州（今陕西凤翔）刺史。

窦氏与李渊结婚以后，帮助李渊渡过很多波云诡谲的政治难关。有一次，隋炀帝当众说李渊是“阿婆面”，意即说他长得像老太太，因为李渊长相是“高颜面皱”。李渊因为受到隋炀帝的当众嘲笑，认定皇上轻视自己。这些核心政治家族，因为距离皇帝太近，比别人更了解政治运作的规则，更明白受到皇帝轻视的可怕后果，由此便感到前景黯淡，不免暗自神伤。而李渊的夫人窦氏，则对隋炀帝的话予以重新解释。她说：“阿婆，就是堂主，是家里的主人；堂就是唐，你的爵位是唐国公，皇帝说你是唐主，那就是在说你是唐朝的主人啊！”

窦氏还曾经劝说李渊不要把好马留在家里，要及早献给隋炀帝，以免引起他的忌妒。但李渊当时没有听从，而后来被迫献马以打消隋炀帝的疑心。李渊回想窦氏当初的劝言，曾叹息着对子女们说：“如果我早听了你们母亲的话，哪能到后来这地步！”但说这话时，窦氏已经过世。后来他主动四处搜罗好马、猎鹰，献给皇帝，隋炀帝龙颜大悦，结果李渊很快被封为大将军。可见，在李渊的婚姻生活中，窦氏是典型的政治顾问型人物。

李渊登基以后，追封窦氏为皇后，谥号为太穆，后来未再立皇后。李渊死后，又与她合葬于献陵。

趣味链接 窦氏之奇

窦氏出生时就有些异象——刚生下就满头青发垂过颈项，到三岁时头发就长得与身体一般长短，古人说“头发长，见识短”，这样的头发容易让人误以为她的见识方面有问题。所以，父母一般是不会宠爱这样的孩子的，倒是当皇帝的舅舅甚是稀罕，因而将她养于宫中，多有熏陶。

窦氏从小就聪明伶俐。武帝的皇后是突厥女，当时突厥犯境，武帝不得已与之成婚，婚后始终耿耿于怀。窦氏却劝说舅舅隐忍，保持与突厥的婚姻，以消除北方的威胁，全力对付南陈和北齐。窦皇后的政治远见由此可见一斑。

后来，杨坚取代北周，窦氏叹息：“我恨自己不是男子，无法为舅舅家扫除祸患！”吓得父亲赶紧捂住她的嘴说：“不要胡说！这是灭门之罪！”但她的童言无忌，显示出超常的胆识。有见识有胆识，这都是政治人才的标志。

李世民出生时，竟有双龙驾临道喜

玄武门之变是大唐初建不久后的第一场“血雨腥风”，这场政变是由唐高祖李渊的次子、秦王李世民发起的。在这场发生于唐武德九年（公元 626 年）七月的兵变中，李世民设计杀死了太子李建成及其幕僚，成功夺取了太子之位。同年八月，唐高祖李渊宣布退位，自称太上皇，李世民于东宫继位。次年正月，李世民下令改元“贞观”，正式开始处理朝廷政务。

也许是因为兵变，李世民登基少了些名正言顺的意味。比起其他皇帝来，唐太宗李世民似乎更需要采取一些手段，来证明自己才是当之无愧的皇帝。而神化自己的出生，便是唐太宗李世民所采取的手段之一。

李世民的出生日期是开皇十八年十二月戊午，即公元 599 年 1 月 23 日，出生地点是陕西武功别馆，其母是窦皇后。

据传，在李世民出生当天，发生了一件令人讶异不已的事情。有人看见在别馆外面的云端之上，出现了两条金色的巨龙，霎时间金光闪闪，令人感到温暖异常。说也奇怪，当时正值一月下旬，天寒地冻，但是由于这两条龙的出现，人们却感受到了春季的温度，而庭院里的树木甚至还开了花，散发出馥郁的香气。这两条金龙在空中盘旋着，飞舞着，嬉戏着，给别馆带来了盎然的春意。这种状况持续了整整三天，然后两条金龙才飘然而去。其间，两条金龙欢呼不已，像是在庆祝什么事情的发生……

李世民就是李世民，别人神化自己只用一条龙就足够了，但是他觉得不够，一定要两条龙！李世民后来对天下人说：“我出生时，竟有两条龙前来为我庆贺。”

综合以上来看，李世民的意思再明显不过，他无非是想向世人说明，不是他选择了皇位，而是皇位选择了他。他之所以能够登上皇位，是上天之意，因为他是真正的皇帝，是真龙天子！既然是真龙天子，那么他继承帝位，就是理所当然的事情，别人也就不能对他发动玄武门之变的正当性有所怀疑了。于是，李世民的皇位便得到了有效的巩固。

后来的历史告诉我们，唐太宗是一代英主，他在位期间，不但广开言路，虚怀纳谏，重用魏徵等贤良，还采取了一系列“以农为本，厉行节约，休养生息，文教复兴，完善科举制度”的清明政策，使得唐朝初年的社会趋于太平安定，亦为后世的“开元盛世”打下了坚实基础。由于唐太宗继位时改元“贞观”，故历史上将太宗统治时期的这段历史称为“贞观之治”。

趣味链接 玄武门之变，李渊的处境又如何

玄武门激战之时，唐高祖李渊正在和大臣、嫔妃们泛舟于海池。当尉迟敬德全副武装，手拿长矛盾牌，杀气腾腾地赶来时，高祖已经预感到出了大事。果然，尉迟敬德报告说：“太子、齐王作乱，已被杀死，秦王派臣前来护驾。”

齐王真的作乱了吗？李渊听后，其实已经大致明白了缘由，但又不知如何是好。若细究此事，很可能会让自己陷于不利境地；若不追究，秦王岂不要越发放肆？

此时，宰相萧瑀赶忙献策说：“建成、元吉为人歹毒，妒忌秦王，作恶多端，秦王消灭他们是好事，陛下请节哀。立世民为太子，乃天下太平之上策，请陛下三思。”

萧瑀一席话不无道理，唐高祖李渊年事已高，而摆在他面前的路，其实自己的儿子李世民已经为他铺好了，所以，唐高祖根本没有其他路可以走，只好按照萧瑀的话去做，以求保全。

李世民三请张果老为哪般

大唐初年，边关告急。这可把李世民急坏了，他决定御驾亲征，和元帅尉迟恭带了二十万大军直奔东北边境。人人都知道日抢三关、夜夺八寨的黑脸大帅尉迟恭，打仗时确实有万夫不当之勇，可就是脾气很急。本来这行军就紧得像风吹一溜烟，可他还下令急行，恨不得日夜连轴转。

眼看离北边的燕山只有百八十里了，忽然天上乌云密布，霎时间天阴沉下来。只听轰隆一声雷响，便下起瓢泼大雨，大道上泥水直流，队伍人困马乏，无法前行，只好就地扎营，待天晴继续行军。谁知这雨没完没了，一下就是十来天，可把唐军困住了！李世民、尉迟恭愁得不得了。军营里的粮草眼看要吃完了，后边的粮草车还没影。李世民也没办法，便和尉迟恭去附近的村庄找人问是否有粮食，他们刚要找人询问，忽然土岗前边传来一阵唱儿歌的喧闹声：

唐王唐王，打仗缺粮。
计算不周，愁坏心肠。

尉迟恭听见这儿歌就火了，但李世民很惊讶，儿歌不会轻易出，村里说不定会有高贤。他正说着，过来几个扛犁的庄稼人，上前一问，他们便说在这方圆几里，谁有难事都问张老汉，他总是有办法的。唐王大喜，要尉迟恭赶回军营，备厚礼去请张老汉。尉迟恭嘴上领旨，心里却不以为然，他回到军营，只是派士兵去传令，让张老汉过来觐见。谁知张老汉却不肯来。尉迟恭火冒三丈，便要去把他绑来。

李世民听说尉迟恭去抓张老汉，知道要坏事，急忙赶到大帐，只见尉迟恭垂头丧气地回来了，才知道张老汉早就没影了。李世民知道肯定是尉迟恭态度不好，惹恼了人家，便叫他和自己一起去赔礼。可到了张老汉的住处，还是不见人影。尉迟恭见状便又要发火，但李世民却要学刘备三顾茅庐，一定要请出这个能人。

谁知又来了两次，张老汉的门上还是挂锁无人。李世民长叹一声："看来天不助我，难道只有退兵不成？"说完便回了军营。当晚李世民正在发愁的时候，忽然军士进来禀报说有一个骑驴老汉要见陛下。那人便是张老汉，他见了李世民，便道："万岁几次到寒舍，其心至诚，我便来见一见。"李世民连忙给老人让了座，把北征遇雨缺粮的事说了一遍，求张老汉帮忙想想办法。

张老汉说道："万岁为国为民的一片心意，天地可鉴，我这里有一种谷子，叫鸡鸣谷，只要水分适量，便能在这寸草不生的沙滩中生长。这谷子据说还是神农氏见这一带多沙地而留下的。这谷子，晚上播下，明日鸡鸣天亮就能发芽，正午就可结穗，所以叫鸡鸣谷。"

尉迟恭很不解，问道："老丈既然有这种鸡鸣谷，为何拖到今日才拿出来呢？"

张果老倒骑驴

张老汉摸摸胡须笑着说："将军有所不知，这鸡鸣谷，地干不生，水旺不长，必须在雨后三日方可下种。我如果在三日前拿来给将军，将军心急如火，必定立即下种，那岂不误了大事吗？"说完从驴子身上拿下几大筐的种子，便转身消失了。

尉迟恭急忙传令各营将士前去播撒鸡鸣谷。将士们一齐动手，一夜之间便全部播种完毕。到了鸡鸣天亮，沙滩上果然一片葱绿。时间到了正午，千顷谷地，一片金黄，大获丰收。谷子收割了，士气大振，李世民和尉迟恭下令一鼓作气，继续进兵，不久就把敌兵打败了。而那老汉据说便是倒骑驴的张果老。

趣味链接 李世民和魏徵

唐太宗李世民经玄武门之变当上皇帝之后，任用李建成的旧臣魏徵为御史中丞，专门给皇上提意见。魏徵一生给唐太宗提了两百多条意见，搞得唐太宗很怕他。有一次，唐太宗得到一只很好的鹞鹰，放在手臂上把玩，看见魏徵前来，心想，他看我玩鹰，肯定得说我玩物丧志，于是便把鹰藏到怀中。魏徵其实早就看到了，心想，不能让皇上玩物丧志，于是上奏故意久久不停，等魏徵走了，鹞鹰早就闷死在了唐太宗怀中。

唐太宗为什么制造了四大冤案

说起唐太宗，我们都称他为"千古一帝"，说他是"贤明圣君"。殊不知，众人心目中的贤明帝王却制造了四大冤案，让一些有功之臣蒙受不白之冤，不少贤能之士遭受无妄之灾！唐太宗为什么要这样做呢？现在，就让我们来窥探一下这位帝王的心路历程。

他手下的武将盛彦师是个军事指挥方面的奇才，他在剿灭李密、平定王世充这两次战役中做出了很大的贡献。盛彦师打仗在行，可是，如果让他当劝降的说客，那就是门外汉了。徐圆朗叛乱时，唐太宗偏偏选派盛彦师为安抚大使，目的是想借他的威名让徐圆朗束手就擒，达到“不战而屈人之兵”的效果。不料，盛彦师话还没说上两句，就被徐圆朗活捉。盛彦师落入敌手，有辱使命，罪过不小；但唐太宗策略失准，用人不当，其罪更甚。而唐太宗为了推脱自身责任，掩盖自身失误，竟然赐死盛彦师。这是唐太宗制造的第一宗冤案。

贞观初年，一句“唐三世之后，则女主武王代有天下”的谶语，引起了唐太宗的高度警惕和对大臣的猜疑。当他得知大臣李君羡小名叫“五娘子”，其一系列封号官职中皆带有“武”字，正好与“女主武王”暗合时，李君羡的霉运便接踵而至。先是被皇帝“深恶之”，接着被调出京城，不久就被御史弹劾“与妖道密谋勾结，欲行不轨”，最后李世民连审都不审，就下诏“君羡坐诛，籍没其家”。就这样，一句疑神疑鬼的谶语轻松地让久经沙场、战功赫赫的李君羡断送了性命。这是唐太宗制造的第二宗冤案。

刑部尚书张亮的老家是郑州荥阳，这里被人传言是“形胜之地，不出数年有王者起”，接着又有人发现了“有弓长之君当别都”的图谶，张亮便私下里与几个江湖术士谈论了这些敏感话题，这就导致这位农民出身的凌烟阁功臣很快被以“谋反”的名号推上了风口浪尖。自古以来，无论真假，帝王都对“谋反”很是介意。因此，唐太宗就想要把张亮除掉，但是由于没有证据，唐太宗只能隐而不发。后来，唐太宗听说了张亮私下豢养五百壮士为义子的事，这让他更加愤恨，更加觉得张亮有谋反的念头。于是，唐太宗就因为自己的主观猜测，把当年辅佐他争夺帝位的重臣张亮处斩了。这是唐太宗制造的第三宗冤案。

“性最坚贞”的刘洎因为忠于职守，敢于直谏，能力过人，故而在唐太宗远征高句丽期间，承担了辅佐太子监国的重任。就是在出征高句丽时，唐太宗得了痈疽，刘洎听到消息后，忧心忡忡，曾和同僚们说了八个字：“疾势如此，圣躬可忧！”这本是一句忧国忧君的肺腑之言，但被进馋者添油加醋地一说，传到唐太宗的耳里后就完全变了味。贞观十九年（公元645年），太宗远征归来，在没有充分调查研究的情况下，就草率地把刘洎给杀了。这是唐太宗制造的第四宗冤案。

其实，唐太宗这样做，也是身不由己。身为帝王，在他看来，没有什么能比政局稳定更为重要。平庸之才犯了错误，他可以不予追究，但位高权重的功臣若是有什么风吹草动，只要有可能威胁到自身利益和皇家利益，他都会兴师动众，杀气腾腾。因此，唐太宗才有了这些杀鸡儆猴的举动，以此来告诫臣子们做好自己的本分。

趣味链接 为什么唐以前的皇帝都称为帝，唐以后都称为宗

唐以前，皇帝们都被称为帝，而唐之后，各朝却都称为宗，这是为什么呢？其实原因很简单，只是为了简单易记。

一般来说，皇帝的称谓有谥号、庙号、年号这几种。谥号是在皇帝驾崩后，由朝廷根据其生平事迹加以褒贬的称号，格式大多是“某某皇帝”。庙号，则和古代宗庙制度有关，是放在祠堂里供奉的牌位。不过为避讳已死皇帝的名讳，那个牌子是不能写皇帝的名字的，只能立一个“宗”的名号，那就是庙号。年号就是每个皇帝为了纪年而定的名号，俗称“改元”。

古时称呼皇帝，一般都是先说谥号再说庙号。在唐以前，朝廷行事比较实在，往往从谥号里取一两个字就把皇帝一生给概括了。可是，到了唐后，皇帝们开始陶醉于自己的功绩，为了满足自己的虚荣心，谥号里不断加入溢美之词，使得好端端的谥号变得特别长，比如明朝永乐皇帝的谥号是“体天弘道高明广运圣武神功纯仁至孝文皇帝”。这样一来，人们不愿记也记不住这么拗口的谥号，所以自唐以后一般都采用相对简单的庙号来称谓皇帝，故而出现唐以前称帝，唐以后称宗的现象。

唐太宗为何亲自砸掉魏徵的墓碑

贞观十七年（公元643年），魏徵病故，唐太宗很难过，“废朝五日，赠司空、相州都督，谥曰文贞。给羽葆鼓吹、班剑四十人，赙绢布千段、米粟千石，陪葬昭陵”，还亲自去魏徵家吊唁，并且说出了流传千古的名言：“以铜为镜，可以正衣冠；以史为镜，可以知兴衰；以人为镜，可以明得失。朕常保此三镜，以防己过，今魏徵殂逝，遂亡一镜矣！”也正是因为这样，才成就了唐太宗与魏徵这对君臣佳话。

然而，令人意想不到的是，魏徵去世没多久，尸骨未寒，曾被他奉为贤明君主的唐太宗就下旨解除了衡山公主和魏徵长子魏叔玉的婚约，还愤怒地亲自砸了魏徵的墓碑！唐太宗为什么会这样做呢？难道之前的君臣和睦只是假象吗？

原来，魏徵在死前曾经向唐太宗秘密推荐当时的中书侍郎杜正伦和吏部尚书侯君集，说他们有当宰相的才能。可是在魏徵死后，杜正伦却因为负罪被罢免，

侯君集也因参与谋反而被斩首。因此，唐太宗怀疑魏徵在朝廷因私营党。后来，唐太宗又得到消息，说魏徵曾将自己记录的与太宗一问一答的谏诤言辞拿给负责编写起居录的褚遂良做参考，怀疑魏徵借此来博取清正的名声，心里很不高兴，这才做出了怒砸墓碑的举动。

唐太宗

除了以上的原因，历史学家们分析唐太宗做出此举还有一个很重要的原因，那就是魏徵屡次过火的“犯颜直谏”，使唐太宗产生了逆反心理。据史料记载，魏徵在十七年内谏奏多达二百余次，内容涉及政治、经济、文化、外交等方面，甚至连皇帝的私生活也管，很多时候都让唐太宗下不了台。当皇帝的在很多时候说了不算，反而要看大臣的脸色，这种长期逐步积累起来的压抑，终于让唐太宗以一种愤怒的方式发泄了出来。

可是，事实证明，忠言逆耳。贞观十八年（公元644年），也就是魏徵死后的第二年，唐太宗不顾大臣劝阻决定亲征高句丽，虽然是连战连捷，可最后却受阻于天气不得不放弃，回师中原。此时唐太宗又想起了魏徵，他长叹道：“魏徵若在，不使我有是行也！”同时，命人再去魏徵墓前悼念一番，并且将当初推倒的墓碑又立了起来。

奇人李淳风预测日食

日全食自古以来就是人类恐惧、好奇甚至膜拜的天象。光热之源太阳的突然“隐身”，让迷信的古人又敬又畏，在世界各地也流传着诸多关于日全食的趣闻传说。

其实中国在汉朝时，已能对日食、月食做出大致的预报了，在此后的朝代里，随着对日、月运行规律认识的加深，对日食、月食的预报也越来越精确。

唐朝是中国历史上的一个全盛时代，天文历法科学在唐代也取得了长足的进步，历法、观测仪器、天象记录等方面都出现了总结性或突破性的成果。李淳风就是这个时代涌现出来的一位精通天文、历算、阴阳之说的奇人。

早在贞观初年，李淳风就在李唐王朝崭露头角了，而起因就是由于他的天文学造诣。唐初使用的历法是傅仁均编撰的《戊寅元历》，这部历法存在一定的缺陷，李淳风对之做了详细研究，提出了修改意见，唐太宗派人考察，采纳了他的部分建议。在古代，历法编撰是专门之学，一般学者很难问津，而李淳风对《戊寅元历》提出修订意见时才二十多岁，这自然要引起人们注意。他也因此得到褒奖，被授予将仕郎，进入太史局任职，从此开始了他身为官方天文学家的生涯。

李淳风既能指出《戊寅元历》有那么多失误，自然要以编撰新历法为己任。他综合前人许多历法的优点，又融入自己的新见解，终于编成一部全新的历法，献给朝廷。他在那时已发现，按《戊寅元历》预报未来的日食、月食，经常出现明显的误差，而李淳风对自己的新历法却充满了信心。有一年，李淳风按自己的历法计算，预测某月初一将出现日食，而朝廷按旧历法颁布的历书中却说这天是没有日食的，他就把自己算出的日食发生、结束的精确时刻上报给朝廷。

既然是太史丞预报的，太宗李世民就不能不理，于是到了这天，就半信半疑地率领众官来到殿前，让文武百官准备好救护仪式。可是快到李淳风说的时间了，天上的太阳还是毫无动静，李世民不高兴地说："李淳风，如果日食不出现，你可是欺君之罪！"欺君之罪是要被杀头的，李淳风却毫不惧怕地说："圣上，如果没有日食，我甘愿受死。"李世民又等了一会儿，等不及了，对李淳风说："我看你赶紧回家一趟，与老婆孩子告别吧！别让我们白等了！"李淳风在地上插入一根木棍，让影子投射到墙上，在墙上的影子边画了一条标记，说："圣上请看，等到日光再走半指，照到这里时，日食就出现了。"果然，过了一小会儿，天上的太阳开始被一个黑影侵入，跟他说的时间丝毫不差，于是百官下拜祈祷，锣声、鼓声响成一片。这时，李淳风擦擦头上的冷汗，对李世民说："臣的新历法，验证以前的日食，百试百灵，今天又验证了刚刚发生的日食，可见是精密无比的，愿圣上尽快下诏颁用新历，方能顺天知命、利国安邦。"

李世民从此对李淳风的历法大为欣赏。到麟德二年（公元665年），朝廷决定改用李淳风的历法，并将其命名为《麟德历》。

趣味链接 天狗吃太阳

释迦牟尼十位弟子中有一位名叫目连的公子，每天念佛吃素。一天目连之母突然心血来潮，想出了一个恶主意，她吩咐人做了三百六十个狗肉馒头，说是素馒头，要到寺院去施斋，让和尚开了荤戒。天上玉帝知道这事后，震怒不已，将目连之母变成一只恶狗，她为了报复就去追赶太阳和月亮，想将它们吞吃了，让天上人间变成一片黑暗世界。这就是古人传说中日食、月食的由来。

房玄龄原配不肯受辱饮“毒酒”

吃醋特指男女关系中的嫉妒心，是一种正常的心理反应，是爱和关心的表现，潜意识里是对感情专属的一种保护。

相传有一次，唐太宗为了犒劳大臣，要为一直实行一夫一妻的房玄龄纳妾，房玄龄的妻子听到后，坚决不同意。太宗无奈，就心生一计，让房玄龄的夫人在喝毒酒和纳小妾中选择其一。没想到房夫人竟毅然端起那杯“毒酒”一饮而尽。当房夫人含泪喝完后才发现喝的不是毒酒，而是一杯醋。后来李世民说：“朕尚怕见她，何况房玄龄呢！”从此人们便把“嫉妒”和“吃醋”联系起来。

房夫人何以如此刚烈？据《新唐书·列女传》记载，房玄龄夫妇十分恩爱。早年房玄龄得过重病，说：“我怕是好不了了，你还年轻，以后再找个人嫁了吧！”卢氏哭着一咬牙把一只眼弄瞎，借以表达从一而终的决心。不久房玄龄病就好了，最终两人白头偕老。

房玄龄

后来我国著名文学家曹雪芹，在《红楼梦》的第三十一回又把“妒忌”与“醋意”联系在了一起。原文是这样写的：“袭人听了这话，少不得自己忍了性子道：‘妹妹，你出去逛逛，原是我们的不是。’晴雯听她说‘我们’，自然是她和宝玉了，不觉又添了醋意……”经曹先生这么一写，吃醋的含义更加生动了，指因嫉妒而感到心酸。

现代的人们又把爱流露出醋意的人称为醋缸、醋钵儿、醋罐子或醋瓶子。

清代章回体小说《儿女英雄传》第二十七回有这么一段话：“切切莫被那卖甜酱、高醋的过誉赚了你的钱去，你受一个嫉妒的病儿，博一个‘醋娘子’的美号。”

趣味链接 婴儿的吃醋心理

加拿大约克大学的一项研究发现，几个月大的婴儿，已经表现出明显的吃醋心理，而不是现有理论认为的，两岁后才会有所显露。婴儿“吃醋”心理与人际沟通的形成有关，是感觉某人的出现威胁到自己与亲人关系后所做出的反应。这项研究表明，新生儿到3个月大时已对周围的人产生意识。这证明人与人的沟通是受某种因素影响的。

武则天迁都洛阳，是为了躲避冤魂吗

唐武后载初元年（公元690年），武则天苦心经营了半辈子，终于迎来了称帝的时机，那一年，唐睿宗、满朝大臣、李姓和武姓宗室、从各地赶来的老百姓、少数民族首领、和尚、道士等六万人，一齐上表武则天，请求她登上帝位。在一片劝进声中，武则天下诏废黜唐睿宗，自行称帝改国号为周，两年后迁都洛阳。

其实，自麟德二年（公元665年）起，她与唐高宗就长居洛阳，除国家大典之外，很少回到长安，这样的情况维持了二十七年。所以称帝立周后，迁都洛阳是顺理成章之事，但民间传说却有着诸多解读，而武皇迁都是为了躲避冤魂的说法，在那时更是甚嚣尘上，掀起过很大一阵波澜。那么，武则天迁都，到底是顺应时局的权宜之策，还是如民间传言所说，是为了躲避冤魂呢？而冤魂所指代的究竟是谁？

众所周知，在武则天的发迹之路上，死于她之手的忠良臣子、嫔妃宫女不计其数。而最为人们熟知的，就是王皇后和萧淑妃，而民间所传的冤魂，正是这二人。

据传，武则天把王皇后和萧淑妃残忍折磨致死后，心中十分不安，经常在梦中梦见王皇后和萧淑妃披头散发、血流满面、张牙舞爪的影子，使她惶惶不可终日。为此，武则天先是搬进大明宫居住，结果收效甚微，每晚依旧噩梦连连。后来，为了躲避王、萧的冤魂，武则天便以经济、军事之名，说服唐高宗迁至洛阳居住。

其实，这种说法不足为信。据古史记载，王、萧两人死于麟德二年（公元665年），距武则天定都洛阳，已近二十年之久。况且，武则天称帝后，仍然在长安住了两年。因此，仅仅以王、萧两人之死来解释武则天迁都洛阳的原因，难免有牵强附会之嫌。

此外，民间还有一种传闻，说武则天迁都洛阳，是为了离开长安这个是非伤心之地，毕竟在这片土地上她出过家，死过女儿和儿子，而搬至八百里外的洛阳宫，武则天可以在一个新的环境中重新开启她的帝王生涯。这种说法相较于第一种更为合理，但由于正史未曾提及，所以我们只能将其视为一种可能。

武则天的无字碑

趣味链接 武则天迁都的官方解读

武则天迁都洛阳，一是出于政治方面的考虑。因为她想通过此举实现与李唐王朝分庭抗礼，促使社会稳定而巩固统治地位，从而进一步实现改朝换代的目标。二是经济方面的原因。洛阳风调雨顺，积蓄充实，粮食和物资的储备较为充足，四面的运输条件也都便利，还有运河这条大动脉，很容易将长江以南的稻米及其他物资运送到洛阳。加之官位机构逐渐庞大，官吏日益增多，官禄开支也日益增大，所以迁都洛阳可以摆脱经济上的困境，使朝中人心稳定。三是军事方面的原因，洛阳能攻能守，战略地位优越。

唐玄宗梦中撞鬼

开元元年（公元 713 年）十月，唐玄宗游幸骊山的时候，染上了疟疾，这让他感到非常难受。当时医疗条件很差，而且唐玄宗染上的疟疾还比较严重。唐玄宗连饭都吃不下去了，蒙蒙昽昽地就睡过去了。实际上，当时阳光普照，还远没到睡觉时间。但是唐玄宗病得太严重了。

唐玄宗睡着以后，做了一个梦。在梦里，他看见一个小孩抢了杨贵妃的香袋，还抢了自己经常吹的玉笛。这还了得！唐玄宗大怒，便要追赶上去抓住小孩。在梦中，唐玄宗没有染上疟疾，身体很健康，跑起来可以说是健步如飞。但是他跑得再快，也跑不过小孩。眼看小孩就要拿着抢来的香袋和玉笛跑了，这时候突然闪出一个大鬼。如果说小孩的速度是风，那么大鬼的速度就是电了，风怎么能和电比呢？这个大鬼形象也比较引人注目，只见他蓬发虬髯，面目可怖，头系角带，身穿蓝袍，相信活人一旦见了他就会被吓死。大鬼一伸手把小孩抓住，大喝一声："看你往哪里跑！"

如果说大鬼的形象比较骇人，那么他的举动就是可怖了。只见他把小孩抓住以后，二话不说，把小孩的眼珠猛一下剜出，然后一口吞下。这可把唐玄宗吓坏了，虽然自己平生见过无数骇人之事，但骇人到这等程度的事情还是第一次见。

唐玄宗平静下来以后，便问大鬼："你是哪里人士？你帮助我找回香囊和玉笛，我要好好地报答你。"

大鬼说："我是终南山钟馗，曾赴长安应武举不第，没脸面回故里，便撞殿前阶石而死。幸蒙皇上怜悯，赏赐绿袍下葬，所以心里非常感恩，发誓替大唐除尽妖孽。"

原来是这样，自己曾有恩于这位大鬼先生！唐玄宗心里对钟馗充满了感激，因为他明白，自己的玉笛追不回也就罢了，但若是把贵妃的香囊弄丢了，难免要被爱妃埋怨。

怪事到这儿还没完。唐玄宗梦醒以后，又发生了一件不可思议的事情：缠身多日的疟疾竟然不见了，他只觉得神清气爽，精神抖擞。做了一场梦，竟然把病给治好了。唐玄宗虽然这样想，但是猜到这其实全是钟馗的功劳。

唐玄宗召来了当时最有名的画家吴道子，对他详细地讲述了自己梦中的情景，然后命他画出钟馗的形象。吴道子的画技确实非同小可，他闭上眼睛略一构思，便展开素毫一挥而就，真是一派大家风范。那么他画得怎么样呢？唐玄宗伸过头一看，忍不住叹道："哎哟，真好，真逼真，简直跟我梦到的一模一样！"

趣味链接 杨贵妃之死

长安陷落之前，唐玄宗携杨贵妃及诸皇子逃奔四川。当玄宗一行抵达马嵬驿（今陕西兴平县西）时，皇帝的扈从部队已疲惫不堪，加之饥饿使人脾气暴躁，军中有人便开始大声痛骂杨国忠、杨贵妃是罪魁祸首。随行的龙武大将军陈玄礼更是抑制不住心中的怒火，一箭射中杨国忠的马鞍。这一箭迅速点燃了将士们的满腔怒火，他们包围了唐玄宗休息的驿站。陈玄礼上奏玄宗说："杨国忠逆谋已被诛，贵妃不宜带在身边，望陛下忍痛割爱，将其正法。"突如其来的兵变让玄宗别无选择，只好命令士兵在佛堂里缢死了杨贵妃。这一年，唐玄宗七十二岁，杨贵妃年仅三十七岁。

杜甫帮助打枣妇人

杜甫一生，经历了唐朝由盛转衰的安史之乱，在这样的情境中，写出了许多脍炙人口的名篇。由于他深切关注人民的现实生活，他的诗被后人称作“诗史”，如“三吏”“三别”等，无不真实反映了当时人们的遭遇。因此，他被后世人们尊为“诗圣”。在一首诗中，他对一位打枣妇人给予了深切的同情。

杜甫二十岁开始壮游生活，遍览大好河山，登上泰山之时，写下了《望岳》这一千古传唱的诗篇。壮游期间，他结识了伟大诗人李白，两人结下了深厚的友谊。三十五岁时，杜甫去往长安，当时朝政腐败，奸臣当道，在长达十年的长安生活中，他不仅没有谋取到一官半职，连生活也成了问题。生活的贫困和遭遇的不公，使他的思想发生了改变，开始关心百姓疾苦。

有一天，他到郊外去，看到一路士兵凶神恶煞，一些年老体弱的老人被抓住，被迫从军，其中还有一些小孩和壮年，他们的家人出来送行，哭声、车轮滚动声、马嘶声连成一片，那情景悲惨极了。此情此景，让杜甫悲伤不已，当晚，他就写下了名篇《兵车行》。

在四十四岁那年，杜甫终于得到一个小官职，目睹了官场的黑暗，“朱门酒肉臭，路有冻死骨”就是对这种现象的控诉。安史之乱中，他被叛军抓获，又被困在长安城，最后侥幸逃出，见到了皇帝，被任命为左拾遗，但后来又被贬官华州，在去往华州途中，他一路看到了太多太多的生离死别，写出了传诵千古的“三吏”“三别”。

终于，在四十八岁那年，他厌倦了，放弃了官场，隐居在浣花溪畔，带着妻子生活下来。但是，过了一段时间，他在成都的生活越来越拮据，于是，在五月，他带家人坐船沿长江东下，到了夔州，盖了一间草堂居住下来。

草堂门前有一棵枣树，到了秋天就果实累累。一天中午，他听见有人轻声打枣，推开门一看，树下站着一个白发苍苍的老妇人，手里拿着一根竹竿，不知所措地站在那里。杜甫见她形容憔悴，衣衫褴褛，心里就明白了，赶紧安慰她说：“不要紧，这树上的枣还有很多。”

“谢谢大人了。”老妇人感动地说。老妇人又打了一会儿，就住了手，杜甫关心地问：“家里还有什么人呢？”“家里老伴死了，儿子在战场也死了，就剩下我一个人，实在是没吃的了，要不然怎么会来打枣吃呢？”老妇人轻声回答。杜甫深深叹了一口气，说：“您以后尽管来就好了。”

不久，为了照看田里的庄稼，杜甫暂时住到东屯，把草堂借给了一位朋友，这位朋友用篱笆围住了草堂，杜甫知道后，给他写了一封信：

堂前扑枣任西邻，无食无儿一妇人。
不为困穷宁有此，只缘恐惧转须亲。
即防远客虽多事，使插疏篱却甚真。
已诉征求贫到骨，正思戎马泪盈巾。

朋友被杜甫的善良打动，马上拆除了篱笆。要知道，当时的杜甫，孩子被饿死，自己生活也难以为继，但是在那样的情况下，他仍然心忧老妇人的生活。也许，“安得广厦千万间，大庇天下寒士俱欢颜”才是他的夙愿。

趣味链接 杜甫愤斥皇亲

杜甫觉得当权者不顾民生，只顾自己享乐的做法，定然会导致国家的败亡，于是他大为愤慨，挥笔写下七言长篇古诗《丽人行》。该诗对杨家那纸醉金迷的奢侈生活做了大胆的讽刺和深刻的揭露，成为一首名副其实的“史诗”，而人们还从中概括出一个成语“炙手可热”，用来形容气焰很盛、权势很大的人物。

“诗仙”李白为什么被唐玄宗逐出长安

李白是我国唐代著名诗人，有“诗仙”之称。李隆基在最初用他时，只是让他做待诏翰林。但就是这样一个临时、候补的身份，让李白有了接近玄宗、接近杨贵妃的机会。一位是擅长歌舞、精通音律的美人，一位是才华横溢、满负盛名的诗仙，这对才子与佳人有没有传出什么绯闻呢？即便是没有，那彼此间总是会有一种惺惺相惜之情吧！而李白后来被唐玄宗逐出长安，会不会和杨贵妃有关呢？

天宝元年（公元 742 年），已经四十二岁的李白被唐玄宗下令征召进宫，且受到了唐玄宗非常隆重的接见，李白受宠若惊之余觉得自己从此便可仕途通达。后来，每逢玄宗携杨贵妃出游都让李白相伴左右，吟诗助兴。

天宝元年十月，玄宗携杨贵妃前往骊山泡温泉，李白跟随并写了《侍从游宿温泉宫作》等诗篇；次年初春，唐玄宗在宫中玩乐，李白奉旨作《宫中行乐词十首》；仲春，二人游宜春苑，李白奉诏作《龙池柳色初青听新莺百啭歌》；暮春，玄宗与杨贵妃于兴庆宫沉香亭赏牡丹，玄宗想要听新词入曲的演唱，命李白作《清平调词三首》；入夏，玄宗泛舟白莲池，李白作了《白莲花开序》；此外，《春日行》《阳春歌》等诗，大致都是陪侍应制的作品。由此可以看出，召李白进宫的确为奢侈沉闷的宫廷生活增添了许多新气象，一时间，玄宗对李白非常优待。但终日为玄宗和杨贵妃写些玩乐的诗篇，李白自己的政治抱负一直未能实现，所以在他的其他作品中，就流露出了一种惆怅之情。

天宝二年（公元 743 年）秋，李白写下了《玉阶怨》《怨歌行》等表现怨尤失望的诗篇，这些作品触怒了唐玄宗，李白于第二年春被迫离开了长安城。

众所周知，李白在宫中担任文学侍从一年多里，一直陪着玄宗和杨贵妃到处游玩，侍奉左右。李白自然见识过杨贵妃的美貌与歌舞才艺，那么他有没有对杨贵妃动过心呢？

据史料记载，天宝二年，玄宗与杨贵妃在沉香亭赏牡丹时，李白奉诏作的《清平调词三首》，“云想衣裳花想容”“可怜飞燕倚新妆”“名花倾国两相欢，长得君王带笑看”，写的就是杨贵妃和唐玄宗相亲相爱的情景。但是由于缺乏其他史料方面的记载作为参考，所以关于杨贵妃和李白的感情纠葛，以及李白因为杨贵妃被逐出长安，仅仅停留在传说和臆测当中。

李白醉酒图

在《新唐书·李白传》中，李白被逐出长安不能得到重用的原因是高力士看他不顺眼，总是借机诋毁诽谤李白。但是唐玄宗在最初的时候，还是很礼遇李白的，而宦官高力士为了主子能够开心，就更不可能扫皇帝的兴，所以此说法并不准确。

其实，李白离开长安的主要原因在于唐玄宗本人，他担心经常喝醉酒的李白在外边泄露宫闱秘闻——这是玄宗最忌讳的事情。众所周知，唐朝的皇帝在许多方面学习汉朝。汉朝法律中，外传朝中言语是大罪，而且各朝各代都会有这种顾忌，唐朝自然也不例外，任何朝代都会对朝廷内幕严加保密。

玄宗之所以没有任命李白为中书舍人，主要原因是李白爱喝酒、容易喝醉，醉酒之后自然难免胡言乱语。

趣味链接 贵妃醉酒

《贵妃醉酒》是一出著名的京戏，历来被公推为中国传统戏曲经典之一。它描述了一个美丽动人的故事，一天傍晚，皇宫内院凉风习习，皓月当空，唐玄宗与杨贵妃本来相约在百花亭品酒赏花。届时玄宗却没有赴约，而是移驾西宫与梅妃共度良宵。杨贵妃只好在花前月下闷闷独饮，边饮边舞边埋怨，万般春情，难自排遣，加以酒入愁肠，立时便醉。一时春情萌动不能自持，面对一干太监宫女，竟忘乎所以，直至倦极才快快回宫。

王维作画戏权贵

王维是唐朝著名诗人，喜欢作诗画画，在这两方面也很有成就。但是王维生性刚正，不愿依附权贵，更不肯把画作为礼物送给他们。因此，他做官不久，就得罪了宰相李林甫，被贬职后离开京城长安。满腹才华的王维只能到终南山过起了隐居生活。

王维隐居以后，终日饮酒赋诗，种花绘画，日子过得倒也逍遥自在。他的酒量越来越大，往往喝得酩酊大醉才开始作画，久而久之，竟形成了习惯，无酒不作画。当地的太守，是个不学无术的人。他听说王维隐居在山中，也想让王维画幅画，挂在客厅，卖弄风雅。他派师爷几次去请王维，王维每次都闭门不见。后来师爷听说王维有酒后作画的习惯，便给太守出了个主意，太守听后不住地点头。

过了几日，山下张员外派人给王维送来一张请帖，请他前去赴宴。王维自从来到终南山，常常和张员外在一起谈古论今，二人也算有几分交情，所以他接到请帖，就下山了。王维来到张员外家门口，见张员外陪着太守和师爷一起出来迎接，不由得一愣，有点不痛快，但既然来了，也只好将就着喝起酒来。王维有几分醉意，脑海里便闪出一幅幅图画，他急得直搓双手。张员外知道他这个习惯，便把他让到客室里“休息”。

王维见案上镇纸下压着宣纸，案头放着磨好的几大碗墨汁，便兴冲冲地抓过大笔就要画。常言道：“人醉心不醉，酒迷人不迷。”正当他要挥笔作画时，猛然想到太守求他作画的事，心想，莫非今天是骗我给太守画画？想到这里，他又放下了笔，在屋里踱起步来。他见室内白墙如粉，洁净照人，便决定把画画在墙上，这样谁也拿不走了。可是在墙上作画，笔又显得太小，于是他从脚上脱下一只布鞋，蘸饱了墨，在墙上抹了起来。他画完后，也没向张员外告别，就匆匆忙忙走了。

太守和师爷左等右等不见王维身影，进屋一看，只见墙上横一道竖一道，也不知都画了些什么。太守气得连话也说不出来了。张员外还有点见识，说："大人不要生气，请将蜡烛熄灭，看看究竟怎样。"蜡烛熄灭后，室内一片朦胧，墙上一弯新月，发出柔和的光，画面看上去好像是一条小溪，小溪边有一架葡萄，那葡萄枝条左缠右绕，杂而不乱，那一串串又肥又大的水灵灵的葡萄，馋得人直流口水。真是一幅好画！太守和师爷十分高兴，心想一桌宴席就换来一幅名画，实在太便宜了。但当他们用手去揭时，才知道这画是直接画在粉墙上。太守和师爷气得满脸通红，但也无可奈何。

趣味链接 让王维佩服的女子

相传，唐代大诗人王维在居士山隐读时，一天偶患小病，前往一家药店抓药，见柜台内是一位衣着朴素的美貌少女，于是想趁买药之际，试试这女子的才气。王维开口说："我要买宴罢客何为。"姑娘微微一笑："宴罢酒酣客，是'当归'。""我还买黑夜不迷途。""'熟地'不怕天黑夜，此药本店有的是。""那'三买艳阳牡丹妹'呢？""牡丹花妹'芍药红'，先生也要芍药么？"王维暗暗佩服这女子才思敏捷，对答如流，便继续考道："四买百年美貂裘呢？""百年貂裘是'陈皮'。""五买蝴蝶穿叶飞。""'香附'蝴蝶双双归。""妙！答得好！"王维连声喝彩，不得不佩服姑娘出众的才华。

郭子仪单骑退回纥

郭子仪是唐朝著名的大将，他六十九岁那年单骑退回纥的故事，千百年来一直广为流传。

郭子仪手下曾有一名大将叫仆固怀恩，在安史之乱中立过不少战功。他不满唐王朝对他的待遇，于是发动叛乱，他派人跟回纥和吐蕃联络，欺骗他们说，郭子仪已经被宦官鱼朝恩杀害，要他们联合进攻唐朝。仆固怀恩带着回纥、吐蕃几十万大军进攻长安，没想到到了半途上，得急病死了。不过回纥和吐蕃的大军继续进攻，唐军抵抗不住，回纥、吐蕃联军一直打到长安北边的泾阳（今陕西泾阳），使长安也受到威胁。

朝廷上下大为震动。要打退回纥、吐蕃，只有靠郭子仪了。那时候，郭子仪正在泾阳驻守，手下没有多少兵力，便派探子去侦察敌军的情况。根据侦察到的情况，回纥和吐蕃两支大军虽是联军，但并不团结。他们本是仆固怀恩引进来的，仆固怀恩一死，谁也不愿听谁的指挥，两股力量融不到一块儿去。

郭子仪知道这个情况后，决定采取分化敌人的办法。回纥的将领过去跟郭子仪一起打过安史叛军，有点旧关系。郭子仪决定先把回纥将领拉过来。当天晚上，郭子仪派他的部将李光瓒偷偷地到回纥的大营，去见回纥都督药葛罗。药葛罗和回纥将领根本不相信郭子仪还活着。他们对李光瓒说："要是郭令公真活着，那就请他亲自出面。"

李光瓒回到唐营，把回纥人的怀疑向郭子仪禀报了。但李光瓒等人都认为让元帅亲自到敌营去太冒险，要派兵保护他。但郭子仪认为带兵去反而会坏事，于是决定独自上马前去谈判。

郭子仪缓缓向回纥营靠近。药葛罗和将领们目不转睛地望着来人，发现真是郭子仪！大伙一起翻身下马，围住郭子仪下拜行礼。郭子仪跳下马来，走上去握住药葛罗的手，和气地对他说："回纥人曾给唐朝立过大功，唐朝待你们不薄，为何要帮助仆固怀恩闹叛乱？我今天到这儿来，就为了劝你们悬崖勒马。虽说我这次单枪匹马来到这儿，也做好了被你们杀了的准备，但我的将士会跟你们拼命。"

药葛罗是受仆固怀恩的蒙骗，以为皇帝和郭子仪皆死，中原无主，才跟着他上这里来。现在知道郭子仪未死，怎么还能叛乱呢？郭子仪说："吐蕃和唐朝是亲戚关系，现在也来侵犯我们，掠夺我们百姓财物，实在太不应该！我们决心要回击他们。如果你们能帮我们打退吐蕃，对你们也有好处。"

药葛罗见到郭子仪本人后早就没有了攻打唐朝的心思，于是郭子仪和药葛罗很快便立了盟誓，双方共同对付吐蕃。郭子仪单骑访回纥营的消息，传到吐蕃营里，吐蕃的将领们害怕唐军和回纥联合起来袭击他们，连夜带着大军撤走了。唐朝一场战乱就此化解。

文人宋廷芬的五个女儿同入唐宫成后妃

在中国历史上，将姐妹花纳入后宫的皇帝不在少数，但能够像唐德宗李适那样，将五姐妹全都纳入后宫的帝王，怕是只有他一个。

唐德宗李适是唐朝的第十个皇帝。其整个少年时代，都是在大唐帝国昌盛繁华的辉煌岁月中度过的。但好景不长，在李适十四岁那年，即天宝十四年（公元755年），大唐爆发了安史之乱，第二年长安失守，唐玄宗出逃蜀地，从此大唐帝国陷入了一场亘古少见的大动乱。在大唐帝国的盛衰变迁中，德宗和其他皇室成员一起饱尝了战乱和家国之痛，也亲身经历了战火的洗礼和考验。

大历十四年（公元779年）五月，唐代宗病逝于长安宫中。身为皇太子的李适，遵照父皇遗诏，在柩前即位，是为唐德宗。

这位饱经风霜的帝王，在即位之初，也想过发奋图强、中兴唐室，然而他并没有当皇帝的资质，也没有赶上好时候。那时的大唐，政治体系已如朽木般腐坏，"暮气日重"，即便李适再怎么力挽狂澜，实施革新，但依旧困难重重，在其执政期间，大小叛乱就从未停止过。当德宗的一番改革遭遇挫折后，他的雄心壮志也消磨殆尽。

当时，李适试图通过实行文治来治理国家，而就在这一想法还未付诸实践的时候，唐朝文学家宋廷芬的五个女儿，进入了他的视野。

要说这宋廷芬，饱受儒学浸润，文学造诣很深。有其父，必有其女，宋廷芬的五个女儿，个个貌美如花，才思也极为敏捷。这五个才貌双全的女儿，将心思都放在追求学问上，想凭借出色的文学造诣为家争光，甚至还为此发誓终身不嫁。

李适听闻五姐妹的大名后，便动了心，有心将这五姐妹纳入宫中。皇帝之命哪敢不从？因此，五姐妹即便再不情愿，最终还是进入了皇宫，同时成了李适的宠妃。

有人认为，李适将宋氏五姐妹同时纳入后宫，并无他意，只因好色。但有人认为，李适好色不假，但只是原因之一。因为李适素来爱才，尤其中意能文善诗的女子。将五姐妹纳入宫中，说明他珍爱她们的才华。

据史料记载，唐德宗李适经常与宋氏五姐妹探讨诗文，为将宋氏五姐妹与后宫的其他妃子区分开来，他别出心裁地称她们为"学士"。"学士"一般只有男子才能担任，而唐德宗把这五姐妹称作学士，足见他对五姐妹的才华是有多么欣赏。

为倡导文治，唐德宗经常和臣下诗酒唱和，而每当这时，五姐妹就会一起出现。唐德宗这样做，有两个目的，其一是让文学的粉饰功能继续发挥作用，其二是推广传统的礼乐教化，力图恢复大唐盛世。除了宋氏五姐妹，唐德宗还将其他一些有才华的女子也纳入宫中，比如鲍君徽，该女子之才不在宋氏五姐妹之下，因而也颇得唐德宗的赏识。

一时间，唐德宗后宫才女如云，文学气氛相当浓厚。尤其是宋氏五姐妹堪称五朵金花，成为当时唐朝宫廷一道靓丽的风景线。不过，唐德宗企图通过推动文学来提升政治并没有取得成功，毕竟当时的大唐帝国已经积重难返。当然，这并不能抹杀唐德宗为推动文学发展做出的贡献。

趣味链接 及时挽救唐朝命运的《罪己大赦诏》

罪己诏是古代的帝王在朝廷出现问题、国家遭受天灾、政权处于安危时，自省或检讨自己过失、过错发出的一种口谕或文书。它通常在三种情况下出现：一是君臣错位，二是天灾造成灾难，三是政权危难之时。用意都是自责，只是情节轻重有别。

李适亲政之初，想通过削藩来加强中央集权。但由于操之过急，激起了幽州、恒州、魏州、青州四个藩镇的联合起兵，宣布脱离朝廷。为剿灭藩镇势力，重建中央王权权威，李适决定举兵平叛。然而他又吝惜财钱，不给为其卖命的军队增加抚恤，遂致使将士兵变。

兵变发生后，李适急令打开府库拿出二十车金银财宝犒劳将士，但“君恩”来迟，兵变已无力制止。泾原之师迅速占领长安，李适只得仓皇出逃，国家再次陷入内乱之中。这一事件对唐德宗李适可谓致命一击。李适在奔逃梁州（今汉中地区）之时，再次历经逃亡之苦，所幸幡然醒悟，接受了翰林大学士陆贽的建议，颁布了《罪己大赦诏》。

最终，李适凭借《罪己大赦诏》重获天下支持，解除了国家再次大乱的危局，避免了唐朝四分五裂的局面。

唐代公主为什么最难嫁

出生于名门望族的士大夫，为什么不愿意娶唐朝公主为妻？唐朝公主为什么最难嫁？这种反常的现象，不仅引起了广大史学家的关注，甚至还引起了后世普通民众的种种猜测。为了弄清这种反常现象背后的真实原因，史学家们可谓煞费苦心。

第一种观点认为，这是门第观念使然。唐朝时，门第观念在社会上十分流行。然而，流行于士大夫之中所谓好的门第，并非像一般普通百姓所指的拥有显赫的权位，而是指具有优良的家族文化传统、家法门风以及令人钦羡的婚姻关系。按照这一标准来加以判断，李唐皇室尽管拥有显赫的权位，但在家族文化传统以及家法门风上，出身于胡夷的李唐皇室成员，根本无法与中原豪门望族相提并论。这些出身豪门望族的士大夫，看不起皇室的门第，鄙视皇室的文化传统以及家法门风，因此不愿意与皇室公主结婚。而且唐朝公主改嫁频率过高。据《新唐书》统计，唐代改嫁的公主多达二十六人，其中定安公主、齐国公主更是三嫁。再加上太宗纳弟媳杨氏为妇，高宗以父亲宫中的才人武媚娘为皇后，玄宗强占儿媳杨玉环，武则天公开招面首，都已经是广泛流传于士大夫中的不争事实，更加引起了士大夫对皇室的不满，因此，其不愿意娶唐朝的公主也是情有可原。

第二种观点认为，这与唐朝服丧之礼的规定有关。根据《新唐书》卷二十《礼乐十》记载，妻死，夫必须服“齐衰杖周”之礼，也就是居丧持杖周年。但是如果妻子是公主，那么丈夫就必须为之服斩衰三年。唐人所写的《杜悰传》有关于驸马杜悰为公主服丧的记载：“开成初，杜悰入为工部尚书、判度支。属岐阳公主薨，久而未谢。文宗怪之，问左右。户部侍郎李珏对曰：‘近日驸马为公主服斩衰三年，所以士族之家不愿为国戚者，半为此也。’”由此可见，唐初所规定的这种服丧制度，是士大夫不愿意娶唐朝公主为妻的主要原因之一。

第三种观点认为，这是因为公主本身缺少涵养，在社会上造成了极其恶劣的影响。相较于其他朝代而言，唐朝时期的公主相对缺乏修养是一个不争的事实。据史料记载，唐朝公主“豪侈、骄纵者有之，专横、淫荡者有之，妒悍、残暴者也有之”，这在历朝历代确实是一个比较特殊的现象。尤其是太平公主和安乐公主二人豪侈浪费、生活奢华、贪淫放纵、卖官鬻爵、干预朝政、排斥异己的恶行，更是广泛流传于士大夫中。在这种情况下，出身于名门望族的士大夫，对唐朝的公主避之不及，更不用说将她们娶回家了。

尽管还有其他足以影响士大夫不愿意娶唐朝公主为妻的原因，但是史学界所提出的以上几种观点，还是具有一定参考价值的。

趣味链接 太平公主的一生并不太平

太平公主是唐高宗李治与武则天的小女儿，唐中宗和唐睿宗的胞妹，极受父母兄长的宠爱，权倾一时，被称为“几乎拥有天下的公主”。

然而，太平公主的一生并不太平，她的血管里流动着她母亲的血液。从小，她骄横放纵，长大后更加凶狠毒辣。她野心勃勃地觊觎着高高在上的皇位，梦想能像武则天一样登上御座，君临天下。

当她联合李隆基铲除韦氏后，政治野心更加膨胀，不仅积极培植党羽，还不断逼迫睿宗改立太子。睿宗试图说服她，但太平公主依旧不肯罢休。面对太平公主咄咄逼人的攻势，李隆基先发制人，命郭元振、李范、李业等人引兵入宫，斩杀了宰相常元楷和李慈，控制了羽林军。太平公主发现形势不妙，连夜逃至圣善寺，三日后返回家中，最终被李隆基逼死。

后梁太祖强娶儿媳引兵变

后梁太祖朱温的荒淫生活，让他遗臭万年。当他妻子在世时，朱温对妻子言听计从。朱温妻子不幸病故后，朱温没有了约束，便放胆纵情声色。他喜新厌旧，今天宠爱这个，明天又喜欢那个。只要娇媚有姿色，便来者不拒，多多益善。

不久后，朱温被死敌李克用的儿子李存勖打败，回师的路上生了病。到西都洛阳后，住在大臣张全义家的会节园里避暑，前后有十多日。张家的妻妾都被他召去侍寝，淫乱终日，毫不顾惜君臣之礼。就连张全义半老徐娘的继妻储氏，也被他召来强与交欢。张全义的儿子愤恨至极，持刀要与朱温拼命，被张全义死死拉住，说不要忘了昔日朱温对他全家的救命之恩。为了高官厚禄，屈辱至此，张全义的隐忍算是到了极点。

朱温特别让人不齿的是荒淫到了乱伦的程度。朱友文是朱温的养子，其妻王氏姿色出众，美艳无双，朱温尤为喜欢。当朱友文外出征战时，朱温便将儿媳王氏召入宫中，名为侍病，实为侍寝与之乱伦。让人吃惊的是，王氏不仅不推辞，反而极力逢迎，不过更让人吃惊的是，朱友文对父亲乱伦的行为不但不愤恨，反而毫不知耻地利用妻子在父亲床前争宠，以讨好朱温，求得将来能继承皇位。如此一来，就更加助长了朱温召纳其他儿媳的淫心。朱温父子的淫乱行径，在历史上恐怕是独一无二了。

为满足自己的淫欲，朱温曾在枕席之间答应王氏，将来传位给朱友文。这话一传出，就引来了朱温亲生儿子朱友珪的不满。而朱友珪的妻子张贞娘，为了丈夫的前途，更是不惜献身。她常常侍奉朱温左右，随时监视着年老多病的朱温的一举一动。

后来，朱温病情加重，就告诉王氏通知朱友文前来见他，以委托后事。朱友珪的妻子张贞娘知道后，赶紧密告朱友珪说："大家（指朱温）已将传国之宝交给王氏。我们就快完了。"

朱友珪得到消息后，立刻利用自己掌握的宫廷宿卫侍从，并联合亲信韩勍所部牙兵，乘夜杀入宫中，发动了政变。他们突然冲进朱温寝宫，左右侍从早就怨恨朱温荒淫暴虐，都纷纷逃散，只剩朱温孤身一人。朱温揭开帐子，见是朱友珪带兵杀入，破口大骂说："我早就怀疑你有反叛之心，后悔没有早下手杀了你！你这罪恶的逆子，竟要弑父，你忍心吗？天地难道会容你吗？"朱友珪也瞪眼对骂道："你这乱伦的老畜生，早就应当被碎尸万段了！"

这时，朱友珪的随从冯廷锷挺剑扑向床边，朱温慌忙下床绕着屋柱躲闪。冯廷锷连劈三剑，都被朱温躲过，剑锋砍入柱子中。朱温正患着病，经几次躲闪已经头昏眼花，支持不住，颓然跌倒在床上。冯廷锷抢上一步，一剑从朱温腹中刺入，剑锋从背部伸出，朱温一命呜呼。

作为五代时期的第一个皇帝，朱温起家于乱世。他在乡里被人视为不务正业的混混。从军之后，发挥了悍勇的长处，步步高升。其狡诈多疑的性格，虽不为邻里称道，但在战乱中却能助他取得一次次胜利。随着地位的升高，也因为生存的需要，他扫除了一个个强劲的对手，最后将唐朝皇帝一脚踢开，自己登基，以为可以安然无恙了，没想到最安全的帝王寝宫，却成了最危险的屠宰场，更没想到的是，奸狠的自己也有奸狠的儿子，最后自己命丧亲子之手。

趣味链接 朱温令人费解的情爱之谜

朱温从小不喜耕田，专喜打猎，常常带着弓箭到深山里猎取一些山鸡野兔。有一次，朱温和二哥朱存去宋州郊外打猎，遇到了到龙元寺进香还愿的富家少女张氏。张氏是宋州刺史张蕤的女儿，温柔美丽。朱温对张氏一见倾心，而朱存却讥笑他癞蛤蟆想吃天鹅肉，自不量力。参加黄巢起义军后，其他农民军将领，任意将掳来的良家女子作为妻房，而朱温一直念念不忘张氏。后来朱温升任为同州防御史，那时张氏因父母双亡，孤女无法生存于乱世，已经沦落为难民，流落到同州。朱温认出张氏后，不仅欣喜若狂，而且趁机嘘寒问暖，提出要娶张氏为妻。张氏正处在家破人亡、流离失所的境地，又见到朱温对她一片真情，自然不会拒绝。过了几天，朱温大张旗鼓地娶张氏为妻，朱温身穿官服，张氏珠围翠绕，在红烛高烧的大厅上交拜如仪，一时传为奇谈。

遭伶人掌掴，李存勖沦为千古笑柄

李存勖是李克用的长子，唐僖宗光启元年（公元885年）十月出生在太原，李克用死后，李存勖继位为晋王。李克用临终前留给他三支箭，让他向梁国等国复仇。李存勖刚继位，上党就被后梁围住了。李存勖召集诸将，将上党的重要性告诉大家，还说誓死也要保住这个地方。于是，李存勖立即率军从晋阳出发，趁大雾突袭梁军，大获全胜，一举安定了河东局势，并在高邑打败了朱温亲自统率的五十万大军。接着，他攻破燕地，将卢龙节度使刘仁恭活捉回太原。九年后，他又大破契丹兵，将耶律阿保机赶回北方。此后，他息兵行赏，任用贤才，惩治贪官恶吏，宽刑减赋，河东很快大治。后来李存勖又与朱梁王朝在高邑决战，打败了后梁军。经过十多年的交战，后梁龙德三年（公元 923 年），李存勖基本上完成了父亲要他统一北方的遗命，四月，在魏州称帝，国号为唐，不久迁都洛阳，年号“同光”，史称后唐。

李存勖通音律，能作曲，喜欢歌舞，常常自己作词作曲，让伶人来舞蹈演唱。李存勖在战场上出生入死，不惜生命，是员勇将；但是在政治上，却是一个昏庸无知的蠢人。称帝后，他认为父仇已报，中原已定，不再进取，开始享乐。他自幼喜欢看戏、演戏，即位后，常常面涂粉墨，穿上戏装，登台表演，不理朝政，整天与伶人化装唱戏，亲自扮演角色，并自号“李天下”。一次唱戏时，连喊两声“李天下！李天下！”被一伶人上去扇了耳光。李存勖问为什么打他，伶人说：“李（理）天下只有一个，为什么你连喊两声！”李存勖听了，不仅没有责罚伶人，反而予以赏赐。伶人受到皇帝宠幸，可以自由出入宫中和皇帝打闹，侮辱戏弄朝臣，群臣敢怒而不敢言。有的朝官和藩镇为了求他们在皇帝面前美言几句，争着送礼巴结。李存勖还用伶人做耳目，去刺探群臣的言行，置身经百战的将士于不顾，而去封赏无寸功的伶人当刺史。此外，李存勖还下令召集在各地的原唐宫太监，把他们当作心腹，担任宫中各执事和诸镇的监军。将领们受到宦官的监视、侮辱，读书人也断了晋升之路。同时，李存勖又派伶人、宦官抢民女入宫，有一次，竟抢了驻守魏州将士们的妻女一千多人，搞得众叛亲离，怨声四起。同光三年（公元 925 年），天下大乱，李存勖在混乱中中箭而亡，帝位被李嗣源（李克用养子）夺去。

趣味链接 李存勖赏戏子

李存勖刚登基不久，就有一个名叫周匝的戏子来找他，向他索要赏赐。周匝信誓旦旦地说：“要不是我周匝兄弟救了你一命，你恐怕早就见阎王了。”此话一出，李存勖便当场封戏子周匝为刺史，别的大臣看不过去了，上前劝阻：“陛下刚打下江山，功臣还没封赏，就先封了戏子，说不过去吧。”但李存勖根本不听劝谏，一意孤行。次年，李皇帝更是不顾众人反对，硬要给周匝兄弟加官，别人劝他，他说：“我早就答应了人家，现在见人家都不好意思了。”

后蜀皇帝的七宝溺器

孟昶初名仁赞，字保元，祖籍邢州龙岗（今河北邢台沙河孟石岗），出生于晋阳城（今山西太原西南），是五代后蜀高祖孟知祥第三子。他是后蜀末代皇帝，在位三十一年，死时四十七岁。孟昶即位之初，曾励精图治，衣着朴素，兴修水利，实行“与民休息”政策。但是在位后期，他沉湎酒色，不思国政，生活荒淫，奢侈无度，连夜壶都用珍宝制成，称为七宝溺器。朝政十分腐败，后蜀之所以灭亡也就没什么可惜的了。

孟昶的夜壶之所以称为七宝溺器，是因为上面镶嵌着七种珍玉宝石，连夜壶都这样奢侈，可以想象其他的物品会是怎样地豪奢。

几年后，宋军在大将王全斌的指挥下，以两路伐后蜀，蜀军与宋军在剑门关外进行一场大战，蜀军全军覆没，后蜀精兵被全歼，灭亡之势已不可避免。宋军包围成都府，孟昶投降，后蜀灭亡。孟昶被俘后，被封为检校太师兼中书令、秦国公，居住在汴京，不久郁郁而终。

趣味链接 春联是孟昶发明的吗

按照蜀地风俗，每岁岁除（年尾）时都要由有学问的读书人写两句吉祥话，刻在桃木制成的桃符上，一来可以避邪，二来也可表达喜庆的气氛。后蜀后主广政元年（公元938年）的春节，后蜀皇宫中也是一派喜气洋洋的景象。奉诏前来的翰林学士幸寅逊像以往一样，提起笔来，提提点点写了几幅桃符，什么“一元初始，万象更新”“过往诸神，佑我大蜀”……他以为这是一项不需要动什么脑筋的工作，所以，只是因循老套，故调重弹。幸寅逊写完之后，孟昶却说对仗不工整。于是他提笔在手，沉思了片刻，随手写出“新年纳余庆，嘉节号长春”十个大字。从此以后就形成了对仗工整的春联，也形成了家家户户贴春联的风俗。

马希声视鸡汤如命

马希声，字若讷，五代十国时期南楚的君主，是楚王马殷的次子。

马希声的父亲马殷称楚王后，任他判内外军事，掌兵权。那时楚国谋臣高郁对马殷忠心耿耿，但南平国君季兴却很恨高郁，派人行反间计。马殷不听，马希声则轻信谣言，以为高郁今后会谋反，因而削夺了他的兵权。高郁愤懑，声称要隐居以避祸。马希声马上假造父王的命令杀死了高郁。马殷知道后，大哭说：“我已经老了，政非己出，致使功臣惨遭横死。”可见马希声这时已经掌握了朝政实权。马殷于后唐长兴元年（公元930年）病逝后，长子马希振慑于马希声的权势，把王位让给了他。他便于同月袭位，并被后唐授为武安、静江节度使，用后唐年号。

按照礼节，父死，儿子要为其服孝三年，至少民间是如此。君王们因为身系一国的安危，不能停止理政达三年之久，但是按照常规至少也应该在父母死后到出殡之前的这段时间尽人子之孝。在这些礼节中，最重要的是茹素。但马希声在服丧期间不但一点都没有哀伤的表情，而且马殷要下葬时，还吃了好几盘鸡肉。马希声为何哪些酷爱鸡肉呢?

说来可笑，这是一种东施效颦的行为。从童年时代起，马希声就崇拜一个人，这个人就是梁太祖朱温。他的崇拜简直到了狂热的程度，只是由于崇拜者对被崇拜者的理解十分肤浅，所以只是学其皮毛，没有得其精髓。马希声听人说朱温好吃鸡，而且每顿饭都离不开鸡，觉得这一点最可学，也最好学。他头脑一热，说："梁太祖有什么了不起，我要超过他还不易如反掌！"

其左右侍从有些糊涂。他们知道，梁太祖虽然"没有什么了不起"，但能够代唐自立，能够使包括老楚王马殷在内的一大批手握重兵的地方实力派臣服。因而，没有一个人附和马希声。沉默了片刻，一个佞臣试探着问他是什么意思。

马希声说梁太祖不是每天都能吃好几只鸡吗? 我一天吃五十只鸡，你们看是不是比他厉害。大家都随声附和。只是大家心里边都有一个问题，不知道那五十只鸡怎么能被马希声吃进肚里去?

这些鸡他是怎么"吃"下去的呢? 确切地说是"喝"下去的。马希声也是人，要叫他一天吞下五十只鸡的鸡肉，恐怕再给他生出几副肠胃，也无济于事。但既然在众人面前夸下海口，马希声就要予以实施。思来想去，他有了个主意，将五十只鸡宰好，收拾干净，放到一个大锅中去煮，少添汤，多加柴，喝炖好了的汤。这样，五十只鸡虽然吃不下，五十只鸡炖的汤却可以毫不费力地喝下去。虽然吃与喝有很大区别，但毕竟一天可以处理掉五十只鸡，马希声也算是"超过"了梁太祖。

趣味链接 马希声之死

马希声继位后，他治理的楚国连年大旱，庄稼颗粒无收，他很着急，就去各处神庙祈祷，可貌似天怒人怨，天上的神仙也不愿帮他，就是不下雨。马希声一怒之下，与神灵较起劲来，下令把南岳司天王庙和他所管的境内所有的庙都封了。连他的长兄马希振都看不下去了，到宫里劝他不要这样做。

马希声见是大哥来了，就设宴款待他。喝到半夜，两人酩酊大醉，马希振起身出宫，刚走出大门口，忽然听到里面人声喧哗，连忙回身进去看，但见马希声头朝下倒栽在台阶下，身上的衣服也没有了，脑袋已经碎了。

真命天子和挂角将军

大唐末年，在江汉交会的水域，聚集着一群以打鱼为生的渔民。他们以船为家，长年在水上讨生活。其中有一对赵氏老夫妇，年近六旬，只有一女正当二八之年。虽然随同二老在水上漂泊，但女儿心芯和侍女兔儿在单独的船上安居，也像岸上的大家闺秀一样，深居简出，平日里人们难得见其一面。

赵老汉六十岁生日这天，女儿出来拜寿，大家却发现她已经怀孕几个月了，赵老汉大怒，心芯知道再也无法掩盖下去了，于是将数月来，夜夜与一男子私会的事说了，可她却说不出男子姓甚名谁，家住何方。心芯将一个装着十几只珠子的盒子交与老爷，说都是男子送给她的。赵老汉仔细研究着女儿心芯交给他的珠子，看这些珠子虽说就是蚌珠，可他在水上讨了大半辈子生活，从没见过这样又大又圆又晶莹剔透的，此珠只在非人力所能到达的深水里才有。赵老汉越想越觉得女儿怀孕一事非同寻常。

在一个晴朗的夜晚，老汉用女儿引出那个男子，男子出现的瞬间，四面八方的灯笼火把亮起，无数条渔船把那男子包围在江心，渔船上的人个个手握钢叉。只见那男子钻入水中，立刻就有几十只桶对着水面倒个底朝天，大量的狗血漂浮在江面上。据说这东西能辟邪，使精怪之类不能变化逃遁。果然，那条黑影在包围圈里乱窜，人们钢叉标枪齐上，黑影发出一声长长的哀号，没了动静，人们将黑影拖上船来一看，竟是一只水獭大猫，足有丈余长，浑身透黑发亮，众人便将那水獭大猫煮了吃了。等到外面都安静了下来，心芯和侍女悄悄地摸到船板上，细心地将大猫骨头收了起来。

后来赵心芯十月怀胎，生下个儿子叫赵灵儿。这灵儿，从两岁起落入江中就淹不死，水性好得很，在水下小半天不用上来换气，游行比鱼儿还快。在江里逮鱼，全靠一双小手，娘俩的生活全靠小灵儿在水里逮些鱼换来柴米维持。灵儿在江中，经常能碰到一条细长的大鱼，那大鱼头上有角有须，并不伤害灵儿，只是与他玩耍。

话说在汉水河边有一老太太已经七十几岁，灵儿跟她说自己常遇到一条大鱼的事，老太太可谓见多识广，她对灵儿说那大鱼其实是龙。所以，灵儿临走时，老太太千叮万嘱要灵儿下水见到那条大鱼时再验证一下。第二天，当灵儿在水里再次遇着那条大鱼时，认真观察发现果真是大龙。灵儿再次来见老太，老远就喊："老太太，还真是的，那大鱼真是一条龙呢！"老太太亲热地把灵儿揽入怀中，拉着灵儿的手，让他帮忙把一个包袱放进龙的嘴里，回家后，他的母亲听说了此事觉得很是蹊跷，便让他把他父亲的骨头也放进去。

第二天，灵儿拿着两个包袱就下水了。在水里没费多大工夫就找到了那条大鱼，他解下妈妈给的自家包袱轻松塞进了大鱼的嘴里。可是当灵儿再从身上解下老太的包袱，那大鱼已紧紧闭上了嘴，再怎么使劲也扳不开。大鱼把头甩来甩去要走了，灵儿急坏了，就把包袱缠在大鱼头上的角上。当灵儿把全部经过对老太细说了一遍，老太一声长叹道："这都是天数啊，你赵家会出真命天子，而我杨家只能出挂角将军喽！"

历史印证了这句话，不久以后，赵氏家族便建立起了大宋皇朝，而杨家连出了七个儿子，个个都是对大宋皇室忠心耿耿的将军，成就了一段历史佳话。

趣味链接 杨家将

挂角将军的传说指的是后来帮助大宋建功立业的杨家将。杨家将是指杨氏一门，父亲杨继业，原名杨业，曾领八千火山军挂帅扫北，掌一口九环金锋定宋宝刀横扫雁门，威震北国。杨继业每临阵，必举红令字旗为号，军中习称为"金刀令公杨无敌"。令公领兵直攻到辽国都城幽州，逼得辽主天庆梁王耶律尚纳降称臣，从此宋辽两国便以白沟为界南北分疆，暂止兵戈。杨继业因功授爵火山王，位列开国九王之一，杨氏一门有五人封侯，皇帝赐给杨家清风无佞府，滴水天波楼，楼上供奉着当年太祖赵匡胤的玉带和御批金书铁券，铁券记杨门救驾九功，可免杨门子弟九死之罪；又在府前设石碑玉坊，着令满朝文武百官至此必须下马通过。自此，天波杨府在东京汴梁城名重誉满。

宋元——文盛武衰、元朝来去

一文钱难倒赵匡胤

赵匡胤年少从军，当他还是一名武将时，就已名扬四海、威震八方。可是，这样一个英雄好汉，曾因一文钱被逼得就地打滚。这究竟是怎么回事呢？

有一次，赵匡胤领兵打仗，因寡不敌众，吃了败仗。他单枪匹马冲出重围，疾驰一段路程，只觉得又饥又渴。就在饿得快要晕过去的时候，他发现了一个西瓜棚。棚子前是满地的大西瓜，他翻身下马，来到瓜棚旁边，正要开口买瓜时，一摸口袋，竟连一文钱也没有。怎么办呢？继续赶路，怕是再也支撑不住了；说没钱吧，又觉有失身份。想来想去，最后他想了一个混账的办法：吃霸王瓜。主意打定，他走进瓜棚，只见瓜棚下坐着一位胡须雪白、面容慈祥的看瓜老人。

赵匡胤粗声粗气地说："老头子，拿瓜来吃！"看瓜老人急忙站起来笑着说："军爷请坐，我去给您挑瓜。"老人说着挑了一个大西瓜，抱到赵匡胤面前，说："军爷，请吃吧！"赵匡胤虽然口渴，但是顾及自己身份，硬是让老人给他过秤，最后这个大西瓜足有十斤。然后，老头用刀切开西瓜送到赵匡胤面前，他也不客气，十斤西瓜不一会儿就吃完了。他用手抹了抹嘴，对老人说："这瓜多少钱一斤？"边说边在心里合计：他就是说个公道价钱，也要说他瓜贵，吓唬吓唬他便走。卖瓜的老人看出了他的用心，笑着说："军爷，这是我自己种的瓜，过路人口渴了吃个瓜，从来是不要钱的。"

"胡说！你是有意小看人，难道我给不起你的瓜钱吗？"赵匡胤说着还故意拍了拍自己的口袋。"如果军爷真的过意不去，那就按别人吃瓜的价钱，一文钱十斤吧。"老人慢慢说了一句。

这下可把赵匡胤给难住了。人家不要钱，自己硬要给；价钱虽极便宜，可自己身无分文，这该怎么办呢？卖瓜的老人不紧不慢地在等着接钱。赵匡胤服软了，走上前去哀求道："老伯伯，我忘了带钱，你有什么活我来帮你干，顶瓜钱好吗？"

卖瓜老人轻蔑地瞟了他一眼，说："年轻人，你一来我就看出你饥渴难忍，而又空无一文。可你又装腔作势，出言不逊。如果你真有悔改之意，就请你在地上打个滚儿顶瓜钱吧！"

赵匡胤无奈，只好在地上打了个滚儿，满脸通红地上了马。一路上，他不住地长叹："哎，真是一文钱难倒英雄汉哪！"

赵匡胤黄袍加身处

趣味链接 黄袍加身

赵匡胤任后周朝禁军军官，周世宗时官至殿前都点检。周世宗柴荣死后，恭帝即位。建隆元年（公元960年），他以"镇定二州"的名义，谎报契丹联合北汉大举南侵，领兵出征，发动陈桥兵变，黄袍加身，代周称帝，建立宋朝，定都河南开封，在位十六年。他在位期间，加强中央集权，提倡文人政治，开创了中国的文治盛世，是一位英明仁慈的皇帝，是推动历史发展的杰出人物。在民间流传着许多关于他的传说故事。

宋太宗赵光义街头惩治恶霸

宋太宗赵光义当政之初，汴梁城街头有不少恶霸，他们经常欺行霸市，百姓受了不少苦。一次，有一个恶丐到一个富人家去乞讨，可没有要到钱。于是，他就大吵大嚷，骂不绝口，结果引得看热闹的人是里三层外三层的。大家虽都感到愤愤不平，但没有人敢站出来说句公道话。这时，有个军尉怒不可遏，从人群里跳出来，用刀刺死了乞丐，然后把刀丢到地上就走了。众人见他凶猛，也没有人敢去追拿。

后来，街上的士卒就把这件事报告给了官府，可官府没有抓到杀人凶手，就判定是那个富人犯了杀人罪，还把那把刀作为证据。当时规定，凡是判定死刑的按例都要上报朝廷，所以这件案子也就报给了太宗。宋太宗按例讯问死囚，说：“你认罪吗？”那人说：“我认了。”宋太宗接着就要来杀人的刀仔细察看，然后拿到内室，对以前的主审官说：“这把是我的刀，那天也是我杀的人，为什么要冤枉好人呢？由此可知，在重刑之下，无辜的百姓怎么能保护自己呢？只好含冤招供服法。所以说，冤狱也不一定只出在乱世。”原来，那天太宗穿了军尉的衣服正在汴梁城里私访民情，却看到远处有大群的百姓围观，所以觉得好奇，就走过去查看。后来，就发生了上述那一幕。于是，他下令释放那个富人，并告诫官员，今后判案千万要慎重，切勿乱来。

趣味链接 烛影斧声——赵光义登基之谜

宋开宝九年（公元976年）十月十九日夜，赵匡胤病重，宋皇后派亲信王继恩召第四子赵德芳进宫，以便安排后事。宋太祖二弟赵光义早已窥伺帝位，收买王继恩为心腹。当他得知太祖病重，即与亲信程德玄在晋王府通宵等待消息。王继恩奉诏后并未去召太祖的第四子赵德芳，而是直接去通知赵光义。光义立即进宫，入宫后不等通报径自进入太祖的寝殿。王继恩回宫，宋皇后即问：“德芳来耶？”王继恩却说：“晋王至矣。”宋皇后见赵光义已到，大吃一惊！知道事有变故，而且已经无法挽回，只得以对皇帝称呼之一的“官家”称呼赵光义，乞求道：“吾母子之命，皆托于官家。”赵光义答道：“共保富贵，勿忧也！”

史载，赵光义进入宋太祖寝殿后，宫人遥见烛影下晋王时或离席，并听到“柱斧戳地”之声，赵匡胤随后去世。二十一日晨，赵光义就在灵柩前即位，改元太平兴国。这个事件由于没有第三人在场，因此一直以来都有赵光义弑兄登基的传说，但是无法证实，成了千古疑案。

倾倒两帝王的花蕊夫人死亡之谜

花蕊夫人是五代时期后蜀君主孟昶的妃子，据传，花蕊夫人不仅貌若天仙，而且聪明贤淑，擅长诗词，是中国古代罕见的才貌双全的后妃。

不过迄今为止，关于花蕊夫人的死，仍然是一个未解之谜，无论是在历史学界还是民间传说都有不同的版本。有人认为，她是被赵匡胤的弟弟赵光义射杀而死；也有人认为，她是被宋皇后毒杀而死；还有人认为，她是失宠后忧郁过度而死。那么，花蕊夫人究竟是怎么死的呢？这就要从后蜀亡国开始说起了。

当年，后蜀末帝孟昶治国无方，导致后蜀在宋太祖赵匡胤发动的征战中不堪一击，溃败而亡。自古亡国之君命运不济，孟昶成为宋朝的阶下囚，花蕊夫人自然难逃此劫，也被押解回宋。宋太祖对花蕊夫人早有耳闻，当花蕊夫人安全抵宋后，宋太祖便急忙令人带她上殿觐见。宋太祖见的美女可多了，但有才气的女人，倒真没遇见几个。所以，初次见面，他想考验考验花蕊夫人，看她是不是像传言中的那般具有才气。

即兴作诗，这是宋太祖抛给花蕊夫人的难题。但是，花蕊夫人只是沉思了几秒钟，便脱口吟出："君王城上竖降旗，妾在深宫哪得知？十四万军齐解甲，更无一个是男儿！"如此凛然的诗句竟然出自一位美人之口，实属难得。宋太祖大喜之余，痛快地将花蕊夫人封为贵妃，不过，说宋太祖硬生生地将花蕊夫人给霸占了，也并不为过。

据传，花蕊夫人入宫不久，宋太祖的弟弟赵光义就想要杀了她。因为赵光义非常担心哥哥会像以往皇帝一样，沉迷美色而耽误了政事。一日，赵匡胤率亲王和若干嫔妃宴射于后苑，大家玩得甚是开心。但赵光义却始终滴酒不沾，正襟危坐。宋太祖举起酒杯劝他喝几杯，而赵光义却以花蕊夫人为其折花作为条件，赵匡胤这时也犯了糊涂，居然答应了他。就在花蕊夫人折花之时，赵光义突然引弓将其射死，随后抱着赵匡胤的腿请求他原谅，并一再说明自己是为江山社稷着想。既然爱妃已死，而赵光义又是自己的弟弟，所以赵匡胤只能作罢。

若上述说法属实，那么赵光义还算是一个以社稷为重的铁血男儿。然而，事实果真如此吗？从赵光义后来对南唐李煜小周后的贪婪和强占来看，他非但不是铁血男儿，而且还是一个好色、品行低下之人，又有何资格用杀死花蕊夫人的"义举"，来彰显他为江山社稷着想呢？所以赵光义射杀花蕊夫人只可能有一种解释：他本人非常爱慕花蕊夫人，想占有却不能，所以只有将其杀死才能解恨。

关于花蕊夫人的死，在蔡东藩的《宋史演义》和李逸候的《宋宫十八朝演义》中却有不同的说法。蔡东藩在《宋史演义》第九回说花蕊夫人进宫没多久，赵匡胤又迷恋上了出身名门的宋氏，并将宋氏册立为皇后，这给花蕊夫人的精神带来了沉重的打击。亡国的痛苦加上失宠于皇帝，使得花蕊夫人忧郁成疾，很快便玉殒香消。而李逸候在他的《宋宫十八朝演义》中却说花蕊夫人是被宋皇后毒死的。

究竟哪种说法是真，至今未有结论。不过后两种观点很经不起推敲。即便花蕊夫人真受到宋太祖赵匡胤的冷落，也绝不会郁郁而终，一来她已经历了亡夫之痛，不可能因为受到冷落而郁郁寡欢；二来她根本不喜欢赵匡胤，即便受到冷落，也不会受到沉重的打击。至于《宋宫十八朝演义》中记载花蕊夫人是被宋皇后所毒杀就更不可能了。宋皇后性格温顺善良，再加上已经被封为皇后，花蕊夫人也没有威胁到她的皇后身份，她根本没有毒杀花蕊夫人的理由。因此，花蕊夫人很有可能是被赵光义所杀。

趣味链接 送子娘娘

花蕊夫人虽然得宠，可内心仍然对孟昶念念不忘，甚至在私下时常供奉祭祀其画像。一次花蕊夫人正在祭祀孟昶画像时，宋太祖突然进来撞见，花蕊夫人只能谎称是为求子，供奉张神仙。太祖竟不识其画像为谁，信以为真，并且该画像后来还流传民间，众人都将其视作求子之神。至晚清时，人们把“张神仙”男身像改换成花蕊女身像，花蕊夫人因此被人们尊为送子娘娘。

宋真宗年间的“天书”闹剧

封建社会，统治者为了达到自己的某种目的，总是能想出各种各样的“招数”，来蒙混过关，群臣或是看出皇帝的心思，闭口不言，或是封建迷信太过严重，真的相信这些。北宋皇帝好像都有这样的“传统”，开国皇帝赵匡胤黄袍加身、杯酒释兵权被传为奇谈。宋真宗赵恒也做过这样的事，但是他当然比不了赵匡胤。他知道人们都比较迷信一些神仙显灵的故事，所以导演了一出“天书”闹剧。

事情还得从“澶渊之盟”说起。北宋景德元年（公元 1004 年），辽军入侵宋境，宋真宗亲至澶州督战。总体战况对宋不利，双方于十二月初达成停战协议，史称“澶渊之盟”。对于国家尊严来说，这算得上一个耻辱。宋真宗每每念及此事，都会闷闷不乐，毕竟贵为一国之君，屈居人下，换作任何人都会觉得不舒服。宋真宗继位十年以来，国家形势一片大好，全国人口比之前多增五十五万户，财税收入增加三百四十六万贯，与五代相比，简直可以说是政通人和，国泰民安。可是澶渊之盟，如同悬梁之剑，时时刻刻提醒着宋真宗丧权之辱。皇帝的忧虑，也是臣子的忧虑，所以，这时候右丞相王钦若提了一条建议。

王钦若的建议，第一个是大动兵戈，和辽国决一死战，将辽国踩在脚下。但是这条建议，宋真宗并不采纳，他说："河朔生灵，始得休息，朕又何忍复驱于死地？"这就是皇帝的聪明之处，能把对自己不利的情况，说得天花乱坠。其实真实的情况是，宋真宗即使真和辽国交战，也不一定能够获得好处。所以，他退而求其次，以自己体恤士兵百姓为由，给自己找台阶下。

他进而又问王钦若："爱卿有没有更好的法子？"王钦若一想，主战不行，宋真宗的政治野心又想达到，那只有封禅泰山了，对外彰显大宋仁爱，对内则显示皇帝威武。可是又有了一个难题，历来想要封禅泰山，要达到三个条件：其一，建立大一统王朝；其二，在位期间政绩卓著，国富民强；其三，必须天降祥瑞。

前两条，宋真宗勉强达到，可是第三条天降祥瑞，别说是他统治时期，就是宋朝建立到现在，也没有降临过一次。所以这一点难住了宋真宗，王钦若知道皇帝所想，历来天降祥瑞这样的事，少有天力，多是人为，这话说到了宋真宗心坎上，于是，君臣二人开始"密谋"如何完美地制造一次祥瑞降临。

在这个过程中，他们的计划遭到了左丞相王旦的反对，他认为宋真宗不宜劳民伤财，而获得自己的虚名。为了安抚王旦，宋真宗开历史先河：向自己的丞相行贿，以一坛珍珠代替美酒，偷梁换柱，王旦勉强同意了这件事。没人反对之后，计划就开始实行，而且，这时天公作美，降下瑞雪，第二年春节刚过，宋真宗诏令群臣，说自己在似睡非睡之间，看到一个金色神人，那神人对自己说让他马上建立道场，来年一月，上天会降天书。众人四处搜寻，果然在承天门屋南角，发现了一个黄色包裹。群臣议论纷纷，于是，在宋真宗的带领下，君臣来到承天门，看到屋角处有一个包裹，取下之后，发现里面写着："赵受命，兴于宋；居其器，守于正；世七百，九九定……"左右丞相对视一眼，知道这是皇帝的计划，于是带头下拜，一时之间，所有大臣都认为神灵显圣，大呼万岁。有了这些铺垫，宋真宗终于封禅成功。

天书出现时间为北宋大中祥符元年（公元 1008 年），到北宋靖康元年（公元 1126 年），北宋就被金朝灭了，前后历时才一百一十九年，如果宋真宗地下有知，可能也会说："金色神人欺朕也。"

趣味链接 封禅泰山的十二位皇帝

史书记载，从秦始皇开始，之后秦二世、汉武帝、汉光武帝、汉章帝、汉安帝、隋文帝、唐高宗、唐玄宗、宋真宗、清圣祖、清高宗共十二位帝王，都曾到泰山登封告祭、刻石记功。其中汉武帝七次东巡登封。中国历史上最后一次封禅泰山的皇帝是宋真宗，元明以后改为祭祀。清乾隆十一次朝拜泰山，六次登岱顶。历代帝王借助泰山的神威巩固其统治，而泰山又因封禅告祭被抬到与天相齐的神圣高度。

《清明上河图》泄露北宋军事机密

《清明上河图》的作者张择端，是一位现实主义画家，我们看他的《清明上河图》时，都会被这幅画的真实性深深感染。但是，就是这幅画，泄露了北宋的军事机密，这是什么原因呢？

《清明上河图》描绘的，是北宋都城汴京在清明时节繁华热闹的景象。清明上河是当时的民间风俗，像今天的节日集会，人们借以参加商贸活动。全图规模宏大，结构严谨，大致分为三个段落：第一段是市郊景色，第二段是汴河，第三段是城内街市。怎么看，这幅画都是在描绘民间生活，和军事一点都不相干。

先是汴京郊外的景象。农民在田里耕作，有钱人扫墓归来。路上，各类人物正匆匆进城。接下去是汴河。汴河上拱桥壮丽，桥上行人摩肩接踵，桥下舟楫相竞相争。许多细小情节刻画得极有情趣，如桥头一匹惊马造成险情，毛驴被惊吓，好奇的人在围观。接着又描绘汴京的街市。汴京作为当时政治、经济、文化的中心，城中满布官府衙门、民居宅院、作坊店铺、茶肆酒楼，屋宇错落，街上车水马龙，九流三教，应有尽有。图中的房屋、人物，都是依实景按照一定比例缩小而成，个个形态逼真，纤毫毕现。张择端的这幅名画，堪称再现了北宋时代市井俚俗的风貌。

但这幅包罗万象的《清明上河图》，缺少了两种市井常见动物——马和羊。应该出现马匹的地方，往往用毛驴和黄牛代替。这是为什么呢？原来，马和羊牵扯到北宋的“国家机密”。

我们都知道北宋重文轻武，也是典型的民富国穷，柳永一首词中写杭州“有三秋桂子，十里荷花”，可见其繁华。当时，周边的游牧民族虎视眈眈，他们羡慕中原繁华，战争不可避免。在这样的形势之下，对于战略物资的准备，就格外重要了，而当时，双方交战，马匹是作战工具，羊皮可以制作军帐之类的储备物资。画幅上，开封之大车都用黄牛水牛拖拉，可见马匹短少的境况。

《清明上河图》局部

当然，有人也说在画幅上，可以看出北宋防范松懈，贫富悬殊。想不到，张择端的一幅画，在千年之后，竟然会泄露北宋王朝的军事秘密。但是，正是因为真实，使得这幅画成为传说经典。

趣味链接《清明上河图》真迹

现藏于北京故宫博物院的《清明上河图》真迹为绢本，纵高 24.8 厘米，横长 528.7 厘米，以手卷形式，用精细的笔墨，再现了九百年前北宋首都汴京（今河南省开封市）清明节的繁华景象。无论驴马牲畜、诸色物品还是舟车、河桥、楼房等，都描绘得形象逼真，而八百多个身份、姿态各异的人物更是栩栩如生，整体艺术水平达到很高的境界，当时已被称为“神品”，由宋徽宗赵佶用“瘦金体”亲书标题，加盖双龙小印，藏入皇家内府，成为画苑奇珍。

蔡京走后门

所谓“走后门”，在现在看来，就是指通过拉关系、托熟人、行贿赂等不正当的行为，来达到自己某种目的，私下获得某种利益。现在这种现象并不少见，比如子女要上名校，成绩不合格，有的父母却通过托关系而达到目的；有的不法企业想要注册，进行行贿，管理人员也就睁一只眼闭一只眼了。然而，这种说法的始作俑者是谁呢？他就是北宋奸相蔡京。

宋朝重文轻武，导致一些文人出现骄纵情绪。蔡京，无疑就是这种人。

史料记载，蔡京是北宋时的政治家，先后四次任宰相，掌权长达十七年之久。想要达到那样的地位，没有点手段，是办不到的，当然，才华自不必说，《宋史》记载，蔡京的艺术天赋极高，素有才子之称，在书法、诗词、散文等各个艺术领域均有不俗表现。尤其是书法方面，我们熟知的“苏黄米蔡”四大家，就有其一席之地。当时人们谈论他的书法，常用“冠绝一时”“无人能出其右”来形容。他的才华可见一斑。

而所谓的手段，史料这样记载：“京起于逐臣，一旦得志，天下拭目所为。”大意就是蔡京本遭放逐，一旦得志，就为所欲为。他权力欲望浓厚，而“天资凶谲，舞智御人，在人主前，颛狙伺为固位计，始终一说，谓当越拘挛之俗，竭四海九州之力以自奉。帝亦知其奸，屡罢屡起，且择与京不合者执政以枇之。京每闻将退免，辄入见祈哀，蒲伏扣头，无复廉耻”。这段话把蔡京性格刻画得入木三分。这样的人，为了自己的权势、地位，把礼义廉耻统统抛诸脑后，而这，也是他掌权之后的手段，在皇帝面前卑躬屈膝，谄媚无耻；在群臣面前肆意诬赖，当时很多的“冤假错案”都是他一手造成的。

北宋文人做过两件大事，其一是王安石变法。当时蔡京相当崇拜王安石，积极推行变法，后来新帝即位，新法被废，他也被贬职流放。但直到王安石去世，他还是一样积极宣传变法思想。而“走后门”是怎么回事呢？这事也和变法有关系，蔡京因为变法被贬，所以，当他成为宰相之后，大力打击当时反对变法的人，其中包括司马光、苏轼，规定他们的诗不许流传民间，他们的子孙永不录用。这引起了当时人们的反感，因为中国人都有这个思想，“罪不及儿女”，蔡京这么做就太过分了，但是当时他的权力遮天，于是人们只能用各种方法表达不满。

史料记载，有一次宋徽宗和蔡京等大臣看滑稽戏，一个伶人扮成宰相，坐着宣扬朝政之美。过了一会儿，宰相家主管私家财库的官员附在宰相的耳边小声说：“今日于左藏库请得相公料钱一千贯，尽是元祐钱，合取钧旨。”宰相俯首久之，曰：“从后门搬入去。”旁边的伶人举起手中所持的棍棒，照着宰相的脊背就打。一边打一边骂道：“你做到宰相，原来也只好钱。”“是时至尊亦解颜”，宋徽宗也笑了。“走后门”也流传开来，并且沿用至今。

“河东狮吼”传天下

“河东狮吼”这个词，形容的一般是一些妒悍的妇人。奇怪的是，为什么说是“河东狮吼”，没有“河西狮吼”呢？

这事有一个典故，而且和大才子苏轼有关。我们都知道，苏轼是北宋著名的文学家，诗词歌赋无一不精。他的一生，屡遭贬谪但坚忍不拔，“竹杖芒鞋轻胜马，谁怕？一蓑烟雨任平生”写出了他一生的豪迈与旷达。这样的人，有许多名士与他做朋友，因为“物以类聚，人以群分”。当时，与他相交的，就有一个叫陈慥的人。

陈慥是北宋的名士，而名士往往有自身的特点，他狂放不羁，视荣华富贵为粪土。尽管是官宦之后，但他却不喜坐车，不混官场，隐居龙丘。当地人不知道他的来历，就叫他“方山子”。

我们知道，苏东坡因“乌台诗案”差点丢了性命，后来虽然被救，但被贬到黄州任团练副使，途中，和陈慥不期而遇，因为苏轼对诗词歌赋、琴棋书画各方面都有研究，纯文学的研究更容易拉近两人之间的距离。幸运的是，苏轼谈吐修养都能达到标准，于是两人成为好友。请客吃饭是很正常的，更何况两人聊得投机，于是陈慥请苏轼到自己府上，再谈经论道，印证所学。相请不如偶遇，正好苏轼遭贬谪心情郁结，于是两人就到了陈慥的居所。

陈慥在龙丘的房子叫“濯锦池”，宽敞华丽，家里养着一群歌伎，客人来了，就以歌舞宴客。朋友谈心，加上美丽的舞蹈，此情此景，使得苏东坡心中块垒消却不少。但是，就和每一个家庭一样，陈慥家也有一点不和谐的因素。陈慥的妻子柳氏，性情暴躁凶妒，每当欢歌宴舞之时，就醋性大发。她拿着木杖大喊大叫，用力捶打墙壁——因为她不敢打陈慥，否则就会遭到休妻的惩罚。而陈慥对此则是无可奈何。

两人分别之后，苏轼到黄州上任。那时候黄州太过荒凉，苏轼就忆起了故人陈慥。苏轼想起当时陈慥的妻子在宴会上捣乱的情形，越想越觉得有趣，于是，有了写诗的冲动。他挥笔立就，这样写道：“龙丘居士亦可怜，谈空说有夜不眠。忽闻河东狮子吼，拄杖落地心茫然。”其实，苏轼的本意只是发发牢骚，顺便调侃一下老友。却没想到“苏子文章天下闻”，陈慥从此闻名遐迩，成了怕老婆的典型。

而为何是“河东狮吼”呢？因为“河东”是柳氏的郡望，暗指柳氏。“狮子吼”一语出自佛教，意指“如来正声”，比喻威严。后来，这个故事被宋代的洪迈写进《容斋三笔》中，广为流传。河东狮吼的典故从此确立，至今仍然是凶悍妻子的形容词。又因为陈慥字季常，后来人们就称怕老婆的人有“季常癖”。

趣味链接 戚继光怕老婆

以“戚家军”闻名于世的明代抗倭名将戚继光统兵数十年，威震东南，战功卓著，但是对老婆非常惧怕。其部下皆不平，纷纷表示要为领导教训一下他那个厉害老婆。

有一次，戚继光架不住部下的极力怂恿，冲入家里想用利剑吓唬一下老婆，以振夫纲。当时其妻午睡刚醒，戚继光拿着宝剑大声喊叫给自己壮威，其妻立马怒吼道：“你拿着宝剑想要干什么？”戚将军吓得浑身哆嗦，宝剑掉地，应答道：“我想给夫人杀只鸡吃，所以才高声叫唤。”夫人一听，开口说：“以后杀鸡不要再大声嚷嚷。”戚继光连连称是。

考场着火“烧出”了状元

北宋时期大力发展科举制度，而且，文人的待遇也特别优厚，因此，当时上至七旬老翁，下至黄发小儿，都在闭门苦读，期望有朝一日，可以一举夺魁，从此飞黄腾达。状元的竞争，激烈到犹如千万人挤独木桥，但有一个状元却是被“烧出来”的，这是怎么回事呢？

这个状元郎姓焦名蹈，他的状元之路，可谓百转千回。焦蹈，字悦道，聪明伶俐，从小就有不凡的才智。当他还在乡校读书的时候，就被当地的人称作“神童”，小小年纪便通览经史子集。

在乡试中，焦蹈获得第一，可在礼部主持的会试中，却每每不利。俗话说：“锲而舍之，朽木不折；锲而不舍，金石可镂。”他并不灰心，仍然刻苦学习，继续备考。时间慢慢过去了，他的知识也一天天更加丰富，这时候，他有信心在这次的会试中一举夺魁。

元丰六年（公元 1083 年），焦蹈收拾行囊，带上书童，再次赴京城汴京参加会试，可是，在这次赶考的过程中，一件突如其来的事情，改变了他的命运。

事情是这样的：焦蹈在赶往京城汴京的时候，经过金陵城。当经过金陵城中的一个小巷子时，一盆洗漱用过的污水从天而降，浇了焦蹈和他的书童一头一脸，这真是“无妄之灾”，谁遇到这事，都会觉得很窝火，但是焦蹈一想，小巷幽深冷寂，本来人迹罕至，主人家这样做也是无心之失，还是赶路要紧，不过前提是，要找家客栈烘干衣物。

晚上他秉烛夜读，无意间回头，看见书童手里拿着一个金灿灿的物件，拿过来一看，竟然是一个金指环，焦蹈严肃询问之下才知道，原来他们两个被浇了一身污水的时候，地上有个金指环，书童一时贪心便据为己有。这可如何是好？丢失这个金指环，那主人家还不知道怎么责罚丫鬟呢。于是，焦蹈动之以情，晓之以理，说服书童把金指环送回去，书童苦苦相劝：“千错万错，都是我的错，怎么罚我都认。但考期已临近，我们万万不能耽误了行程。”焦蹈却说：“功名事小，性命事大。”拉起书童把金指环送给了主人家，这家人很受感动。

古代状元匾额

这么一来，等他赶到京城汴京的时候，考试都过去了两天时间。本来他已经准备黯然回乡，但是，这时候又发生了一件出人意料的事。

也许是他的名字与火有缘，恰巧南宫竟然失火，延误了考期。礼部官员传下话来，由于南宫失火，将另选考试场地，重新考试。这对他来说，无异于雪中送炭，于是，他紧紧抓住了这次机会，发挥极佳，金榜题名。可以说，这场火拯救了焦蹈，所以，当时有人说“不得场屋烧，哪得状元焦”，这件事就这样流传了下来。

趣味链接 状元及第和春风得意

常科考试最初由吏部考功员外郎主持，后改由礼部侍郎主持，称“权知贡举”。进士及第称“登龙门”，第一名曰状元或状头。同榜人要凑钱举行庆贺活动，以同榜少年二人在名园探采名花，称探花使。他们要集体到杏园参加宴会，叫探花宴。宴会以后，同到慈恩寺的大雁塔下题名以显其荣耀，所以又把中进士称为“雁塔题名”。唐孟郊曾作《登科后》诗，诗中有句曰：“春风得意马蹄疾，一日看尽长安花。”所以，“春风得意”也成为进士及第的代称。

苏东坡真的见过飞碟吗

作为北宋著名的文学家，苏东坡诗词歌赋无一不精，为后人留下了许多宝贵的文学精品。可是，一个文人大家，怎么会和飞碟扯上关系？原因就在于，我们在品读他的文学作品时，发现了他关于这方面的描述。

这件事还得从一首诗说起：在《游金山寺》中，有三句诗引起了人们的广泛关注："是时江月初生魄，二重月落光深黑。江心似有炮火明，飞焰照天栖鸟惊。怅然归卧心莫让，非鬼非人竟何物？"大意是月华初上，在江心有一团火光突然出现。这个情景，让他深感迷惑，同时，引起了无数的猜测，这个东西到底是什么？"非鬼非人竟何物？"不仅苏东坡感到疑惑，我们在品读他的作品时，也在疑惑，这个非人非鬼的东西，到底是什么？

苏东坡的这首诗，写于他赴杭州任上，曾经夜游镇江的金山寺。按理说，月明星稀的晚上，突然在江心看见一团火光冲天而起，惊散飞鸟，这样的事发生在任何人身上，也会引起无限的猜测，因为人都有好奇心，都想知道到底是什么样的原因，导致了这个现象。可是苏轼的诗毕竟不太全面，仅仅凭借这三句诗，就证明他见过飞碟，未免太过武断。

无独有偶，明朝国师刘伯温也曾见过"飞碟"并写诗记录："……招摇指坤月坚日，大月如盘海中出。不知妖怪从何来，惝恍初惊天眼联。儿童走报开户看，城角咿呜声未卒……"这个从海中飞出来的形状如盘并发出鸣声的"大月"，完全符合现代飞碟的特征。宋人阳百一居士所著《壶云录》一书，则记载了扬州上空出现的一次奇异现象："苏城于七月十六日，有火光一道，大若车轮，自东而西，如星之陨，如电之擎，露露有声，门外居民悉见之。"这不明飞行物有如车轮大小，发强光，有声响，速度极快，如"星之陨""电之擎"，和今人描述的"飞碟"简直一模一样。

苏东坡

不仅如此，除了民间传说，我们看古籍，很多都有这方面的记载。如《庄子》《拾遗记》《梦溪笔谈》《御撰通鉴纲目》《二十四史》《山海经》等。因为早在三四千年前，我国就有“飞车”的传说，以后又有“赤龙”“车轮”“瓮”“盂”等，酷似现代目击者对此种现象的描述或比喻。这些描述，不是简单的自然现象，这就让人怀疑，如果仅仅是苏轼的诗，不足以说明见过飞碟，可是，这么多的古籍都有过记载，并且很多还特别详尽。难道，古人都看错了吗？

或许，当时的科学技术相对落后，对一些超自然现象无法解释，现在科学技术发达了，也许不久的将来，我们可以揭开这个谜底，不是吗？

趣味链接 苏轼和苏堤

元祐四年（公元 1089 年），苏轼任龙图阁学士知杭州。由于西湖长期没有疏浚，淤塞过半，湖水逐渐干涸，湖中长满野草，严重影响了农业生产。苏轼来杭州的第二年率众疏浚西湖，动用民工二十余万，开除葑田，恢复旧观，并在湖水最深处建立三塔作为标志。他把挖出的淤泥集中起来，筑成一条纵贯西湖的长堤，堤有六桥相接，以便行人，后人名之曰“苏公堤”，简称“苏堤”。苏堤在春天的清晨，烟柳笼纱，波光树影，鸟鸣莺啼，是著名的西湖十景之一“苏堤春晓”。

李清照再婚后又离婚

封建社会女子出嫁，从一而终的封建思想根深蒂固，而且，妇人“三从四德”是社会长期的行为准则。虽然宋朝风气比较开放，但是，一个女子两次出嫁，当时可以说是一个异类。而作为婉约派的鼻祖，一代词人李清照又经历了怎样的情感变迁呢？

李清照，号易安居士，她的文学作品，辞藻婉约秀丽，所以她留给我们的印象是一个柔弱的女子。其实，这种想法是不对的。在她的作品当中，很明显能看出前后两期的分界线。

在十八岁那年，李清照与赵明诚结为连理，因为志趣相投，两人琴瑟相和，相敬如宾。因为夫妻关系和谐，心情舒畅，这一时期的作品，风格清新，如《如梦令》二首，活泼秀丽，语新意隽。《凤凰台上忆吹箫》《一剪梅》《醉花阴》等词，通过描绘孤独的生活和抒发相思之情，表达了对丈夫的深厚感情，婉转曲折，清俊疏朗。她和丈夫互相切磋诗词文学，并且共同研究收藏钟鼎碑石，遇到一些好的碑石书画，便倾囊购买。在丈夫编写《金石录》的时候，她总能提出一些宝贵建议，夫妻感情愈加深厚。

也许上天总是嫉妒这些美好，先是靖康之变爆发，夫妻二人平静的生活被打破，随后，丈夫暴病而亡，李清照一个弱女子，强撑病体，为丈夫料理后事。在躲避丧乱的过程中，收集的文物也流失大半。在那个战乱的年代里，一个女子要生存下来谈何容易？

在封建社会后期，女子丧夫之后，守寡是必需的。但是，话虽如此，李清照在50岁高龄时再嫁他人，打破世俗的偏见，和另一个人结为夫妇。这个人，就是张汝舟。

我们知道，女人最受不了的就是男人的甜言蜜语，再加上张汝舟的有意接近，投其所好，李清照被蒙蔽了双眼，再加上颠沛流离的生活，她累了。别人的冷嘲热讽，都不能动摇她的决心。可是，婚后的生活并不如她所料，张汝舟是一个道貌岸然的家伙，和她结婚，是为了得到她的藏品，骗光她的所有之后，便对她施行家庭暴力。

李清照是一个敢爱敢恨的女子，结婚一百天之后，她就毅然提出离婚，并将张汝舟告到衙门，但是，这次状告却让她身陷囹圄。因为宋代《刑统》规定，妻告夫，虽属实，亦应徒刑二年。出狱之后，她心灰意冷，带着残破的心，孤独的梦，背井离乡，贫困忧苦，漂泊，漂泊，漂泊，最终再也没能回到故乡，寂寞地客死江南，带着思念、屈辱和遗憾……

趣味链接 “易安体”

李清照在早年写过一篇《词论》，提出词“别是一家”的说法，是宋代重要的词论，也成为她词创作的理论依据。李清照词的风格以婉约为主，著有《漱玉词》，人称“婉约词宗”。沈谦《填词杂说》将李清照与李后主并提说：“男中李后主，女中李易安，极是当行本色。”易安词在群花争艳的宋代词苑中，独树一帜，自成一家，人称“易安体”。“易安体”之称始于宋人。侯寘《眼儿媚》调下题曰“效易安体”。辛弃疾《丑奴儿近》调下题曰：“博山道中效易安体”。她的词作自成一体，已形成鲜明的个性风神。

王安石竟然容忍小妾出轨

相传，北宋一朝的宰相王安石的婚姻一直不美满，丧偶，再娶，又离异。为此，他感慨良多，经常作诗来抒发心里的惆怅。他中年丧妻后，曾一度不想再娶，后来经人撮合续娶了一个妾叫姣娘。姣娘出身名门，秀外慧中，琴棋书画无所不通，可谓是个才女。婚后，身为宰相的王安石整天忙于朝中之事，还忙于革新变法，经常不回家，淡于夫妻生活。姣娘正值妙龄，常常独守空房，时间长了，就跟府里的年轻仆人私下偷情。

俗语说，没有不透风的墙，这事最后传到了王安石的耳里，可他又没有捉奸在床，口说无凭。于是，王安石就使了一计，谎称上朝，半途又偷偷回到家中。深夜，他潜入卧室外偷听，果然听见姣娘与仆人在屋内调情。他气得火冒三丈，恨不得当场就要砸门捉奸，但是就在这节骨眼上，他又转念一想，“家丑不可外扬”，还是暂时强忍怒火，就转身走了。不料，他一留神却撞在了院中的树上，看见树上有个老鸹窝。他就灵机一动，抄起一根竹竿，捅了老鸹窝儿下，老鸹惊叫而飞，屋里的仆人闻声慌忙而逃。

事后，王安石装得若无其事，与姣娘也是谈笑自如。时间一晃就到了中秋节，王安石借饮酒赏月之机婉言规劝姣娘。酒过三巡，王安石即席吟诗一首：“日出东来还转东，乌鸦不叫竹竿捅。鲜花搂着棉蚕睡，撇下干姜门外听。”姣娘是个才女，是何等的聪明，话不用明着讲，就已经明白了这首诗的寓意，知道自己跟仆人的事情被他知道了。想到这儿她顿感无地自容。她灵机一动，连忙跪在王安石面前，也吟了一首诗：“日出东来转正南，你说这话够半年。大人莫见小人怪，宰相肚里能撑船。”王安石本来想让姣娘说出实情，大加训斥一番，可转念细细一想，自己早已年过花甲，而姣娘却正值豆蔻年华，这件事情也不能全怪她，还是成人之美吧。

等过了中秋节，王安石就赠给姣娘白银千两和一纸休书，让她跟那个仆人一起远走他乡。后来，这事很快传了出去，人们对王安石的“忍”字当头和宽宏大量，都深感敬佩。

趣味链接 文学巨匠王安石

王安石不仅是一位杰出的政治家和思想家，而且是一位卓越的文学家，无论诗、文、词都有杰出的成就，与韩愈、柳宗元、苏轼、苏洵、苏辙、欧阳修、曾巩并称为“唐宋八大家”。

为了实现自己的政治理想，王安石把文学创作和政治活动密切地联系起来，强调文学的作用首先在于为社会服务，强调文章的现实功能和社会效果，主张“文道合一”。他的散文雄健简练、奇崛峭拔，大都是书、表、记、序等体式的论说文，这些文章针对时政或社会问题，观点鲜明，分析深刻。《临川集》《临川集拾遗》《临川先生歌曲》《临川先生文集》皆为王安石的经典文集。

宋孝宗赵昚是怎么被立为太子的

后世的史料中有关宋孝宗赵昚的记载很多，其中最引人注目的，当属他通过宋高宗考验坐上皇位的传奇经历。他之所以能以非亲子身份继承宋高宗的皇位，一方面与高宗无子被迫在赵氏宗亲中选太子有关；另一方面，恐怕也是最为主要的原因，得益于他在处理宋高宗送给他十个美女问题上的出色表现。听起来可能有点难以置信，赵昚继承皇位与处理十个美女之间怎么会有如此大的关联呢？

南宋建炎三年（公元1129年），金军左副元帅宗维攻陷徐州，驱军南下，韩世忠溃败，金人一路杀到扬州附近。宋高宗惊恐万分，狼狈逃跑。由于受惊过度，宋高宗赵构事后失去了生育能力，而他唯一的儿子，也在苗刘之变后死去，加上太宗系的后人，在靖康之变后基本被金国一网打尽，因此从太宗的后代之中，几乎找不出可以继承皇位的合适人选。为了不至于在自己百年之后，皇位落于外姓人氏之手，宋高宗被迫在宋太祖的后代中，寻找可以继承皇位的人选。

当时宋太祖的后代有上千人之多，经过一番仔细的搜寻，宋高宗终于找到了一胖一瘦两个小孩。在两个太子人选中，赵昚便是其中一个偏瘦的小孩。刚开始，宋高宗对赵昚并没有太大的好感，而是中意胖点的小孩。按理说，赵昚继承皇位的机会，至此应当就画上句号了，正在他放弃做皇帝的梦想之时，发生了一件小事，进而使整个局面发生了巨大的变动。

事情的经过是这样的：有一次，宋高宗将赵昚和胖小孩叫到一起，恰巧此时闯进了一只猫，赵昚正全神贯注地听宋高宗讲话，猫闯进来后连眼睛都没有眨一下；而胖小孩却不同，猫闯进来后他显得很惊慌，再也无心听宋高宗讲话，连忙伸脚去踢猫，动作极其粗鲁。胖小孩这一粗鲁的举动，葬送了高宗原本对他的好感，最终，高宗将赵昚留在宫中。

但是他在宫中待了将近二十年，却没有被确立为太子，这让人匪夷所思。究其原因，主要有两个方面：其一是赵昚非宋高宗亲生，宋高宗始终对他怀有成见，他希望多给自己留些时间，渴望出现能生育的奇迹；其二是宋高宗的母亲韦太后不喜欢赵昚，她一直劝高宗立赵琢为太子，这使宋高宗在立太子的问题上一直摇摆不定，不知如何取舍。

于是，他想出了一个万全之策。他挑选十名绝色处女给赵昚送去，待半个月之后，再将这些绝色佳丽召回来认真查验，看是否还是完璧之身。宋高宗的招数很管用，效果也很明显。赵昚并非贪图美色之徒，送给他的十个佳丽被召回来之后完好如初。最终，赵昚通过了宋高宗的考验，顺利地被立为太子，直至登上皇帝的宝座。

趣味链接 苗刘兵变

苗刘兵变，又称刘苗之变、明受之变，是建炎三年（公元 1129 年）由苗傅和刘正彦发动，诛杀宋高宗赵构宠幸的权臣及宦官以清君侧，并逼迫赵构将皇位禅让给三岁的皇太子赵旉的兵变。兵变消息传出后，苗、刘二人没有采取进一步的措施，各地将领纷纷表示勤王平乱的立场，出兵镇压，苗傅和刘正彦见局势失去控制，连忙奉赵构复辟，最后两人被打败，在建康闹市被处决。

宋光宗竟是精神病患者

宋光宗是南宋第三位皇帝，在位五年，其间关于他的“新闻”屡见不鲜，比如孝宗生病不去探望，甚至在死后也不去发丧，而最离奇的是，史书记载他患有精神疾病。皇帝乃一国之君，如此一来岂不让人耻笑？宋光宗究竟是怎么疯的呢？

赵惇是孝宗第三子，封建社会讲究传位给嫡长子，可是长子邓王早亡，次子庆王生性懦弱，难成大事。孝宗觉得，三子赵惇“英武类己”，于是，越位立赵惇为太子。东宫向来是权力斗争的中心，太子言行稍有疏忽，不仅储君之位不保，而且可能会招来杀身之祸。赵惇深知这一点，因此，他入主东宫后，勤奋好学，一举一动严守礼法，对孝宗恪尽孝道。孝宗情绪好时，太子也“喜动于色”，反之则“愀然忧见于色”。就这样，宋光宗赵惇小心翼翼地当了十几年孝子，年过不惑，但是，孝宗却一点也没有传位给他的意思，他终于有些耐不住了。一天，太子向孝宗试探道：“我的胡须已经开始白了，有人送来染胡须的药，我却没敢用。”孝宗听出了儿子的弦外之音，答道：“有白胡须好，正好向天下显示你的老成，要染须药有什么用！”太子碰了软钉子，从此不敢再向孝宗提及此事，转而求助于太上皇后吴氏，太上皇后心知肚明，在某些场合也曾向孝宗暗示过，应该早点传位给太子，但得到的回答却是太子还需历练。父亲威严强干，又迟迟不肯放权，这也许已经给太子的心里投下了某种不祥的阴影，导致出现了一些心理上的疾病。

长期处于精神压力之下，很容易出现一些精神疾病，这时候最需要的，是有一个亲近的人能够好好开导他，缓解他的心理压力。不幸的是，宋光宗遇到了李凤娘，这个直接导致他精神失常的女人。

李凤娘是赵惇发妻，是一个标准的悍妇，她是武将之女，骄纵蛮横，赵惇当上皇帝之后，她顺理成章成为皇后。这时的她，非但没有母仪天下的姿态，反而更加肆无忌惮，而光宗生性懦弱，面对强悍的妻子，既惧怕又无奈。有天在洗漱的时候，光宗发现一个伺候自己的宫女双手又白又嫩，不禁多看了几眼，称赞了几句，或许还略微亲昵了一下。没想到，几天后，李凤娘就派人送给光宗一双血淋淋的手！光宗吓得心惊肉跳，精神恍惚，因此大病一场。

还有一次，光宗祭祀不能回后宫，李凤娘找了个借口，虐杀了与自己争宠的黄贵妃，还“及时”报告给了光宗，光宗心知肚明却不敢发作，只能暗自垂泪。到了凌晨祭天的时候，先是祭台猝不及防着了火，差点烧着光宗；接着又是风雨，又是冰雹，把祭天仪式砸了个稀巴烂。光宗何曾见到过这样惊险的事，本来已经够伤心了，现在又得罪了老天，这一连串的打击之下，宋光宗精神崩溃了。

光宗病情时好时坏，这正中李凤娘下怀，权力的用途在她看来就是为娘家人捞好处，于是她大封亲族。同时，她加紧控制光宗，抓住他和孝宗的间隙，挑拨离间，使得光宗多次以为孝宗要杀他，再也不敢去拜见自己的父皇。甚至在孝宗生病期间，也不去探望，病重期间，也未曾看过一眼，直至孝宗病死，光宗也没有去主持发丧。这样违背风俗人伦的事情，引起了轩然大波，百姓议论纷纷，再加上太学生罢学，官员集体请求离朝，政局也由清明变得动荡起来。在这种形势之下，参知政事赵汝愚、赵彦逾、韩侂胄、关礼、郭杲几人在征得了太皇太后吴皇后同意后，拥立嘉王赵扩为帝，在孝宗的灵前即位，尊光宗为太上皇。而光宗得知自己突然成为太上皇以后，精神崩溃，彻底疯了。

趣味链接 李凤娘的下场

庆元六年（公元1200年），李氏在静室中染病，却没有人关心照顾。七月，这位昔日泼辣刁蛮，而又工于心计的皇后孤寂地死去了。李氏死后，宫人到中宫为其取礼服，管理钥匙的人怨其平日凶狠，拒不开启中宫殿门，结果礼服没有取到，宫人们只得用席子包裹尸体，准备抬回中宫治丧。半路上忽然有人大喊：“疯皇来啦！”宫人们一向怕遇见疯疯癫癫的光宗，一听到喊声，便丢下尸体，急忙散去。过了很久，他们才知道不过是旁人故意喊叫，再回去寻找李氏尸体，尸体已在七月骄阳的暴晒下散发出阵阵刺鼻的恶臭。治丧时，宫人们只得杂置鲍鱼，燃起数十饼莲香，以掩盖难闻的气味。一代骄后落得如此下场，也是其多行不义的结果。

宋朝为何多“剩男剩女”

“剩男剩女”这个词，是对大龄单身男女的称呼，这些人，由于各种各样的原因嫁不出去或娶不到老婆。可是，让人费解的是，早在一千年前的宋朝，“剩男剩女”也比比皆是，堪称历史一大奇观。难道早在一千年前，宋朝统治者已经意识到人口增长的压力，自觉实行晚婚晚育了吗？当然不是，究其原因，还是科举制度惹的祸。

宋朝可以说是读书人的天堂。宋真宗有首诗这样写：“富家不用卖良田，书中自有千钟粟。安房不用架高梁，书中自有黄金屋。娶妻莫恨无良媒，书中自有颜如玉。出门莫恨无随人，书中车马多如簇。男儿欲遂平生志，六经勤向窗前读。”我们现在所说的“书中自有黄金屋，书中自有颜如玉”，就来源于此。总结起来就是一句话：“万般皆下品，唯有读书高。”

我们都知道，宋朝的前面是五代十国，帝位更换频繁，稍不注意，就会被武将所杀。而开国皇帝赵匡胤，也是以同样的方式得到皇位的。所以，这个时候，赵匡胤感到了武将的威胁，卧榻之侧岂容他人鼾睡？于是，“杯酒释兵权”，大量起用文人。

于是，他大力发展科举制度，而且，一旦名列前五甲，立即授予官职，并且，各方面的待遇相当优厚。现在说领导要学会“奖罚并用”，而当时政府对官员的态度是，有优厚的奖励，却没有严厉的惩处。所谓“刑不上大夫”，纵观整个大宋朝，被杀的官员，也就岳飞等寥寥数人而已。在这样的大环境下，在权力的诱惑下，读书人当然拼命读书。当时男人们的观念就是“先立业后成家”，一时间，四书，五书，书书畅销；文人，粗人，人人科举。因此，造成“剩男”横行。

那么“剩女”是怎么形成的？这就要说到当时一个有趣的现象，“榜下捉婿”之风盛行。意思就是，在发榜的日子，全国各地的高门大户，争相选择新科进士做女婿。说是选择，实际上就是抢，一日之间“中东床者十之九”。甚至七十老者，也成为争抢的对象。“十年寒窗无人问，一朝成名天下知”，就是这种现象的高度概括。因为文人地位高，选他们做女婿，是一件很有面子也很有前途的事情。但是，“捉婿”也看运气，挑到好的自然欢天喜地，挑不到就不在乎再等两年，这样，就造成了一批“剩女”。

其实，除眼光高之外，婚嫁花费高昂也是一个原因。宋朝风气奢靡，娶妻嫁女乃人生大事，而且，女子离婚是要被判刑的，种种原因，就造成了那么多的“剩男剩女”。

趣味链接 高官抢女婿捷足先登

宋真宗时，范令孙登甲科，当时的宰相王旦立刻就把女儿嫁给了他，即使品质有问题也是可以忽略的。还是宋真宗时，有一个叫高清的进士，人品和声誉都很差，但是他刚登科，宰相寇准就把兄弟的女儿嫁给了他。不仅如此，这位寇氏死后，宰相李沆又让自己的女儿做了高清的继室。当时就有人形容这些既登科又娶宰相女的人是“天子门生宰相婿”。不过，宋代的及第士人中也有不少不媚权势者。高宗时著名的“六贼”之一蔡京就曾在“榜下捉婿”方面受挫，他曾想把女儿嫁给刚登进士第的傅察，傅察却以沉默来抗拒。

宋代黑店欺行霸市

“有那入眼的，便把些蒙汗药与他吃了，便死。将大块好肉，切做黄牛肉卖，零碎小肉，做馅子包馒头。”这段话描写的是《水浒传》中十字坡下孙二娘开的黑店，这样的店，在《水浒传》中不止一家，催命判官李立、旱地忽律朱贵、蒋门神等都开黑店，欺行霸市横行乡里。当然，《水浒传》只是一本小说，其言未必可信，但是就宋代史籍记载，宋代有各种各样的黑店，那么，在宋代，为什么黑店林立?

根据《夷坚志》描述，在江南建昌军境有一户人家，主人是一个屠户，经常做一些杀人越货的买卖：“伺客熟睡，则从高以矛揕其腹，死则推陷穴中，吞略衣装，续剞肉为脯，售于墟落。”意思是，（屠户）等到客人熟睡，将客人杀死，拿走财物，然后将人肉做成肉干卖往远方。看到这里，不禁要问，为什么这些酒店这么猖獗?无独有偶，《续墨客挥犀》中记录了一个关于黑店的故事，说当地有一个僧人，由于德行高尚，很是受人敬仰，由于他走路很慢，人们尊称他为“慢行和尚”，他走路都有两个侍从搀扶而且一副病恹恹的样子。后来在元宵佳节，官府逮住一个入室“采花”的盗贼，掀开面罩一看，竟然是有德僧人“慢行和尚”。后来“慢行和尚”被责罚蓄发还俗，世人皆叹。此后他在市井开了一间旅店，而且走路如风，令人称奇。《夷坚志》中说，当时一些酒店老板其实就是打家劫舍的强盗。据记载，青州一带有一个旅店，过路商客多半被老板杀害，抛尸于白沙河。有鉴于此，越来越多的人利用开店胡作非为。

究其原因，正所谓“乱由上作”，当时的统治者昏庸无道，割让土地求得片刻安息，国家自然也是动乱频仍。再加上科举制度的进一步发达，经济空前发展，人口大量增加，而随着人口的增加，酒店之类供人休息歇脚的场所随之增多也就不足为奇了。而《水浒传》描述的是北宋时期，老百姓生活在水深火热之中，官逼民反，各路英雄纷纷起义，统治者无暇他顾，故而黑店越来越多。

趣味链接《水浒传》成书及其内容

《水浒传》是我国人民最喜爱的古典长篇白话小说之一。它产生于明代，是在宋、元以来有关水浒的故事、话本、戏曲的基础上，由作者整理、加工、创作而成的。全书以宋江领导的农民起义为主要题材，艺术再现了中国古代人民反抗压迫、英勇斗争的悲壮画卷。作品充分暴露了封建统治阶级的腐朽和残暴，揭露了当时尖锐对立的社会矛盾和官逼民反的残酷现实，成功地塑造了鲁智深、李逵、武松、林冲、阮小七等一批英雄人物。小说故事情节曲折，语言生动，人物性格鲜明，具有高度的艺术成就。但作品歌颂、美化宋江，鼓吹“忠义”和“替天行道”，表现出严重的思想局限性。

寇准被放逐是因拒绝赴宴吗

寇准为相清正廉洁、刚直正义，眼里揉不得半点沙子，对他人不讲情面，是非分明，是一代名相。但是王钦若、丁谓两个小人却与他争夺宰相大权。此二人性情自私、心胸狭窄、狡猾奸诈，是不折不扣的奸臣。他们对上投其所好，攀枝依主，以此壮大自己的势力。平素寇准顾忌同僚之间的关系，所以只是在利国利民的事上寸步不让，其他时候也不好意思拂他们的面子。但有一次，王钦若和丁谓请他吃饭他却没去，这是怎么回事呢？而寇准后来被贬放逐，和拒绝赴宴有什么关系吗？这就要从真宗皇帝传位太子说起。

有一天，皇帝请各位皇子吃饭，大摆酒宴。楚王元佐刚巧发病，皇帝因此没请这位长子参加。这暴戾的家伙半夜醒来，竟恶从胆边生，把宫中姬妾们统统关起来，放火烧宫。太子东宫内外，惨叫声震天。大火烧了三天三夜才熄灭。

听到太监传报，皇帝气极了：这太子自从得病后，像野兽一般残忍。左右侍从稍有过错，就被他弯弓射死。自己多次教诲，至今却未悔改。想到这儿，他气不打一处来，猛拍御书案："废了他，废了他！我要另立太子！"所以皇帝召见寇准，和他商量传帝位给皇太子之事。

寇准说："传位于皇子名正言顺，是万民期待的大事。愿圣上思念祖上之德，以社稷为重，传皇位于太子，选择正直、有能力的大臣辅佐他。丁谓、钱惟演这些阿谀逢迎之辈断不足以辅佐少主。他们以奸邪乱朝政，宋朝的江山可能葬送在他们手里。"真宗皇帝思索再三采纳了寇准的建议。

得到了真宗皇帝的允许，寇准立即密令杨亿起草诏书，立太子主持国家大事。杨亿也是北宋初年的著名臣僚，他不仅为官清廉，而且能写一手好诗词、好文章。真宗年间的许多圣旨文诰都出自他的手笔。杨亿得寇准叮嘱后，怕事情泄露出去，深夜屏退左右，亲自燃灯，将诏书书写完毕。

寇准

丁谓狡诈，看寇准常与真宗皇帝密谋，惧怕寇准出主意改立皇太子，夺了皇后和自己的权势。于是，他绞尽脑汁地探听寇准行踪。丁谓深知寇准喜欢饮酒的弱点，为了刺探寇准的计谋，便邀请寇准赴宴。寇准唯恐丁谓在酒席上听出点什么消息，所以坚决地推辞了这次宴席。

真宗晚年卧病不起，越发迷信和糊涂，对于王钦若与丁谓，简直到了言听计从的地步。真宗不能上朝之后，刘皇后参与朝政，凡事都问丁谓。所以寇准上疏说："丁谓、钱惟演是奸佞之人，不能辅佐少主。"寇准反对刘皇后干预朝政和丁谓专权，不久被丁谓诬陷。寇准被皇后革除了宰相的职位，丁谓当了宰相。丁谓为了将寇准置于死地，把他一贬再贬。

最后寇准在北宋乾兴元年（公元 1022 年），被放逐到边远的广东雷州去当司户参军，等于被发配到那里充军。寇准到雷州后，由于生活艰难、气候恶劣，身体很快垮了下来，第二年秋天病逝于雷州。

趣味链接 寇准客死雷州

寇准被贬至雷州后，一日突然派人到洛阳家里取来宋太宗当年赏赐之物——用犀牛角做的腰带。之后他沐浴更衣，穿上朝服，束了腰带，向北行了跪拜之礼，便叫人置好卧床，躺下后再没有起来，病死在雷州半岛。临死前，寇准还往窗外望，他儿子说：“父亲，您就别看了，朝廷早把您给忘了！”寇准回答说是看天晴了没有，雨都下了好几天，担心雷州百姓的庄稼被淹了。忧国忧民的寇准，临死还惦记着黎民百姓，实在是宋朝难得的一位忠臣。

宋人当兵为什么要先刺字

宋朝重文轻武，武将的地位很低，但即使这样，无数热血男儿也有着恢复旧山河的雄心壮志，甘愿当兵。可是，宋人当兵有一个非常苛刻的条件，就是文身。在当时的封建传统下，身体发肤受之父母，这样做岂不是和传统相背离？为什么会有这样的事情呢？

行伍之间必有热血男儿，南宋名将岳飞，背上的“精忠报国”四字，是岳母所刺，而这四个字，也是他一生的写照。一方面，这说明了岳将军的人品，另一方面，岳母给他刺字也说明了刺字是当时当兵的传统。

现在看来，文身是一件很潮的事情。但是，当时刺字，并不是你想在哪个部位刺就在哪个部位刺，它是强制性的，招兵的时候，首先要接受严格的身体检查，合格后才能刺字，刺完字后领取衣物饷银等，正式成为军队一员。刺字的时候，主要部位在脸、手背、手臂上，刺字的内容，以所属部队的番号为主。

在宋代，刺字是一种耻辱的标记，只有一些罪犯和隶属于官员的工匠、奴婢等才有这样的遭遇，因而，招兵刺字是士兵地位与罪犯相同的证明。

当兵刺字的制度，开始于唐朝末年。五代时期，这种制度就比较普遍了。当时军阀混战，各个军阀为了增强自身实力，强迫壮年男子当兵，而这些人往往不愿意受军阀压迫，经常逃亡，为了抑制这种现象，官府就在兵士脸上或身上刺字来作为记号。这样，他们就会在逃亡的时候被认出来，并且，一旦被抓，必然受到严惩。

北宋名将狄青，入伍当兵时曾面上刺字，后来贵为上将，字仍在。为此，堂堂上将甚至被艺伎嘲笑，后来状元王尧成又讥笑狄青脸上刺字，狄青差点和他打起来。宋仁宗知道了，传谕用药除去金印，狄青说：“青若无此两行字，何由致身于此？断不敢去，要使天下贱儿，知国家有此名位待之也。”说得很励志，但其内心中的愤愤不平，真是夺眶填膺。

其实在古代都一样，统治者会想方设法来维护自身的统治地位。宋代招兵，是为了避免灾荒年份青壮年集体造反，因为当兵可以勉强养家糊口。所以，当百姓在没有饭吃的时候，为了生存，当兵也就成了一个选择。

趣味链接 岳母刺字

北宋靖康元年（公元1126年）金兵大举入侵中原，岳飞再次投军。临行前，他的母亲姚太夫人把岳飞叫到跟前，说：“现在国难当头，你有什么打算？”岳飞说：“到前线杀敌，精忠报国！”姚太夫人听了儿子的回答，十分满意，“精忠报国”正是她对儿子的希望。她决定把这四个字刺在儿子的背上，让他永远铭记于心。岳飞解开上衣，露出精瘦的脊背，请母亲下针。姚太夫人问：“孩子，针刺是很痛的，你怕吗？”岳飞说：“母亲，小小钢针算不了什么，如果连针都怕，怎么去前线打仗！”于是姚太夫人先在岳飞背上写了字，然后用绣花针刺了起来。刺完之后，岳母又涂上醋墨。从此，“精忠报国”四个字就永不褪色地留在了岳飞的后背上。

米芾画月亮的传说

宋时有位画家名叫米芾，他的画栩栩如生，非常逼真，在方圆几百里颇有名气。米芾脾气十分古怪，人们都叫他“米癫”。说他癫，其实他不癫。他很有骨气，不喜欢巴结人，尤其是对有权势的人，大到当朝天子，小到州官县令，他连句恭维话都没有。所以他虽有满腹才学，却终究没有步入仕途。

有个人和米芾的父亲米佐一起共事过，一直闲居在镇江，说起来同米芾的交情也有多年了。不过米芾总是看不起他，因为这个人见到做官的就拍马屁。有一次，这人为了巴结一个当朝的大官，就死皮赖脸地来央求米芾画幅中堂，好拿去孝敬大官。这人说一次，米芾答应一次，说两次，他答应两次，可答应了三年多，就是不曾动过一笔。后来，那个京城里的大官实在等得不耐烦了，三番五次地催：“米芾的画怎么还没有画好？”这人急得像热锅上的蚂蚁，生怕马屁拍不成。这天一大早，他就跑到米芾家里，恳请米芾画画。

他从早上坐到中午，又从中午坐到晚上，说了半天，只见米芾答应，不见米芾动手。一直到月亮升上来了，米芾才慢吞吞地踱着步子，走进书房去磨墨。这人一看，心中暗喜，也跟着进了书房。他才跨进书房，米芾已经把宣纸卷起来了。啊呀，真是神笔，画得这么快。这时，米芾就把纸卷交给这人，并吩咐说："好了，拿回去吧。不过路上不能看，到家才能看。我可不画第二张噢！"

这人接过画转身就跑，他跑着跑着心里嘀咕开了：米芾怎么画得这么快？这个人疯疯癫癫的，不是拿我开玩笑吧。他叫我路上不能看，我偏要看，路上看跟到家看还不是一样的。当时，他刚巧走到千秋桥上，他刚把画展开，只听见"扑通"一声响，一个"东西"掉到河里去了。他低头一看，只见一个月亮缓缓地往下沉，水里有两个月亮。再看看宣纸，上面什么也没有。他想，原来他画的是一个月亮，可现在掉到水里去了。他急忙回头去找米芾，米芾问他："谁叫你在路上看的？要怪就怪你自己，我说过不再画第二张了！"这人没有办法，只好灰溜溜地走了。回去想想不死心，又拿着竹篮子到河边去捞。捞了三天三夜也没捞到月亮影子。

后来，这件事越传越神，越传越远。有的人说米芾什么也没画，只是在宣纸中夹了一个月饼，料定那人在千秋桥上要取出来看，没想到月饼一下子掉到河里融化开了，所以他什么也找不到；也有人说米芾得到神仙相助，真的画了个月亮在上面。总之，从此以后，米芾的名声更响了。

趣味链接 米芾装癫索砚

米芾喜爱砚台至深，为了一砚，即使在皇帝面前也不顾礼节。一次宋徽宗让米芾以两韵诗草书御屏，实际上也想见识一下米芾的书法，因为宋徽宗也是一个大书法家，他创造的"瘦金体"也很有名气。米芾笔走龙蛇，从上而下其直如线，宋徽宗看后觉得果然名不虚传，大加赞赏。米芾看到皇上高兴，随即将皇上心爱的砚台装入怀中，墨汁四处飞溅，并告诉皇帝：此砚臣已用过，皇上不能再用，请您赐予我吧。皇帝看他如此喜爱此砚，又爱惜其书法，不觉大笑，将砚赐之。米芾爱砚之深，抱着所爱之砚，曾共眠数日。他爱砚不仅仅是为了赏砚，还不断地加以研究，他对各种砚台的产地、色泽、质地、工艺都做了论述，并著有《砚史》一书，为后人留下了宝贵的经验。

地震帮成吉思汗灭西夏

公元 1038—1227 年间，在中国的西北部，有一个与宋、辽（金）三足鼎立的少数民族王国——大夏国，史称"西夏"，都城为兴庆府（今宁夏银川市），其疆域方圆数千里，东尽黄河，西至玉门，南界萧关，北控大漠。西夏王朝存在了一百八十九年，其间经历了重武尚勇、安民求和、崇文虔佛、国道中落、族灭国亡的曲折过程，最终灭亡于成吉思汗之手。而鲜为人知的是，是地震帮了成吉思汗的忙，使他顺利灭了西夏。

13 世纪初，成吉思汗创建了蒙古汗国。由于自然条件的限制，蒙古漠北地区无法获得生活急需的农产品及其他更多的物资，为了满足经济上的需要，代表草原游牧贵族利益的成吉思汗，向四邻地区发动了一系列掠夺战争。

成吉思汗曾六次攻打西夏，从第一次进攻西夏的南宋开禧元年（公元 1205 年）算起，到南宋宝庆三年（公元 1227 年）蒙古军第六次出征彻底征服了西夏，前后经历二十二年，时间延续如此之久，并非蒙古军无力征服西夏，而是在此期间，他征服并统一了境外诸部落，无暇顾及西夏之事，更无全力进攻西夏的可能。另一方面，西夏始终不甘心臣服于蒙古汗国，每当蒙古军出兵攻打时，在力不能支的情况下，则无奈求和归降，一旦势力有所恢复，形势对自己有利和有机可乘时，就谋反。在二十二年的战争中，西夏毁约反叛多次，因而蒙古也用兵多次，由于西夏的伪降，情况更加复杂化，形成了“一打就降、一撤就叛”的局面。

南宋嘉定二年（公元 1209 年）三月，成吉思汗亲率大军，再次攻打西夏。蒙古军在贺兰山中段的克夷门遭到西夏军重创，伤亡惨重。相持两个月后，蒙古大军才包围了中兴府。西夏国主亲自上城督战，守城将士拼死防御。两个月后，蒙军在无计可施的情况下，趁天降大雨、河水暴涨之机，引水淹城。中兴府被围困达一月之久，城中居民淹死者无数。后来，城墙坍塌，决堤的河水四溢，蒙古军队也受到洪水的淹溺，在万般无奈之时，成吉思汗借西夏国主纳女求和之机，顺水推舟，同意退兵议和。

南宋宝庆三年（公元 1227 年）一月，成吉思汗再次围攻中兴府，自己带领大部分军队渡黄河进攻积石州，以彻底切断夏军后路。夏军日夜在都城坚守抵抗，多次打退蒙军的进攻。五月，成吉思汗回师隆德，因天气炎热，在六盘山避暑休整，派人前往中兴府劝降。

是年六月，西夏京畿地区发生强烈地震，房屋倒塌，瘟疫流行。被蒙古军队围困达半年之久的中兴府，粮尽援绝，军民多患病，失去了抵抗能力。西夏末主走投无路，只得派遣使节告谕成吉思汗，请求宽限一个月献城投降。七月，成吉思汗在六盘山区的清水（今甘肃清水县）西江得重病，病中立下遗嘱：死后暂秘不

西夏王陵

发丧，待夏主献城投降时，将他与中兴府内所有兵民统统杀掉。不久，西夏最后一个皇帝投降蒙古，蒙军带着末主及几位夏将行至萨里川时，成吉思汗病亡。为了防止夏主生变，蒙古军队遵照成吉思汗的遗嘱，一举荡平中兴府。至此，建国一百八十九年的西夏王朝终被成吉思汗灭亡。

元灭西夏后，以旧地设西夏行省，不久改宁夏行省，治所为宁夏路。宁夏者，寓意夏地安宁也。此名一直沿用至今。

趣味链接　西夏

西夏（公元 1038—1227 年）是中国历史上由党项人在中国西部建立的一个政权。唐中和元年（公元 881 年），拓跋思恭占据夏州（今陕北地区的横山县），封定难节度使、夏国公，世代割据相袭。北宋宝元元年（公元 1038 年），李元昊建国时便以夏为国号，称“大夏”。又因其在西方，宋人称之为“西夏”。

被人削去鼻子的开国皇帝

在开国皇帝的死亡方式中，战死沙场者有之，命丧政变者有之，囚禁饿死者有之，为爱殉情者有之。或壮烈，或悲惨，或苍凉，或凄美，因为头上闪耀着开创王朝基业的绚丽光环，所以他们的死，可歌可泣，相比之下，西夏王朝缔造者李元昊被人削去鼻子而死，则显得有些窝囊了。

鼻子，在古代叫作“准”。西夏开国皇帝李元昊也有一副“高准”。尽管他身材不高，脑袋滚圆，但在高耸鼻梁的有力带动下，整个人显得气度不凡，威风凛凛。就连北宋边帅曹玮看到李元昊的画像后，也忍不住发出了“真英雄也”的惊叹。

李元昊不仅长相奇异，且雄才大略，从小就立志王霸。父亲德明死后，李元昊继任党项族首领。其间，他“西掠吐蕃健马，北收回鹘锐兵”，势力范围“东尽黄河，西界玉门，南接萧关，北控大漠，地方万余里”。称帝后，李元昊“联辽制宋”，通过三川口、好水川、定川砦三大战役的取胜，从而确立了与辽宋的鼎足之势。

战争能铸就英雄，同时也会产生暴君。为了排除异己，防止外戚篡权，李元昊实行“峻诛杀”的政策，猜忌功臣，打击母党，稍有风吹草动，就举起屠刀。除了凶残嗜杀，李元昊还极其好色。看到儿媳妇美艳动人便占为己有；错杀了功臣野利遇乞后，便与其遗孀没藏氏偷偷幽会。而这两次好色之举，最终将李元昊推到了死亡边缘。

本来，母亲野利氏皇后被父亲废黜打入冷宫，太子宁令哥已是心存不满，而自己的爱妻又被父亲强行霸占，则让他与父亲反目成仇。野心膨胀的国相没藏讹庞，决定利用宁令哥与李元昊之间无法调和的矛盾，设计除掉太子，让妹妹没藏氏所生的儿子宁令谅祚取而代之。于是，在没藏讹庞的挑唆下，一条“借刀杀人”的毒计已在秘密筹划中。

延祚十一年（公元1048年）元宵节深夜，宁令哥乘李元昊醉酒之时，闯入禁宫用剑行刺。李元昊虽然躲过了致命的一剑，但整个鼻子却被剑刃削去第二天便崩逝了。

趣味链接 劓鼻

西夏人向来崇拜鼻子，所以，对外族人施以“劓鼻”之刑，一度成为这个民族的另类嗜好。据《西夏书事》记载，西夏和辽国发生战争时，李元昊总爱把被俘辽人的鼻子割掉后再放归，以此来羞辱敌军。如今，这种野蛮的刑罚竟然施加在自己身上，李元昊怒火攻心，羞于见人，最终一命呜呼。一个割掉数万人鼻子的操刀者，最终被亲生儿子削去鼻子，这无疑是历史对李元昊开的一个玩笑。

成吉思汗密台丘处机

提起丘处机，大家都觉得很熟悉，在金庸先生写的《射雕英雄传》和《神雕侠侣》中，他是一个武功高强的道士，与其他六位同门合称“全真七子”。但是，武侠小说毕竟是虚构的，和史料有很多不同之处，那么，历史上的丘处机是怎样的一个人，而成吉思汗为什么召见他呢?

丘处机，字通密，道号长春子，早年父母双亡，遍尝人间疾苦，向往长生之术。他十九岁入山学道，师从王重阳。曾在北京的白云观传道，光大了全真教，是龙门派的创始人。丘处机不仅是一个高道，更是一个德高望重、满腹经纶、博古晓今的有志之士。金、南宋两朝政府屡次下诏宣他入朝，都被他拒绝。当时丘处机的声望极高，甚至当时的杨安儿起义，在他的安抚下，也很快平息。

成吉思汗在建立蒙古王朝后，发动了大规模的扩张战争，为了治理天下，成吉思汗决定选贤举能，他得知丘处机德高望重，才能拔群，曾经两次遣使，想召他为国师，他都没有答应。但是成吉思汗求贤若渴，不肯放弃，在蒙古成吉思汗十四年（公元 1219 年）命刘仲禄第三次拜访丘处机，言辞恳切，请他到西域一见。当时的丘处机已经是七旬老人，本不想参与俗世纷争，但他审时度势，认为成吉思汗有一统天下之心，自己可以劝阻成吉思汗少生杀戮，有利于解救天下苍生，于是答应前往，带领弟子十八人远赴西域。

在奔赴西域的一年多时间里，他与弟子遍尝艰辛，终于在蒙古成吉思汗十七年（公元 1222 年）夏初，见到了成吉思汗。丘处机与成吉思汗正式论道有三次，他劝阻成吉思汗“清心寡欲”“敬天爱民”“好生止杀”，不但劝其远离大规模扩张之祸，还劝其以仁心治国方能平天下。并作诗曰：“十年万里干戈动，早晚回师望太平。”成吉思汗深感其言，认为他有神仙风骨，交代子弟大臣“天俾神仙，为朕言此，汝辈各铭诸心”，称丘处机为“神仙”。

当时的蒙古骑兵每攻占一地，轻者大肆劫掠、抓战俘和女人为奴隶，重者屠城，可是成吉思汗经与丘处机会晤后便少有杀戮，后来成吉思汗的子孙灭宋，中国的文化、建筑等没有遭到毁灭性打击，这中间丘处机所起的作用不可估量。后人评说丘处机有“一言止杀”之功。丘处机的最大贡献是使“四百州半获安生”，幸免于难的百姓“不啻乎百千万亿”；清高宗撰写一副对联，谓：“万古长生，不用餐霞求秘诀；一言止杀，始知济世有奇功”。后人赞他“救生灵于鼎镬之中，夺性命于刀锯之下”，“一言止杀”四字也成为简括丘处机贡献的常用词。

趣味链接 薛谦小说中的丘处机

在薛谦所著的《成陵密码》中，有一段关于丘处机决定见成吉思汗时说的话：“今大汗欲成霸业，故得数万之众不足以为疆，得千里之地不足以为广，今御驾亲征，西伐异域，难得而制也。其后必东征大金，南服宋夏，背北而成天下王。老朽悉知铁骑过往之处，千里无烟，民不堪命，故忧之也。当此之时，弃民坠涂炭而不顾，于心何忍也，此番西行，望化枭为鸠，实乃天赐苍生之洪福也。”众复劝之不能。真人意决，携十八弟子随刘仲禄西行，自为诗曰：“辞家别袂到西壤，万里赤地话凄凉。岂我薄情绝亲友，只为苍生免灾殃。”众阅之，无不流涕而去者，遂于一夜众口交传，出行之日，万民攀送，泪别百里……

仙人托梦助忽必烈渡过黄河

古代的一些人经常根据梦来占卜吉凶，以便趋吉避凶。常人的梦倒也无可厚非，可是作为帝王，他们的梦有时让人啼笑皆非。但是不得不说的是，有时候在战争中，梦也可以成为一种鼓舞士气、赢得胜利的手段。

一代战争天才忽必烈，一生征战无数，建立了多民族统一的国家——元朝。在建立元朝之前，他面临的一个问题就是灭掉南宋。但是，要攻打南宋，就要先渡过黄河，对于游牧民族来说，渡河无疑是非常艰难的。于是忽必烈带领士兵准备寻找一处水浅的地方，可是寻找了很久也没有结果，手下将士都有些急躁。

但是，在忽必烈的不懈努力下，最终还是找到了一处水浅的地方。可是他却没有告诉将士们，反而闭口不言。有一天，他将士兵召集起来，告诉他们自己做了一个梦，梦里有一个白衣飘飘的仙人，告诉自己在东边有一个浅水区，可以从那里渡过黄河。众将士不相信，于是忽必烈亲自带领众将士从这处浅水区渡过了黄河，这个时候大家才开始相信忽必烈说的是真的。于是忽必烈接着说：“天神庇佑，大元将兴。”众将士纷纷叫好，顿时士气高涨，可以想象得到，一群士气高涨的士兵，和一群毫无斗志的士兵交战，其结果将会如何。最终南宋灭亡，大元统一全国，成为中国历史上第一个少数民族建立政权的统一的多民族国家。

所谓“聪明莫若帝王”，倘若忽必烈在找到浅水区的时候，就告诉了众将士，是不会产生这么好的效果的。借白衣仙人说事，无形中自己成了顺天应命的代表，也增加了自己的威信与神秘感，这样的事情，只不过就是嘴上说说，却能抵得过战场中厮杀换来的功劳，何乐而不为呢？

忽必烈的“梦兆”之所以能收奇效，还有一个原因就是当时的将领军士，都是一些没文化的人，这样的人，最容易迷信从而被蛊惑，况且忽必烈作为君主，自然有一定的御人手段，借梦来达到增加自己威严的目的，也就不足为奇了。

趣味链接 蒙古族与那达慕大会

蒙古族非常看重增强人的体质，培养人勇敢的精神和顽强的意志。远在成吉思汗统一蒙古部落时，他就把“男儿三艺”（摔跤、赛马、射箭）作为一种士兵素质训练的活动，并把它列为“那达慕”的竞赛项目。“那达慕”是蒙古语，就是娱乐或游戏的意思。那达慕大会就是民间体育、游艺大会，多在蒙古草原祭敖包后进行，新中国成立后成为专门民间体育活动，多在重大节日期间进行。

元代天妃，全国尊奉

元代天妃是何许人也？通过资料印证，天妃说的是妈祖娘娘。说起妈祖，在中国的女神中，可称为三大女神之一了。从宋徽宗开始到清代，共有十四位皇帝对她进行了三十六次敕封。而元世祖忽必烈更是加封其为“护国明著天妃”，最后一次加封，更是封为“护国辅圣庇民广济福惠明著天妃”。妈祖在人们心中是守护海上安全的神灵与象征，那么在元代她究竟为什么得到这么高的尊荣呢？

妈祖原名林默，精研医理，通晓天文地理，能够预知休咎，经常引导人们预防海难，泽被乡里，得到很多人的尊敬。久而久之，她大仁大义的事就传开了。在她羽化飞升之后，人们多次见她身着红装在海上救助遇难呼救的渔民。于是，海上的人们就普遍供奉妈祖塑像，以求航行顺利。当时，妈祖的影响很小，只限于湄洲及周边地区。在死后一百年其影响力才逐渐扩大到岛屿的百里之外。直到宋徽宗时，朝廷才正式承认妈祖的信仰。而后宋代帝王的几次敕封，妈祖也从“夫人”变成了“妃”，身份倍尊，逐渐成为各地航海者崇拜的女神。但在当时有些地区，妈祖的影响力远不及其他神灵，得到全国性至高无上的崇拜，还是在元世祖忽必烈时期。

忽必烈建都北京，而官民、军队所需的粮食却要从江南提供，当时漕运走的是河道，京杭大运河年久失修，造成粮食供不应求，直接危及国家的安全。为保证粮食的供应，朝廷决定走海运，但是海运风险很大，动辄会遇到狂风恶浪，招致船毁人亡。在刚开始海运那几年，海难事故频发，闹得人心惶惶。统治者不得不听取海运官员和船工的意见，推崇汉人崇拜的妈祖，以此鼓舞士气，祈求漕运安全。也许是妈祖显灵，也许是漕运经验增多，自从供奉妈祖后，海难便少了，所以当时民间流传着很多妈祖帮助漕运的故事。

为了感谢妈祖护送漕运的功绩，元政府多次举行规模浩大的祭典，朝廷还派特使代表皇帝自北而南，逐一祭拜天妃庙。元政府除了派特使祭祀妈祖庙，还建立了一些新的妈祖庙，这些妈祖庙的建立都与漕运有关。元朝先后五次对妈祖的敕封，使妈祖的神格上升为“天妃”。上行下效，妈祖在元代就受到全国人民的尊奉。在古代，帝王对妈祖的推崇，对于妈祖信仰在全国的传播，意义重大。

趣味链接 关于妈祖的传说

传说妈祖每次在海上救难后，都要给每位遇险者一碗热气腾腾、香气扑鼻的兴化寿面，吃后不但能驱寒暖身，而且能逢凶化吉，久而久之，兴化寿面又被称为“妈祖平安面”，且闻名遐迩，成为保佑平安吉祥的首选食品。在南海一带，每逢亲友来访，寿诞喜庆，逢年過节，家人团聚，都要吃“妈祖平安面”，以求吉祥如意，平安幸福。

元末民众被逼挂“两面牌”

说起这个“两面牌”，在元末，也许代表的更是一种平民百姓身不由己的悲哀。可是，“两面牌”沿用至今，也就演变成了“两面派”。意思是人前一套，人后一套，言行不一，为人所不喜。

那么，这个“两面牌”怎么来的呢？话说元朝末年朝政腐败，征战连年，官员贪赃枉法，变本加厉地压榨百姓，百姓生活在水深火热之中，最终导致天下大乱。各地起义军纷纷揭竿而起，反抗腐朽的统治。其中，有一支以朱元璋为首领的义军，在河南一带与元军展开激烈的争夺战，双方势均力敌，久争不下，这可苦了城里的百姓，无论哪一方来，都要贴上各种标语来表示欢迎之情，否则就会有麻烦。

可是当时百姓连基本的吃饭问题都解决不了，哪有闲钱买纸张啊！而且老百姓也不识字，即便是新买的纸张贴上标语，没几天另一方的军队又进城来了，就要赶紧撕下贴上相应的标语，如此一来，频繁地变动，弄得百姓苦不堪言。这时候有人想出一个办法，找了一块薄薄的木牌，一边写着“欢迎元军，保境安民”，一边写上“欢迎义军，驱虏保国”，哪一方来，就翻到哪一面，百姓纷纷效仿。坏就坏在有一天，朱元璋的大将常遇春来到城里，看到家家户户高挂“欢迎义军”感到特别得意。无意中看见一个小孩子在玩木牌，然后看到了两面都写着标语的牌子，大吃一惊，于是挨家挨户查看，竟然都是“两面牌”，不由得恼羞成怒，于是，凡是门口挂两面牌的人家，不论老小，全部满门抄斩。

读到此处，不禁喟然长叹，统治者暴戾无道，却把怒火发泄到普通百姓身上，百姓何其无辜。“两面牌”代表了多少百姓的无奈与辛酸。在战火连天的年月，这是他们得以安身的无奈之举，却因此被屠戮，何其残忍。

不过，从此以后，人们就把阳奉阴违、见风使舵、脚踏两只船的人称作“两面牌”，随着时间推移，“两面牌”就演变成了今天的“两面派”。今天，我们说的两面派指的是这么一种人：明着道貌岸然，实则背信弃义；满嘴仁义道德，却行那不仁不义之事；嘴上喊着为民请命，实则贪赃枉法。而这种人具有极大的隐蔽性，不仔细分析，难辨真假。

“两面牌”是当时百姓的无奈之举，闻之令人心酸。而“两面派”则不然，有此称号者，人皆不齿。二者发音相同，实质迥然。

趣味链接 常遇春投奔朱元璋

常遇春去投奔朱元璋时，朱元璋态度很冷淡。他问常遇春：“你是不是挨了饿，想到我的队伍中找饭吃？”常遇春回答说：“我在刘聚手下打家劫舍，并不愁衣食，只是刘聚只知抢掠和盗窃，并无大志。我听说将军是位贤明智者，因此前来投奔，为将来的前程愿效死力。”朱元璋问：“你能跟我过江打仗吗？”常遇春回答：“将军指到哪里，我愿打到哪里，渡江之日，愿为先锋。”朱元璋见常遇春身材魁梧，体魄健壮，出语诚恳，就把他留了下来。

元朝灭亡为何怪在了贾鲁治河上

当一个朝代的兴替和一个人联系到一起，对于这个人来说无疑是不公平的，就和“红颜祸水”这个词对于女性的不公平一样。那么，什么原因致使贾鲁治河和元朝灭亡联系到了一起呢？

按理说贾鲁治河在当时是一件极大的功劳。“黄河决溢，千里蒙害，浸城郭，飘室庐，坏禾稼，百姓已受其毒”，可见当时黄河水患之深。而贾鲁治河也需要一个契机。当时，贾鲁提出两条治水方略：“一是修筑北堤，以制横溃；一是疏塞并举，挽河东行，以复故道。”简单点说，第一种方案就是死堵，花费少；第二种就是疏通与堵塞并举，花费多。脱脱丞相为贾鲁治河提供了一个契机，颇想办大事的他决定实行第二种方案，命令贾鲁全权负责治理黄河。他采用的是疏、浚、塞并举的方法，先疏后塞，然后引河东行，使复故道。此后，黄河大治，百姓得以免除河患。

可是，贾鲁治河也不是一帆风顺的。当时有一句民谣：“丞相造假钞，舍人做强盗，贾鲁要开河，搅得天下闹。”这样，贾鲁治河与元朝灭亡联系到一起有了一个引子。果不其然，至贾鲁治河之后，天下大乱，十多年后，朝廷易主。

其实，究其原因我们可以发现，至元武宗之后二十年里，元朝连续换了八个皇帝，皇室内部倾轧不断，政权极其混乱，动辄发展为内乱，各种政变和战争不断，百姓苦不堪言。而贾鲁所在的朝代正是元朝末代皇帝元顺帝统治时期，社会腐败已经到了积重难返的地步，元顺帝和脱脱实行新政，派出所谓的钦差大臣，可这些钦差大臣和各地腐败官员串通一气，变相压榨百姓。而新政中钞票的改革也不成功。这项改革极其拙劣，就是大印钞票，我们知道，这样做只会造成通货膨胀，物价飞涨。

在这时，贾鲁治理黄河花费的人力物力是巨大的，征发民工十五万，军士两万，无异于在加剧酝酿中的风暴。红巾军更是以贾鲁治河为依据，大力造谣，“莫道石人一只眼，挑动黄河天下反”，借编造的歌谣说事，造成大河南北民心惶惶的局势。在这样的局势中，治河的举措，无异于将元朝从风雨飘摇直接推向了崩溃的边缘，一场席卷全国的大规模动乱一触即发。

然而，世人终究会给清白之人一个公道。贾鲁治河乃利国利民之举，只不过时不与他。也许，我们可以引用一首诗来评价这件事：“贾鲁治黄河，恩多怨亦多。百年千载后，恩在怨消磨。”

趣味链接 贾鲁和贾鲁河

贾鲁治理黄河有功，黄河复归故道，汴河南流入淮，当地又恢复了生机。百姓为了纪念他，将汴河改名贾鲁河，把他曾经居住过的地方定名为贾鲁河村，当地人简称为贾河。至今，村里土地庙仍有“贾鲁河”的题字。现贾河村位于郑州惠济区。

金蝉化真人的传说

金朝时，莱州境内的武官村有一大户人家，户主姓刘，名百万。这刘百万娶亲已经过了整整八个春秋，却还没添上儿女。俗话说“三十无儿半辈孤”，这对已过三十的夫妻，就是因为无儿怕绝后，所以整天怨东怨西。夫妻俩在饭桌上不思茶食，在炕头上大眼对小眼，夫啼一长气，妻应一短喘，真是盼儿盼干了眼。

有一天，门外来了一个化缘的道士，正巧和刘百万在大门口相遇。道士手持一铜钵，口中念道：“施主莫忧愁，刘家会有后。”听了道士的话，刘百万感到愕然，觉得道士颇有来头，于是走到跟前问：“请道长指明得儿之路，在下愿付厚禄。”道士口念：“无量天尊，出家人不贪财，以度化还朴为本，观施主之印堂，有儿缘。今黄河泛滥，灾民成队，施主若能开仓施舍米粥三年，普救灾民，儿子即可得。”道士说完扬长而去。

刘百万求子心切，当天就命家中下人在大门前搭了席棚，熬粥施舍灾民。道士的话确实灵验，刘百万舍粥三年，灾民们也都相继返回了自己的家园。一天夜里，刘妻梦见太基山射来一股紫气，紫气中有一只闪光的金蝉，飞入她的口中，她顿觉腹内一阵剧痛。她被痛醒了，觉得这梦来得蹊跷，于是叫醒丈夫，说了刚才做梦的经过。百万听了后，也觉得蹊跷，马上穿好衣服，点上灯，仔细察看起妻子的肚子来。他用手摸，把脑袋贴在上面听了又听，觉得妻子的肚子和以往不同了，像是有异物在里面活动。第二天找大夫来看，发现妻子居然怀孕了，十月怀胎后，刘家真的生了儿子。乐得刘家夫妻召集亲朋好友，庆贺了三天三夜。刘百万给儿子起名长生，号处玄。这长生，自小聪明过人，书法、诗词无不通晓。但是长生不喜孔孟之学，偏爱老庄之说，整天以道为家，四处拜访道家名师。

一年春天，长生在自家的花园里闲逛，路过假山时，见假山的太湖石上题有一首诗，墨迹犹新，他走上前看个仔细，心想：好奇怪呀！诗竟没有首句，而只有末两句：“武官养性真仙地，内有长生不死人。”惊诧间，忽然从太湖石后面走出四个道士。走在前面龄高者，口中念道：“无量天尊！施主在意石上诗乎？”长生朝道长深施一礼，答道：“弟子寻师游遍中原，不见真师不识道，实感茫然苍凉。”道长道：“踏破铁鞋无觅处，得来全凭心静朴。今日在松之月下，你听我歌来：

‘钓罢归来又见鳌，也知有分列仙曹。鸣榔相笑知余意，跃出红波万丈高。’”长生听完歌，惊悟片刻，忙跪倒在地，叩头拜师。不久便得证大道，白日飞升。

趣味链接 昆仑山

昆仑山是道教主流全真派圣地。相传仙女麻姑在此修炼，道成飞升。而王重阳与其弟子北七真就是在此山创教布道。山中烟雾缭绕，霞光映照，另有洞天，九龙池九瀑飞挂，九泉相连，泰礴顶系昆仑山主峰、胶东极巅，登顶观一览众山小、沧海眼底收，不是泰山，胜似泰山。

明清——日月风云、落日余晖

朱元璋“造梦”钦点状元

中国历史上的很多帝王，都做过稀奇古怪的梦，并对外宣称这些梦是“上天的启示”。而在这些“启示”中，最具代表性也最荒唐的，就是朱元璋的了。

众所周知，古代的状元，都是皇帝钦点的。经过殿试选出进士以后，主考官将前几名（一般是前十名）进士的试卷呈送皇帝，由皇帝钦点状元。这本来是一件非常严肃的事情，可是朱元璋却因为一个梦，就把状元确定下来了，这不免让人忍俊不禁。

这件事情发生在明洪武十八年（公元 1385 年）。科举大考结束后，经过层层筛选，一轮轮淘汰，终于到皇帝钦点状元的时刻了。殿试主考官将十名进士的名单及考卷递上，朱元璋只是简单浏览了一遍，就毫不犹豫地大声宣布状元为丁显。朱元璋的决定让所有大臣惊诧不已。皇帝只是浏览了一遍名单，连考卷都没有看过，怎么就能把状元定下来呢，这未免也太草率了些。

若论吃惊，谁也比不上殿试主考官，因为这十名进士是他严格把关挑选出来的，论成绩，排在首位的是一位名叫花纶的考生，而丁显的成绩很靠后，明显不够做状元的资格，而在参加殿试以前，他的身份也不过是太学生。殿试主考官对这一结果十分不解。

殿下的骚动多少让朱元璋有些烦躁，而凡事有果必有因，钦点丁显为状元，总得和大家解释一下缘由。于是朱元璋将自己的梦和盘托出：

“昨夜，我做了一个梦，在梦中，我看到一个特别大的钉子牢牢钉在墙上，这枚钉子不仅个头大，而且其周围还缀着几缕白丝。醒来后，我百思不得其解。当我浏览名单时看到丁显这个名字，我马上就想起了昨天晚上做的梦，正所谓‘丁者钉也，显者应梦也’，这显然是老天的启示啊，丁显一定是个能使国家稳固安定的人才。我岂有另择他选的道理？你们有谁打算违逆？”

群臣无一作声。就这样，年仅十七岁的丁显，因为朱元璋的一个梦而中了状元，而他亦是中国历史上年龄最小的状元，人称“应梦小状元”。

后世史学家认为，朱元璋并非荒唐之君，不可能把点状元这事当成儿戏，但他却是一位多疑猜忌之主，很多功臣都因此成了刀下亡魂。在这次科举考试中，很可能是朱元璋的疑心病再次发作，怀疑阅卷大臣暗地里玩把戏，拉私人关系。所以，他依据一个只有他自己才知道是真是假的梦境，选出了另一个应试者取而代之。

趣味链接 朱元璋“造梦”为关羽建功臣庙

洪武初年，朱元璋称帝不久，便下令为开国功臣建庙。庙刚建好时，朱元璋向大臣们宣布说：“昨夜我梦见关羽，他询问我为何不给他建庙。关羽还说，当年明军在鄱阳湖与陈友谅决战之时，他曾领十万阴兵助战，功劳极大……”讲述了这个梦后，朱元璋责令工部为关羽建庙，其他功臣暂不考虑。

不难看出，关羽之梦纯属胡言，这明明是朱元璋编造的梦，试图让臣民们相信，大明政权是应天而兴，得到神人保护，自己则是真龙天子。学者大都认为，殿试前夕所做的那一场梦大概也是朱元璋编造的，其目的就是对主考官拟出的结果予以否定。

朱元璋为何与孟子过不去

明朝开国之初，人才奇缺，朱元璋在登位的次年，即洪武二年（公元 1369 年）诏令全国府、州、县兴办学校，几年下来，颇见成效。据《明史·选举志》记载，即便是穷乡僻壤，也有儿童入学，诵读之声不绝，为唐宋以来所未有。朱元璋很重视教育工作，他多次申令全国的士子非四书五经之书不读，孔孟之书又必须以朱熹之注为准。

马上可得天下，但马上不能治天下。明太祖朱元璋深谙此理，他夺取天下后，十分注重学习，在圣贤书中寻求治国之道。当他翻到《孟子》卷四《离娄下》时，龙颜大怒，曰：“这老儿要是活到今天，非严办不可。”因为这一章里，有这样一段话：“孟子告齐宣王曰：‘君之视臣如手足，则臣视君如腹心；君之视臣如犬马，则臣视君如国人；君之视臣如土芥，则臣视君如寇仇。’”

孟轲竟然如此胆大，竟敢鼓动人们在皇帝对待他们不好时，就把皇帝当作仇敌贼寇，那还了得。《孟子》中记载孟子时常在各国的国君面前，从平民的角度直言告诫国君应该做什么，不应该做什么，在朱元璋看来，这有伤国君的尊严。特别是孟子的言论“民为贵，社稷次之，君为轻”，更是让这位大明开国皇帝怒不可遏：民贵君轻，成何体统，是可忍，孰不可忍？

皇帝一发怒后果就严重了，他诏告天下，说孟子的不少言论“非臣子所宜言”，居然罢免了孟子千百年来在文庙里和列位大儒共享祭祀的资格，下令将孟子逐出文庙，不得配享（旧时中国的文庙多以颜渊、曾参、子思、孟轲配祀孔子，其中颜渊、子思居孔子的右边，曾参、孟轲居孔子的左边，统称四配）。并发狠说，诸大臣“有谏者以不敬论，且命金吾射之”。

孟子认为，要为民而想，不要把人民厌恶的东西强加给他们。《孟子·离娄上》曰：“得其民有道：得其心，斯得民矣；得其心有道，所欲，与之聚之；所恶，勿施尔也。”孟子把这种“以德服人”的政治称为“仁政”“王道”。相反，把“以力服人”称为“暴政”“暴君”。“以力服人者，非心服也，力不赡也；以德服人者，中心悦而诚服也。”天子若“以德服人”，就是“仁者”，而仁者是无敌的。孟子的“民本”思想，怎么能被正欲通过强权建立千秋大业的朱元璋所容？所以厄运降于孟子成为必然。

可偏偏有不怕死的读书人，一个叫钱唐的士子毅然上疏，反对皇帝把亚圣孟子打入冷宫，明知劝阻皇帝有杀头之罪，仍然入朝抗旨劝谏，他说：“臣为孟轲而死，死有余荣。”说罢，让人抬着事先准备好的棺材，袒着胸，抱着必死的决心，向皇城奉天殿方向走去。

进入奉天殿，朱元璋果然命御林军卫士杀气腾腾地引满弓，等着他到来。见到钱唐视死如归的模样，朱元璋更加恼恨，便让卫士连射几箭，钱唐的左臂、右肩、胸部都中了箭，被射倒在朝堂，但是他仍然挣扎着向皇帝座前爬去。

朱元璋看钱唐“情辞剀切”，不禁“为之感动”，他不仅没有因此而治钱唐的罪，还命令太医仔细地为他治疗箭伤。再加上朱元璋下令将孟子逐出文庙的第二天，就有主管天文的官员奏报说文星黯淡无光，朱元璋心生疑虑，认为是上天在示警。不久，朱元璋又下了一道谕旨：“孟子辨异端，辟邪说，发明孔子之道，配享如故。”极不情愿地把孟子的牌位又请了回去，恢复了孟子在文庙中的一切待遇。

趣味链接《孟子节文》

朱元璋对孟子终究耿耿于怀余恨难消，后来，他又命令臣子“删孟”，将上述那些光彩夺目的名言都删去，共删去《孟子》原文八十五条，只剩下一百七十多条，编就一本《孟子节文》，又专门规定，科举考试不得以被删的条文命题。

朱元璋未曾料到的是，他的这本《孟子节文》，并没有长久流传下去，甚至到他的儿孙接班当皇帝后，就已经不怎么强力提倡了。后来，它也就渐渐湮没无闻了。现在国家图书馆里，还收藏有这本书，那自然是珍本孤本，鲜有人读。这就是历史的辩证法，任何倒行逆施，都挡不住滚滚向前的历史潮流。哪怕你是权倾天下的皇帝，也只能落得“徒增后人笑耳”。

剥皮亭为谁而设

众所周知，明太祖朱元璋是穷苦人出身，从小吃过很多的苦，饱受元朝贪官污吏的剥削。而且他的父母和长兄，也都死于残暴的剥削和瘟疫，所以他从小就立下誓言，长大后一定要杀尽天下的贪官污吏。洪武二年（公元1369年），朱元璋在全国上上下下掀起了一股轰轰烈烈的“反贪污”运动，矛头直接指向从中央到地方的各级贪官。

朱元璋对贪污六十两银子以上的官员格杀勿论。当他发现御史宇文桂身藏十余封拉关系拍马屁的信件后，立即派人对中央各部和地方官府进行调查。结果显示，从上到下贪污腐败现象极其严重，他龙颜大怒，立即诏令天下：“奉天承运，为惜民命，凡官吏贪赃满六十两者，一律处死，决不宽待。”并称从地方县、府到中央六部和中书省，只要是贪污，不管涉及谁，决不心慈手软，一查到底。

朱元璋还发明了种种残酷刑罚处置贪官。朱元璋认为把这些贪官一刀斩了，真是太便宜他们了，而且也不解恨，还会有很多官员贪污受贿，必须想到一种酷刑，以达到震慑其他官员的效果，于是便发明了挑断人的手筋、脚筋、削膝盖等酷刑。

此外，他还创造了“剥皮实草”刑法，把那些贪官拉到每个府、州、县都设有的“皮场亭”剥皮，然后在皮囊内填充稻草和石灰，将其摆放在处死贪官后任职的官员的公堂桌座旁边，以警示继任之官员不要重蹈覆辙，否则，这个“臭皮统”就是他的下场。这种触目惊心的举措震慑了一批官员，使他们的贪赃行为大为收敛。

“享受”到剥皮这一待遇的第一人，便是朱元璋的老部下朱亮祖。他是赫赫有名的开国大将，被封为永嘉侯，镇守广州，可谓位高权重，但是此人焦躁狂傲，不把一般人放在眼里。

当时广州有个县令叫道同，是一个清廉的官员，由于执法严谨，得罪了当地的土豪劣绅。这些土豪吃了亏，便找到朱亮祖，给了他很多好处，希望他为他们出头治治这个县令。被利益熏昏头脑的朱亮祖同意了。从此朱亮祖便与道同发生了正面的冲突，谁也不让着谁。朱亮祖不但用自己的官兵包围县衙，还强行救出犯人，并且恶人先告状，上奏列举了道同一大堆罪状。而道同也同样把朱亮祖的恶行上奏给了皇上。但是朱亮祖的弹劾信先到。于是朱元璋大怒，下令把道同抓起来放入剥皮亭，就地正法。就在他下令不久，道同的信也到了，可是为时晚矣。后来朱元璋把朱亮祖与他的儿子全部抓起来，亲自动手进行鞭打。最后他们二人被活活鞭打而死，而且朱元璋下令把所有相关的恶霸全部杀死，并把朱亮祖儿子等人的皮剥下来，悬挂在闹市，供人参观，以起到警示官员的作用。

朱元璋从登基到驾崩，“杀尽贪官”的运动始终未曾减弱，但是贪官现象也始终没有根除，所以他晚年只能发出“如何贪官此锁，不足以为杀，早杀晚生”的哀叹。

趣味链接 朱元璋削刺

朱元璋残忍屠杀自己的大臣，太子朱标很不理解，为此，朱元璋命人取来一根长满刺的棘杖，叫太子去拿，太子不知道该怎么拿。朱元璋见状，拿起宝剑，一阵猛削，很快将所有利刺全都削去，棘杖变得十分光滑，很容易就可以拿起来了，朱元璋说道：“如今我所杀的，都是一些很难对付的险恶之徒，就好比这根棘杖上的利刺，我把它们除掉后，再把木杖交给你，难道还有比这再好的吗？”

不料太子却不以为然，回答道：“上有尧舜之君，则下有尧舜之民。”这无疑是指责父亲不是尧舜之君，朱元璋勃然大怒，抓起椅子向太子砸去，太子吓得赶快跑开了。

马皇后“露马脚”的趣事

“露马脚”一词，在中国人的生活中常常可以听到，意思是不光彩的事显出破绽、暴露真相。据说这个词，与明朝的马皇后有关系，这究竟是怎么一回事呢？

宋元时期，“以不缠足为耻”的观念在贵族官僚阶层十分盛行，出身名门的大家闺秀，必须缠足，不管用什么残酷的办法，缠出来的脚要小至三寸。当然，普通百姓家的闺女是不用缠足的，因为身份阶层低。

朱元璋的皇后马氏，出身于安徽宿州一个贫农家庭。因家境贫寒，所以没有资格缠足。又因为从小就要下地干活，所以即便自己偷偷想缠，也没有机会，于是自然而然地长成了一双今人看起来再正常不过，但在古人看来象征着卑微身份的大脚。因此，即便后来跃居明朝开国国母之位，深居皇宫享受荣华富贵，马皇后依然对自己的一双大脚备感无奈。据说，马皇后每当与臣子宾客相见，总是用衣服的下摆或裙子，将脚严严实实地遮盖起来。

马皇后

有一次，马皇后到金陵（今南京）巡游，当她乘轿经过街市时，忽然刮起来了一阵大风，将轿帘掀起一角，马氏搁在踏板上的一双大脚，一下子暴露了出来，虽然她急忙把脚缩了回去，可沿街的老百姓已看得一清二楚。于是马皇后露大脚一事迅速在全城传开，轰动了整个京城。因为皇后姓马，所以大家后来用“露马脚”一词，来形容那些不便公开，但被暴露真相的事，该词一直流传沿用至今。

趣味链接 贤后“马皇后”

在朱元璋打江山的岁月里，马皇后始终和他患难与共。在最艰难的岁月，马皇后全力帮助朱元璋成就大业，屡次助朱元璋死里逃生。

朱元璋成了皇帝后，对马皇后一直非常尊重和感激。而马皇后虽地位显赫，但始终不忘民间劳苦，不改勤俭本色，时常用自己的言行规劝、影响朱元璋。她惩奸佞，从不手软；扶良善，鞠躬尽瘁；保忠臣，机智灵活；助皇上，能屈能伸；革陋习，坚决果敢；倡新风，大马金刀……因此，朱元璋称“家有贤妻，犹国之良相”。

马皇后死后，朱元璋和大臣们伤心不已。很多大臣都得到过皇后的恩惠，受到过皇后的庇护，他们都为失去了这样一个善良的人而感到惋惜。而朱元璋更是终生不再册立皇后，以示对马皇后的敬重和怀念。

马皇后对后世影响很大，从明、清诸后到普通民妇，皆以马皇后为楷模，争相仿效。她是后世史家公认的贤后。

朱棣两次血洗后宫，屠杀三千余宫女

明成祖朱棣是中国历史上少数几个精明能干的帝王之一。他很有能力，精力旺盛，曾五次亲征蒙古，巩固了北部边防。他曾多次派郑和下西洋，加强了中外友好往来，并编修《永乐大典》，疏浚大运河。他在位期间经济发展迅速，国力强盛，史称“永乐盛世”。以上这些功绩是上至史学专家、下至平民百姓一致认同的。然而，朱棣性格固执、刚愎自用、猜忌多疑、杀人如麻，尤其是在暴怒之时，更是杀人不眨眼。比如，朱棣曾先后两次清洗后宫，一共屠杀了三千多名宫女。究竟是什么原因，让这么多佳丽惨死在朱棣的屠刀之下呢？

据史料记载，明成祖朱棣第一次对宫女进行大规模屠杀是在永乐初年，这次残杀的数量较少，只有一百多名；第二次发生在永乐末年，这次屠杀的宫女数量超过了三千人，如此大规模的屠杀行动，在中国历史上实属罕见，亦让很多人难以理解。要弄清明成祖屠杀宫女背后的故事，还得从永乐初年说起。

永乐初年，明成祖朱棣在全国各地广选美人，以充实后宫，而来自朝鲜的美女权氏，凭借绝佳的容貌和过人的才华，在甄选过程中脱颖而出，被朱棣特封为权贤妃。

永乐八年（公元 1410 年），生性好战的明成祖朱棣，率军出征漠北。此外他还钦点了权贤妃及几名宫女，和他一同随军出塞。但是令朱棣万万没有想到的是，集万千宠爱于一身的权贤妃，竟然在大军凯旋的路上得病身亡，这给爱江山也爱美人的朱棣，带来了沉重的打击。

然而，在明成祖伤心欲绝之时，宫中有人向朱棣禀报：权贤妃是被随行宫女吕氏下毒致死的，吕氏和权贤妃是当年一同参加甄选的秀女，吕氏因落选十分苦闷，而权贤妃的受宠，更是令其嫉恨不已，于是在大军北征凯旋途中，对权贤妃下了毒手……朱棣听后勃然大怒，立即命人抓来吕氏盘问，吕氏大喊冤枉，声称自己是被宫女贾吕诬陷，她们二人素来有隙，而真正嫉恨权贤妃的人是贾吕……

以上陈词让原本愤怒的朱棣更加暴怒，究竟谁杀死的权贤妃，暂且不论，但宫中竟然有这么多人都在嫉妒、算计着权贤妃，这如何能让朱棣容忍呢？于是，朱棣没有细查，便诛杀了包括吕氏、贾吕在内的一百多名宫女。

一段时间过后，朱棣逐渐从悲痛的情绪中走了出来，而王贵妃一跃成为明成祖最为宠爱的妃子。但王贵妃命薄，当明成祖朱棣准备册立她为皇后时，她突然得病去世，走完了极其短暂的一生。王贵妃的去世，使朱棣再一次经历丧失宠妃的伤痛。

事有凑巧，正在明成祖朱棣伤心欲绝之时，后宫中又传出了宫女鱼氏与小太监私下结好的丑事，朱棣听后甚为恼火，雷霆大发，鱼氏和小太监吓得双双上吊自尽。

为了查出宫廷究竟还有多少类似的丑闻，朱棣决定亲自刑讯一批宫女，而结果更是让他后背发凉，脑袋直冒冷汗：竟然有宫女要谋杀皇帝！这个消息无异于一个晴天霹雳，朱棣震惊、恼怒之余，发动了第二次清洗后宫的屠杀行动。

据《李朝实录》记载，当宫中宫人被惨杀之时，适有宫殿被雷电击中，宫中的人都很高兴，以为朱棣会因害怕报应而停止杀人，可是朱棣依旧如故，丝毫“不以为戒，恣行诛戮，无异平日”。

趣味链接 朱棣大屠杀

朱元璋、朱棣父子都重杀戮，朱元璋最为出名的是“蓝玉案”。但是相比较而言，其子朱棣的屠杀清洗则更加残忍。朱棣通过发动“靖难之役”，抢了自己亲侄子建文帝朱允炆的皇位，为了巩固自己的统治，屠杀建文帝遗臣，就是他登基后的首要任务。

在“东厂、西厂、锦衣卫、瓜蔓抄”四张大网交错捕杀的情况下，屠杀活动前后长达十年之久，无辜罹难者成千上万，难以尽数。其杀戮之惨，手段之恶，株连之广，为历朝历代所罕见，因而后人对此严厉谴责。有人批评说：“当日文皇之暴，甚于嬴秦，奸党之诛，烈于东汉。”

失踪的《永乐大典》正本

《永乐大典》编撰于明永乐年间，初名《文献大成》，是中国百科全书式的文献集，全书目录60卷，正文22 877卷，装成11 095册，约3.7亿字。这一古代文化宝库汇集了古今图书七八千种，也是一部古今中外所罕见的大型类书，是中国古代最为成熟、最为杰出的百科全书。成祖朱棣在永乐三年命高僧姚广孝和翰林学士解缙，带领三千多文臣开始编订这本书，前后耗时四年。而目前，在全世界范围内，已经发现的《永乐大典》只有800余卷，400册左右。更令人不解的是，目前全世界各地收藏的《永乐大典》全都是后来誊抄的副本，而正本至今一卷也没有发现。不仅如此，专家们发现，目前全世界所能见到的《永乐大典》副本都不是永乐年间编纂的。

那么，《永乐大典》除了永乐年间的这个版本外，到底还有几个版本？永乐年间的版本为什么一册未见呢？

据史书记载，《永乐大典》修成之后，明朝各代帝王中查阅过《永乐大典》的人寥寥可数。明世宗嘉靖皇帝却是一个例外。继位于公元1522年的嘉靖皇帝在明朝历史上并不是一个光彩的角色，在位四十五年，崇信道教，朝政昏庸。然而，就是这样一个皇帝，却似乎对《永乐大典》产生了特别的兴趣。

朱棣

嘉靖三十六年（公元1557年）四月，皇宫发生大火，存放《永乐大典》的文渊阁受到威胁，情况非常危急。嘉靖皇帝一夜下了三四道命令，令人登上文渊阁抢救《永乐大典》。幸亏抢运及时，《永乐大典》才得以逃过这次浩劫。嘉靖皇帝因此心有余悸，决心将《永乐大典》重新抄录一部，“贮之他所，以备不虞”。

大火之后的第五年秋天，工程浩大的重录工作正式开始。据史书记载，重录的《永乐大典》在内容、格式、装帧方面与原本如出一辙。此后，《永乐大典》便有两个版本。现在人们习惯于把永乐年间的第一个版本称为永乐正本或者永乐本，把嘉靖年间的重录本称为嘉靖副本或者嘉靖抄本。目前流散在世界各地的《永

永乐大典

乐大典》全都是副本。这就是说，《永乐大典》正本失踪了！ 11 095 册《永乐大典》正本已经彻底消失了几个世纪！

关于《永乐大典》正本的消失有几种说法：第一种说法，是毁于清乾清宫大火说。清朝末年的一位学者缪荃孙提出了这种看法。乾清宫的历史可以追溯到清顺治十二年（公元1655年），康熙八年（公元1669年）重修。然而，我们目前所见的乾清宫并不是建成于这个年代，而是在嘉庆二年（公元1797年）之后修建的。重建的原因，正是因为嘉庆二年（公元1797年）发生的一次大火，几乎将整个乾清宫彻底毁灭。而《永乐大典》正本就存放于乾清宫。

第二种说法是毁于明亡之际，也就是认为它们被李自成焚烧了。当年，李自成和他的大顺军队攻占北京，起义达到了辉煌的顶峰，可是这种辉煌只维持了短短四十天，吴三桂、多尔衮的联军便击败了这支由农民组成的军队。在李自成匆匆撤离北京之际，他将怒火发泄在京城这些几百年的宫殿和城楼上，下令放火焚烧。但这种说法也没有真凭实据。当时的确烧毁了许多古籍，但没有资料记载烧的就是《永乐大典》，这只是一种猜测。

尽管众说纷纭，说法不一，但一个不可改变的事实是，几百年来，《永乐大典》正本却再未现身过，所有的正史野史也找不到关于正本的准确记载。

趣味链接 明成祖接到大臣可笑的提案

明成祖朱棣经常让下面的人提一些民间的提案，但明成祖郁闷的是，他曾遭遇了大量的无关宏旨、不着边际、平庸琐屑、无补于政的“提案”。对此他啼笑皆非，不得不果断驳斥之。提案一说：野蚕结茧，建议开庆祝会。皇上回答：蚕结茧是常理啊。提案二说：皇帝讲话多了，劝谏皇帝少说话，养养精神。提案三说：据说山谷中传出“万岁”声，要求庆贺。皇上说，连回声的道理都不懂吗。提案四说：有兔唇缺陷的人不能担任武官。明成祖回答：战国时军事家孙膑虽然被削掉了膝盖骨，但他的智谋可用，照样拜将封帅。

明朝"妖书"案

所谓明朝妖书，实为一篇名叫《续忧危竑议》的文章，文章仅几百字，充其量只能算得上反动传单，但让人难以想象的是，就是这样简简单单的一篇文章，被一群别有用心的大臣，利用为荼毒朝臣的工具，奇案就此发生。

明万历十六年（公元 1588 年），山西按察御史吕坤把历史上贤德女人的故事以图解的方式编成了一本书，命名为《闺范》。此书一出，随即传遍大江南北，"成闺门至宝矣"。后来，该书传到了万历皇帝手后，万历皇帝看后大为赞赏，当即命人拿给后宫嫔妃们阅读。妃嫔看后个个感触颇多，然而感觉深受教育的，当属万历最宠爱的郑贵妃。郑贵妃是一个很有心机的女人，她恃宠而骄，尤其是在生下皇三子朱常洵后，更是不可一世。

早年，万历皇帝曾经偶然临幸过一位姓王的宫女，意外地生下太子朱常洛。郑贵妃既然得宠，于是便想方设法地在暗中算计朱常洛，想要自己的儿子继承太子之位。

万历二十三年（公元 1595 年），郑贵妃读了《闺范》后，自作主张地在书里增补了十二人，公然把宫人出身的明德皇后作为开篇，把自己作为末篇。还作了序，书名为《闺范图说》。

万历二十六年（公元 1598 年），事情发生变化，市面上流传着一篇文章——作者署名为"燕山朱东吉"的《忧危竑议》，是专门为郑贵妃的《闺范图说》作的跋。主要内容是说，《闺范图说》之所以把明德皇后作为开篇，是为了帮郑贵妃荣登皇后宝座造势。一时风声四起，郑贵妃见事情牵连到自己，第一反应是跑到万历那里去哭。对郑贵妃宠爱至深的万历，连忙把所有事情揽在自己身上，此事到此为止。

然而一波未平，一波又起，万历三十一年（公元 1603 年）十一月十一日的早晨，京城某些人家门口放着一封信，信封上写着"国本攸关"的字样。里面的文章是署名为"郑福成"的《续忧危竑议》。"反书"的力量是惊人的，这本书在京师一夜之间就传遍了宫门街巷。

此书以问答体写成，说皇上册立朱常洛为太子是出于不得已，还说郑贵妃与一些大臣勾结，欲废朱常洛另立自己的儿子为太子。整篇文章用词闪烁诡妄，"郑福成"的托名，也蕴含了"郑氏"的儿子"福王"朱常洵"当成"皇帝的意思，所以被人们称作“妖书”。被郑福成点名批评的还有内阁辅臣沈一贯，其余被点名的官员也有十多个。

万历一见此书，当即怒斥“胡闹”，命锦衣卫速速查办，一下子掀起了一股滥捕之风。许多人借此发泄党争仇隙、个人恩怨。这个与同僚不和，便说妖书是同僚搞的；那个人看别人不顺眼，就报告说他是“妖人”；连和尚、医生都被抓了起来，一时廷狱人满为患，京城人人自危。

当时内阁只有三位辅臣，首辅沈一贯，两个次辅是朱庚和沈鲤。沈一贯是郑贵妃的人，他一向善于排斥异己。他与次辅沈鲤一向不和，沈鲤以前曾经做过万历皇帝的侍讲官，入阁以后也很受器重——他的门人弟子郭正城这时正在做东宫侍讲，也很受太子朱常洛的信任和尊敬。于是，“妖书案”一出，沈一贯以首辅的身份亲自办理此案，首先将矛头指向威胁到自己地位的沈鲤，上奏说沈鲤勾结党人，反对朝廷，希望皇帝严惩沈鲤等人。万历皇帝这时已经被闹得晕了头，一见到奏疏，就马上下令逮捕沈鲤进行审问。接下来沈一贯便找郭正城清算。郭正城曾是太子的老师，所以正当沈一贯要整郭正城之时，太子出面了，几经努力，才使得郭正城免遭毒手。沈一贯又派人去沈鲤家中搜查，也没查出什么东西。

十一月二十一日，锦衣卫捕获了一名可疑的男子，据他供认，其兄皦生光有重大嫌疑。皦生光，应天府秀才，他与郑贵妃的伯父有某种关联，于是沈一贯找来亲信刑部尚书萧大亨，意思是让其在审案的时候，引导皦生光把事情往郭正城身上引，但是没有得逞。沈一贯又命人对皦生光严刑逼供，要他指证郭正城，皦生光还大义凛然地说道：“死则死耳！奈何教我迎相公指，妄引郭侍郎乎！”但是，一连多日酷刑，皦生光终于受不了了，无奈之下，他屈打成招，求得一死，算是解脱了。

万历三十二年（公元1604年）四月，皦生光被凌迟处死。可怜皦生光，一个柔弱秀才，莫名被人拉来做了替死鬼。这次案件的牵涉范围之广，使一开始持明确态度要求严查的万历皇帝也感到惊心不已。他到这时才发现，由于国本之争，由于他多年拒不理政，朝廷上的党派之争，已经达到了令人吃惊的程度。万历皇帝还梦想着让各党互相牵制，以利于稳固自己的统治，但就是他这种姑息放任的态度，促进了党争的发展，最终明朝就在党派之间的倾轧斗争之中灭亡了。

那么这本令朝野震动的妖书究竟是何人所写呢？有人说此书出自清流之手，想倾覆沈一贯；有的说此书是想诬陷清流领袖郭正城，因为郭正城见忌于沈一贯，这是一个阴谋；还有人说沈一贯听命于郑贵妃，这妖书是郑贵妃指使人所写。各种说法不一而足，到底出自哪里，有何目的，或许真的只能是一个谜了。不过，许多人因为这场“妖书案”而拷掠牵连，众多朝官遭受荼毒倒是事实。

趣味链接 红丸案

万历四十八年（公元1620年），神宗病死，太子朱常洛继位为光宗，年号泰昌。曾侍奉神宗的郑贵妃为讨新皇帝开心，挑选了八名美女，送给光宗。光宗纵欲过度，身患疾病，太监崔文生给皇帝吃了泻药，致使皇帝腹泻不止，病情加重。首辅大臣方从哲举荐鸿胪寺官李可灼，说他有奇效的药丸。于是，光宗服下了李可灼进献的红丸，昏睡过去，次日凌晨就驾崩了。光宗从继位到驾崩，仅一个月的时间，是明代最短命的皇帝。这件奇案就是明朝历史上著名的“红丸案”。“红丸案”发生后，震惊朝野，宫廷内的斗争随即展开，大家纷纷互相指责，局面非常混乱。

姓朱又属猪，明武宗下令禁止养猪

明正德十四年（公元1519年），在位的正德皇帝朱厚照向全国颁布了一道令人匪夷所思的“禁猪令”：“养豕之家，易卖宰杀，固系寻常。但当爵本命，既而又姓，虽然字异，实乃音同，况兼食之随生疮疾。宜当禁革，如若故违，本犯并连当房家小发遣极边卫，永远充军。”

此令一出，全国轰动，那些生怕引火烧身的老百姓，立刻把家里的猪全部杀掉，贱价出卖，连小猪也全部杀死埋掉。受影响最大的是江北地区，后来一直蔓延到京城。据《明实录》记载，“禁猪令”下达之后，武宗巡幸所到之处，猪全被屠杀，农家养的猪，都投入水中，以致祭祀时不得不以羊代猪。那么武宗为什么要禁猪呢?

仔细分析这条诏令不难发现，明武宗姓朱，生于明弘治四年（公元1491年），当年正好是十二生肖中的猪年，明武宗朱厚照属猪兼姓朱，且“猪”与“朱”同音，因而明武宗亦把养猪、杀猪这样的寻常事，视为对皇帝大逆不道的行为。如果谁还养猪，就是在养皇上，而杀猪则更是大不敬了。不过，明武宗找了一个看似合理、爱惜百姓的借口，说食之会生疮得病，所以才下了这一命令。

一个月后，留守京师的内阁大学士杨廷和得知此事，专门上了一道《请免禁杀猪疏》。他从科学和关心民生的大局出发，逐条驳斥了明武宗“禁猪”的理由，并建议重新颁诏天下，废止“禁猪令”，让百姓安于生计。三月，礼部上奏说，国家的正常祭奠都要用牛、猪、羊三牲各一，如今猪肉绝迹，无法按常例进行，请求更改。迫于各方面的压力，明武宗不得不悄悄取消禁令，但在圣驾所过的地方，需稍为回避。一场只坚持了三个月，却被后人笑话了近五百年的禁猪闹剧宣告结束。

趣味链接 禁狗令

类似“禁猪令”的荒唐命令，并非明武宗首创。如唐朝李姓皇帝因为“鲤”与“李”同音，就禁止人们烹食鲤鱼；宋徽宗赵佶因为属狗，曾下令天下臣民禁止杀狗。

宋徽宗出生于宋神宗元丰五年（公元 1082 年）五月初五，干支壬戌年，按中国十二生肖的算法，他属狗。宋代朱弁《曲洧旧闻》载：“崇宁初，谏官范致虚向皇帝提出建议，说陛下生肖属犬，人间不宜杀犬。”宋徽宗接受了这个建议，严令禁止屠狗，甚至禁天下养狗。范致虚因此得赏钱两万。当时的太学生听说后，站出来说：“神宗皇帝属鼠，但却没有听说禁止养猫的诏令。”可见此举荒唐至极。

奇葩皇帝明武宗的游戏人生

明武宗是中国历史上出了名的“奇葩皇帝”，幼时聪颖懂事，举止稳重，讨人喜欢，但十一二岁时就像突然变了一个人似的，不仅喜好骑射，游猎巡幸，不守规矩，而且肆意胡为，以致荒废国政，险些断送了大明江山。

史料记载，明武宗经常单骑驱驰，轻出宫禁，他喜欢观看手工制作，喜欢泛舟游戏，喜欢御鹰畋猎，甚至在蹴鞠、音乐、戏剧等方面，也都有浓厚的兴趣。在北京城玩腻了以后，明武宗就天天盘算着，如何躲过满朝大臣出去散心。他北巡宣府，结识了晋王府乐工杨腾的妻子刘良女，二人上演了一出“游龙戏凤”的风流韵事，成为后世民间戏曲的经典剧目。

北方耍遍了，他又打起了下江南的主意。借着平定宁王朱宸濠叛乱的机会，明武宗风风光光地御驾亲征，到处游山玩水，过足了“下江南”的瘾。

正德十五年（公元 1520 年）九月，明武宗在淮安清江浦垂钓，不慎落水受寒，因惊吓过度而一病不起，第二年三月驾崩于豹房。明武宗三十一年的短暂生命可以用一个“耍”字来概括，他耍大臣，耍制度，耍国家，更耍弄了整个时代。人们往往把明武宗和他父皇明孝宗放在一起比较，明武宗的荒诞越发显示出明孝宗的贤明，而越是父子对比，就越产生一种惋惜。

中国历史上的昏君不胜枚举，但即便是再昏庸的皇帝，在形式上还是会遵守祖宗规矩，哪怕是给文武百官做做样子。但是明武宗就是这样一位冥顽不灵的皇帝，身为一国之君，他抛开了所有所谓的“规矩”，所做的任何事都是任性使然。

趣味链接 豹房在哪里

豹房是古代封建贵族豢养虎豹等猛兽以供玩乐的地方，元朝时期已有此风气，另有虎房、象房、鹰房等处。房又称为坊，如羊坊、象坊、虎坊等，北京至今尚存此类地名。然而，明武宗时期的豹房新宅并非单纯的养豹场所，而是武宗游幸的离宫。豹房内多构密室，犹如迷宫。武宗每日在豹房内广招乐伎承应，荒淫无度。豹房原址在皇城的西苑太液池西南岸，临近西华门的地方，即今天的北海公园西面。

明成化年间的“太监示威游行”

大明成化年间的一天，北京城爆发了一场史无前例的大游行。大约有四千人参加游行，更让人们感到惊奇的是，游行人员居然是清一色的太监，队伍还逼近了紫禁城。这些太监绕内城转了一圈，然后拥在紫禁城外，扯着他们特有的嗓子喊叫着，要求皇上给他们一份工作。宪宗皇帝对他们疯狂镇压，驱散了游行示威的太监。太监示威游行这种现象，古今中外是绝无仅有的。为什么会出现这种奇怪的现象呢?

明初对宦官数量限制较为严格，严禁自宫行为。规定凡自愿阉割要求成为宦官者，事先必须得到官府的批准。据史料记载：一家有四五个孩子以上的，且愿意将其中的一个孩子阉割者，由相关部门登记造册，待收补之日选用。如果私自阉割，一经发现，将被严惩，明太祖朱元璋规定，自宫者，“杖一百流三千里”，弘治皇帝时更是严厉，违者一律处斩，邻居知情不报的将会受到牵连。

但是，这些规定并未能严格遵行。当遇到天灾人祸无以为生时，便有很多人为了维持生计“被迫”阉割，想借此进宫找一个差事谋生。

其实，被阉者并不是都能幸运地进宫当宦官，很多人至死也进不了宫，所以民间和宫中的阉人数量急剧增加。同时对此推波助澜的还有“场子”的泛滥，他们专为愿意阉割的人进行全程服务，从实施阉割到官仪培训一应俱全。阉人的数量越来越多，最终造成成化年间的宦官过剩。宦官数量从明初只有几百人发展到明末的数万人。仅正德十一年（公元 1516 年）一次就录用自宫者三千多人，从万历元年（公元 1573 年）至万历末期，两次从自宫者中录用了六千多名宦官。我国历代宦官的人数以明朝为最，号称十万，并非夸大其词。

趣味链接 入宫前的魏忠贤

魏忠贤进宫前是个无赖混混，吃喝嫖赌样样精通。有一次，他输得精光，最后把裤子都押上了，结果还是输。他不想光着屁股回家，就耍赖逃跑，被债主紧追不舍。魏忠贤穷途末路，被追到后遭到痛打，还要当街强行脱裤子，他被逼急了，脱口说出这么一句话："老子进宫做太监还你们钱还不行吗？"回到家，他就把当太监的想法告诉了家人，竟得到了妻子与哥哥等人的支持。因为在当时的明朝，太监是十分吃香的"行当"。进宫需要关系需要送礼，魏忠贤家里很穷，最后他把女儿卖作童养媳，哥哥魏钊把地卖了，好不容易才把他送进了宫。

天启年间的"惊天大爆炸"

据古史记载，明天启六年（公元 1626 年）五月初六上午巳时，北京城的天空十分晴朗，街市还是和往常一样热闹非凡。然而，一声巨大的轰隆声，忽然从北京城西南角王恭厂火药库（今宣武门）一带传来，炸开了天上的朵朵白云，随之从京城的西南角涌起一片遮天盖地的黑云。过了一会儿，又是一声惊天巨响，瞬间天崩地裂，天空顿时一片漆黑，伸手不见五指，方圆二十多里的房屋，被夷为平地，许多大树被连根拔起。

爆炸中心地点位于王恭厂火药库一带，地面裂开达十几丈，火光腾空；王恭厂附近的象房被震塌，象群仓皇奔逃；石驸马大街上，有一个重达五千斤的大石狮，竟被掷出顺承门（今宣武门）外；西安门一带，米粒大小的铁碴，在空中飞舞溅落……

受损最严重的莫过于附近的居民，两万多居民，在巨大的爆炸冲击波的冲击下，非死即伤，断臂者、折足者、破头者无数，尸骸遍地，秽气熏天，一片狼藉，惨不忍睹，牛马鸡犬也都未能幸免于难。长安街一带、德胜门外，不时从空中落下人头，有的仅剩眉毛和鼻子……

更为奇怪的是，当时在菜市口，有位姓周的绍兴人，正与六个人说话，忽然头颅被炸飞，躯肢倒地，但其他六个人，则安然无恙。除此之外，有的死难者、受伤者或是无恙者，在灾变中瞬间被剥光衣服，赤身裸体。人们的衣服都被掠到哪里去了呢?

灾变后，有人报告，衣服全都飘移到几十里外的西山了，大半挂在树上。户部张凤奎派长班（即侍从）前往查验，结果令其大惊。只见在西山昌平州教场上，衣服成堆，首饰、银钱、器皿无所不有。

对于天启年间的这次大爆炸，人们众说纷纭。有人认为，这次爆炸是由地震引起的，地震引发的强烈冲击波，使得方圆几十里的人和物，遭受了前所未有的灾难。这种观点有一定合理性，但也无法解释为何天空会出现轰鸣和黑云。

也有人认为，这次爆炸是火药自爆，因为爆炸的中心是火药库所在地，被外界火星点燃而引发爆炸。但很快这种说法就被推翻了。因为当时火药库里储备的火药，即便同时引爆，也不可能产生将千斤石狮掷飞于街外，平地陷巨坑二丈许，将衣物卷走的威力。再者，作为爆炸前的先兆，轰鸣和黑云火药本身似乎是难以引起的。

当时的天启皇帝朱由校认为这场灾难是由自己当政不端引起的，忙书“罪己诏”来责备自己。但是，对于今天的人们而言，这次天启大爆炸究竟是什么原因所致，仍然是一个谜。

趣味链接 爆炸发生时的皇帝大臣

明朝天启年间的这场突如其来的大爆炸，其严重程度打破了明朝建朝以来所有自然灾害的纪录，使原本已不富裕的大明王朝雪上加霜。而这件事，至今听来依旧让人骇然不已，难解事发端倪。那么，作为明朝的核心阶层——皇帝大臣，有没有受到大爆炸的影响呢？大爆炸发生时，他们正在做什么呢？又有着怎样的反应呢？

据传，爆炸发生时，官员薛凤翔、房壮丽、吴中伟三人正乘轿行于街市，结果爆炸将轿击飞数米；工部尚书董可威，双臂折断；御史何廷枢、潘云翼在家中被震死，一家老小覆入土中；宣府杨总兵一行，连人带马并长班共七人没了踪影。承恩寺街上行走的女轿，事后只见轿子被打坏在街心，女客和轿夫都不见了。爆炸声令皇帝感到大震，他迅速起身，冲出乾清宫直奔交泰殿，情急间，内侍俱不及随，只一近侍与之同行，那时，宫中瓦砾飞堕，正中近侍头部致其脑浆迸裂；乾清宫内御座、御案皆翻倒；正在修建大殿的工匠，因震而摔死者多达两千人……

明太监与宫女令人称奇的菜户关系

对于宦官而言，成亲简直就是一种奢望，而就宫女而言，作为后宫之人，无论身份多么卑微，也是皇帝的女人，这样两种身份的人，如何能够谈婚论嫁呢？

所谓“宫人无子者，各择内监为侣，谓菜户。其财物相通如一家，相爱如夫妻”。明朝初年，朱元璋对宦官与宫女之间的这种“菜户”关系深恶痛绝并严加取缔，对娶妻成家的宦官，更处以十分残酷的剥皮之刑。但自永乐之后，宦官地位上升，这一禁令随之烟消云散。据《万历野获编》所载，最初因值房宦官和司房宫女接触较多，便逐渐产生感情。宦官以此为基础，往往主动替宫女采办衣食、首饰及日用杂物，以表达追慕之情。宫女若相中此宦官，即可结成伴侣，“菜户”关系也就随之产生。后来愈演愈烈，居然发展成公开的关系。

有时，皇帝、皇后会问宦官“汝菜户为谁”，宦官只需据实回答即可，不会受到任何的责难。如果宫女长时间没有找到“菜户”，就会受到其他人的耻笑，称其为弃物。以上种种因素，致使“菜户”的关系越来越猖獗。

后来，“菜户”逐步发展到妃嫔以下无子者，皇帝对此居然也采取公然许可的态度。直到后来，有些太监的胆子越来越大，竟然千方百计企图成为皇后的“菜户”。例如，明熹宗崩逝后，年轻的懿安皇后寡居于慈庆宫。魏忠贤旧党、新上任的内侍总监陈德润，见懿安皇后貌美，便心生邪念。他先贿赂皇后的侍女，在皇后面前游说：“皇后还年轻，而先帝却撒手而去，并无子嗣留下，因此现在的境遇与以前的皇后是不同的。宫监陈德润人品清雅，性情淳厚，皇后何不将他召进宫中，作为菜户，以解闲闷呢？”懿安皇后闻此言，不禁大怒，把这位侍女贬出宫外。此后，陈德润又强行闯入皇后寝宫，结果被贬至孝陵种菜，成了真正的菜户。

在宫中，有专门为宫女和太监牵线搭桥的人。一旦婚媾订定，二人便会星前月下，彼此海誓山盟。倘若有一人先死，那么另一个人就会发誓终身不配，以保持义节。据《万历野获编》记载，在作者居住的一间寺庙的一个房间中，放满了由宦官奉祀他们伴侣的牌位，牌位上都写有宫女的姓名，每逢宫女的忌日，与其结为菜户的宦官，便会前来祭悼，其悲伤之情犹如丈夫悼念爱妻。宦官对所爱的宫女固然任劳任怨，听凭驱使，宫女也会心疼宦官，不让他干太多的活儿，而是支使别的宦官去干。宫中有些地位低贱、相貌丑陋且又年岁较大的宦官自知不可能被宫女看上，便甘心做菜户之仆役，为其执炊、搬运、浆洗，宫女每月付给他们一定的银两。在这种情况下，一些善烹饪的宦官便成为雇用的对象，所得的报酬也较多。

趣味链接 菜户关系也会发生“红杏出墙”

并不是所有“菜户”的关系都很好，也会有“红杏出墙”的时候。宦官如果发现他所爱的宫女移情别恋，往往十分痛苦，但不会对宫女如何，却常常与其情敌发生尖锐的冲突，争风吃醋，大打出手。经典的事例就是，明熹宗朱由校的乳母客氏，原来的“菜户”是兵仗局掌印太监王国臣，后来又与奸猾狡诈的魏忠贤私通。

一天晚上，客氏正与魏忠贤在乾清宫西暖阁亲昵，被王国臣撞见，于是二人打斗起来，响声惊动了明熹宗。二人与客氏惊恐地跪在地上听候处分。不想明熹宗却笑着问客氏：“奶妈，你有心跟谁，就尽管说，我来替你了断。”结果客氏选择了魏忠贤，于是，王国臣被处决。明末秦兰徵在《天启宫词》中特记此事云：“梦断君王下玉楼，新欢从此更绸缪。闲来私誓桃花岸，席市仙居共白头。”类似的事件很多，不胜枚举。

长平公主究竟是不是“独臂神尼”

《鹿鼎记》是金庸先生的封笔之作。小说以清代康熙年间的社会历史为背景，描写了一个出身于社会底层的少年韦小宝的传奇经历。书中男主人公韦小宝的两位尊师，可谓武林高手中的高手，令人敬畏。不过，在他的这两位尊师中，最为人所津津乐道的，就是“独臂神尼”。据书中描写，这位武功盖世、冷若冰霜、高举反清复明大旗的“独臂神尼”，就是明朝末帝崇祯的女儿长平公主。

时至今日，让我们回顾历史，这位昔日娇艳高贵的公主是否真如金庸先生小说中所描述的，修成了高强的武功，成了叱咤江湖的“独臂神尼”呢?

明朝的弊政，至崇祯时已积重难返，回天乏术。当李自成的屠刀伸进紫禁城时，崇祯皇帝站在空荡荡的金銮殿上，真正体会到了孤家寡人的凄凉。这一年是崇祯十七年（公元 1644 年），长平公主刚满十六岁。

眼看李自成破城在即，为了让女儿免遭侮辱，崇祯皇帝手持利刃冲进寿宁宫，欲杀死长平。即便长平公主死命痛哭，紧紧拉着父亲的衣襟也无济于事。崇祯皇帝怒目而视，挥剑砍下了女儿的左臂。长平公主瞬间倒地，晕死在了血泊之中。失魂落魄的崇祯以为女儿已死，又冲进昭仁宫，砍死了年仅十岁的三公主。京城兵荒马乱，想要逃出生天，谈何容易。后来崇祯皇帝绝望之余，在万岁山（今景山）自缢而死。

然而世间之事变化莫测，断臂未死的长平公主究竟身在何处，最终魂归何方，历史并未给出确凿的答案。但可以肯定的是，尊贵娇婀纤纤弱质且失去一只手臂的长平公主，根本不可能拖着重伤的身体逃出京城。但民间流传的很多说法，却把长平公主奉为传奇。

流传范围最广的一种说法是，长平公主大难不死，为报国仇家恨，修炼了一身高强的武艺，人称"独臂神尼"。长平公主还收了八个徒弟，个个武艺高强，称为"清初八大侠"，威震天下。其中，传说关门弟子吕四娘更曾潜入皇宫，斩去了雍正皇帝的头颅，为师父报了家国之仇。

此外，在金庸先生的武侠名著《碧血剑》《鹿鼎记》中，也将长平公主塑造成饱受苦难折磨但武功盖世的女尼形象。

以上这些说法是否准确呢，让我们重新回到那段动荡的岁月中去寻得一些蛛丝马迹吧！当年，崇祯皇帝已死，李自成占领了紫禁城。混乱之时，不会有人去理会长平公主的"尸体"，那么，"尸体"理所当然地会被李自成军发现。对此，《明史·流贼传》和《明史·公主传》中分别记载说，当年，长平公主苏醒以后，李自成命部下刘宗敏对其看管和治疗。两个月后，李自成的大顺军被清军赶出了北京，北京旋即又被清军控制，而长平公主也落到了清政府手中。凄惨的亡国奴的生活，一度让长平公主萌生了出家的念头。因为长平公主是前明的长公主，为了招抚汉人，所以清政府无论如何也不让长平公主出家。于是，清廷找到了崇祯皇帝亲选的驸马周显与公主完婚，并赐赏了很多的金银珠宝、府邸田产。但是，仅仅过了几个月，身心俱创、悲伤过度的长平公主就病逝了，时年十八岁。

趣味链接 崇祯帝真是在景山的罪槐上吊死的吗

在景山东麓原有一株古槐，相传是明朝末帝崇祯自缢的地方，地方还是老地方，只是树不是原来的那棵树，原来的古槐在"文革"时期被毁，1981年根据群众的建议，又在原址补栽了一株槐树。

明崇祯十七年(公元1644年)三月十六日，李自成率领四十万农民军攻到北京城下，城外明军纷纷投降。十八日，李自成派杜勋去劝崇祯皇帝投降，令其让出宝座。崇祯皇帝知道大势已去，便逼着皇后自尽，并亲手杀死了昭仁公主和贵妃等人，自己则在走投无路之际，来到景山，自去冠冕，用发遮面，以一种无颜见到列祖列宗的姿态，用腰带吊死在东山脚下的槐树上。苏联主席伏罗希洛夫游景山时曾幽默地说，应该给这棵树授勋，因为它给皇帝上了很好的一课。

崇祯皇帝为何秘密收葬魏忠贤遗骸

崇祯上台后，对魏忠贤公布罪状，将之发配凤阳，死后又将他碎尸万段、悬首示众，对魏忠贤的这一系列处置，在给当时的黑暗政坛带来些许新鲜空气的同时，也让他赢得了圣明之君的欢呼颂扬。然而，十七年后，在李自成攻破北京城前夕，崇祯却下密旨收葬魏忠贤的遗骸，墓址就选在魏忠贤生前早已看好的香山碧云寺。李自成大兵压境，崇祯皇帝不把全部心思放在调兵遣将上，居然还有闲心做一件与御敌守城毫不相干的事情。崇祯皇帝此举实在让人惊讶。

明熹宗临死前，曾专门叮嘱崇祯说，魏忠贤“恪谨忠贞，可计大事”。人之将死，其言也善，朱由校在生命最后时刻，对魏忠贤给予如此高的评价，固然有他的原因。平心而论，魏忠贤为巩固个人权势，未免有党同伐异、残忍歹毒的罪恶一面，但从他曾经力排众议、大胆起用辽阳战败后遭受谗言的熊廷弼，不徇私情，果断罢免宁锦一战中畏缩不出的袁崇焕，抛开私怨，违心推荐赵南星、孙承宗等一批能臣直臣等诸多方面，可以看出他还是心系国家、讲求原则的。魏忠贤主政期间，国内形势良好，辽东局势平稳，因此，魏忠贤的能力、魄力、功绩，还是应该被认同和肯定的。

崇祯即位之初，海内难民揭竿而起，关外清兵虎视眈眈，在这种内忧外患的严峻形势下，朝廷迫切需要一位像魏忠贤这样富有处理军国大事经验和把握动荡时局能力的“能人”来独当一面，虽然无法扭转国势日衰、积重难返的败亡趋势，但也不至于在短时间内坍塌崩溃。但崇祯为了整饬内政和平息民愤，更为了报仇雪恨和独掌大权，借着朝廷文武大臣的“倒魏”怒潮，以迅雷之势肃清了以魏忠贤为首的阉党集团。

魏忠贤死后，崇祯起用了倡导儒家思想的东林党人。在国内动荡、边关危急的存亡之际，那些擅长空谈、治国乏术的文人儒将，对国家存亡根本不起什么作用。杨鹤对民风彪悍的起义军实行“招安”，袁崇焕与皇太极私下“和谈”，无不表现出东林党人的庸俗、懦弱、酸腐和无能。

尽管崇祯志向远大、励精图治、宵衣旰食、事必躬亲，但他既无治国之谋，又无任人之术，加上他严苛、猜忌、多疑，对大臣动辄怒斥、问罪、砍头、凌迟，其残忍和冷酷与魏忠贤相比，有过之而无不及。

此外，因为不相信文武百官，崇祯还频繁地调整官吏。十七年间他竟然换了十七个刑部尚书和五十个内阁大学士。这种让人噤若寒蝉、如履薄冰的高压态势，造成国家人才匮乏，有心报国的志士既不肯也不敢请缨效命。无奈，崇祯只好培植私人势力，重新起用大批更加腐朽无能的太监，最终导致“十万太监亡大明”的历史悲剧。

崇祯十七年（公元 1644 年）三月十四日，也就是他煤山（今景山）上吊自杀殉国的五天前，崇祯在大势已去、大厦将倾的绝望中，在听到太监曹化淳说的那句“忠贤若在，时事必不至此”的话之后，终于领会到了皇兄临终前强调魏忠贤“恪谨忠贞，可计大事”的深意所在。

幡然醒悟之余，崇祯皇帝决定收葬魏忠贤遗骸，既是对魏忠贤价值和功绩的重新肯定，也是对自己十七年执政生涯的全盘否定。

趣味链接 东林党

东林党是明朝末年以江南士大夫为主的官僚政治集团。“东林党”之“党”，是朋党，而不是近代所说的政党。

万历三十二年（公元 1604 年），顾宪成等人修复宋代杨时讲学的东林书院，与高攀龙、钱一本等讲学其中。东林讲学之际，正值明末社会矛盾日趋激化之时。东林人士讽议朝政、评论官吏，他们要求廉正奉公，振兴吏治，开放言路，革除朝野积弊，反对权贵贪赃枉法。这些针砭时弊的主张得到当时社会的广泛同情与支持，同时也遭到宦官及其依附势力的激烈反对。两者之间因政见分歧发展演变形成明末激烈的党争局面。反对派将东林书院讲学及与之有关系或支持同情讲学的朝野人士笼统称为“东林党”。

李自成为什么是“独眼”

李自成（公元 1606—1645 年），明末农民起义领袖，原名鸿基，称帝时以李继迁为太祖。世居陕西米脂李继迁寨，现今流行说法认为李自成是党项族后裔，童年时给地主牧羊（一说家中非常富裕），曾为驿卒。崇祯二年（公元 1629 年）发动起义。

崇祯十四年（公元 1641 年）二月九日，李自成带领起义军围攻开封，那个时候驻守开封的是颇有才干的周王朱恭枵，与洛阳的铁公鸡福王很不一样，周王朱恭枵将家中的所有钱财，作为奖励分发给有功的军民，这样开封城戒备森严、全民皆兵。针对这种情况，李自成想学习唐代李愬雪夜袭蔡州的做法，那晚他带三百轻骑，想化装成老百姓混入城内，但被识破。于是，李自成带了三万大军强攻。仗打得非常惨烈，持续不下，谁知十七日那天发生了一件事，改变了整个军事行动。那天，李自成外出巡视，开封总兵陈永福的儿子陈德一箭射中李自成左眼，这一箭让李闯王成了“独眼龙”。第二天黎明，农民军就全部撤退了。这个结局让李自成把开封与自己的“独眼”永远地联系起来。因此也有人认为，这也为后来李自成水淹开封埋下了种子。

同年十二月，他又挥师而来，这次带来了四十万人，但也没有把开封拿下。开封的顽强出乎李自成的预料，他自知面对一个连书生都可以登城举箭，家奴、商贾都冲锋陷阵的城市，强攻已是不可能。但他的意念里，不攻下开封，是无法寻到内心的平衡，哪怕要用那只“独眼”，也要看看，让他屡战屡败的城里，是一些什么样的材料结成的铜墙铁壁。第二次无功而返的李自成，在撤退的路上就开始盘算下次攻城的时机。

崇祯十五年（公元 1642 年）九月，李自成第三次来到开封，面对的依然是固若金汤的城墙和不屈不挠的市民。他动摇了，无奈选择扒开黄河堤口，就这样，一座古都开封城，慢慢与数以万计的坚强民众一道沉入了茫茫泽国之下。水很长时间后才退去。据说今天开封城的考古地层还可以寻到当初水淹的痕迹。

趣味链接 明朝最终是怎么灭亡的

明崇祯十七年（公元 1644 年）3 月 16 日，李自成起义军包围北京城，攻占昌平。两日后，明监军太监曹化淳打开彰义门，引义军攻进内城。崇祯皇帝见大势已去，命皇后、贵妃自杀，又亲手砍杀了公主和其他嫔妃，然后，自己到煤山（今景山），摘了自己的冠冕，吊死在一棵老槐树上，一直随侍左右的太监王承恩也随他一起吊死。19 日凌晨，李自成率军进入北京城，城中百姓热烈欢迎，不但捧来热茶、点心慰劳起义军，有的还在自己家门口摆上“永昌皇帝万岁”的香案。起义军进入正阳门后，与御林军发生巷战，最终全歼御林军，明朝自此灭亡。

皇太极连娶姑侄三女

政治联姻，在大清朝的皇族间极为普遍。因为婚姻是和政治紧紧联系在一起的，所以其意义就远不是单纯的家族之间的通婚所能比拟的。想当年，大清朝的努尔哈赤要不是通过政治联姻，壮大了自己的势力，恐怕历史的车轮早已掉转了方向。

有了努尔哈赤的成功例子在先，其子皇太极又怎么可能在婚姻上另走他路？在联姻方面，皇太极不仅成功地按照老爹的路子走，而且还将其发挥到登峰造极的程度，将一家姑侄三女，全都娶进了门。

联姻就联姻，为何皇太极如此贪心？答案很简单，因为大清朝的联姻是建立在政治基础上的。统治阶层正是通过联姻，来巩固自己的地位，然后再在此基础上扩大自己的势力。而皇太极费尽心机迎娶的这一家姑侄三女，来自蒙古科尔沁部。此部落可谓是拥有大草原最高贵血统的部落。因它的领导人是成吉思汗之弟，哈布图哈撒尔的后裔。

明崇祯二年（公元 1629 年）十月，皇太极起兵征明，攻打大凌河，科尔沁部在此役中立下赫赫战功。为了让满蒙军事联盟以最快的速度壮大，皇太极向科尔沁部提出了婚约。双方都深知联姻背后的军事战略意义，所以，婚约很快达成。科尔沁部左翼首领，明安贝勒之兄莽古思将自己的女儿嫁给了皇太极。她就是后来以谨慎、大度闻名于世的孝端文皇后。虽然她极受皇太极尊重，不过她的短板也较为明显，那就是无子，她接连为皇太极生育三女却无一子。

子嗣问题在讲究宗法制的封建社会可是一个很重大的问题，出于对皇太极将来的事业继承以及科尔沁部落的未来发展考虑，孝端文皇后决定将自己的亲侄女——布木布泰（即大玉儿）从科尔沁召来，嫁给皇太极。

大玉儿素以美貌有才闻名于草原，皇太极自然是喜不自禁。但可惜的是，大玉儿当时也没有为皇太极生下儿子。大玉儿又将姐姐海兰珠引荐给皇太极。后来，海兰珠终于为皇太极生下了儿子，而她自己也受到了皇太极的宠爱。如此一来，就形成了莽古思一门姑姑侄女三人同嫁一夫的局面。听起来虽然令人颇为惊讶，但皇太极既得到了三位美人以及一子，还让自己的势力扶摇直上壮大到可以兵临北京城下，威胁到李自成以及大明朝的政局。

趣味链接 努尔哈赤开满蒙联姻之先河

明万历二十一年（公元 1593 年），科尔沁部与察哈尔部争雄。为避免受到女真建州首领努尔哈赤强大的威胁，科尔沁部决定与势力较强的叶赫、乌拉部结盟，一起向努尔哈赤大举进攻，史称“九部联军伐满洲”。但努尔哈赤也是身经百战，临危不惧，在古勒山一战，大破九部联军。

战败后，出于对自身利益的考虑，科尔沁部决定撤兵请盟，联姻结好。想联姻必须拿出诚意来，于是在万历四十年（公元 1612 年）正月，科尔沁蒙古贝勒明安不惜与其女先许之婿悔婚，而将女儿送给努尔哈赤。当然，努尔哈赤很聪明，联姻得到的利益，在某种程度上往往比战争收获的多，于是欣然接受，并隆重迎娶了这个日后维系自己与盟友之间良好关系的女子。自此开始了清一代满蒙之间的姻戚关系，科尔沁部与后金的关系进入一个崭新的时期。

顺治皇帝登基时竟一字不识

努尔哈赤和皇太极是两个在关外建立政权的皇帝，而进入北京城，成为真正的中原之主的满洲帝王，是顺治帝福临。他是清王朝第一个幼年即位的皇帝。

但是，顺治继位时，完全是个文盲，一个字不识，更别提批阅奏折了。这未免让人感到有些奇怪，按理说，在顺治六岁时，朝廷就应该为他请学识渊博的满汉师傅，学习文化知识才对。怎么一个皇帝，到十几岁还不认识字呢？在此，我们就不得不提多尔衮了。

当年，皇太极未能得享天年，在做了皇帝八年后，便猝死于盛京的皇宫中，没有留下任何遗言与嘱托。而关于王位的继承权之争，在清廷内部一触即发。

在一阵血雨腥风的权力斗争后，皇太极的弟弟睿亲王多尔衮提出，立皇太极幼子福临为帝。如此一来，既立了皇子合了太后的意，同时也使各旗的矛盾得以缓和。而多尔衮自己分得的利益就是摄政，具体说来就是辅佐幼帝处理政务，实为掌握大清朝政。众亲王大臣对这个提议提不出任何异议，所以，一场错综复杂的矛盾，就以福临登上帝位而告终。

多尔衮在掌握朝权后，作风更是飞扬跋扈，借故肃清大臣不说，还将自己的很多意愿借顺治提出。至关重要的是，顺治皇帝到了读书识字的年龄，多尔衮根本不为其请老师，怕他将来长了本领，威胁到自己的地位。而身为傀儡皇帝的顺治，皇位岌岌可危，且性命也很难保证。

顺治

孝庄太后十分机敏，她见多尔衮不愿让顺治学习，所以干脆顺多尔衮之意，不让顺治学习，任由他整日玩耍。正所谓：留得青山在，不怕没柴烧。做人做事要审时度势，既然多尔衮气焰嚣张，权势日盛，那么避其锋芒实为上策，急，是不行的。而这一等，就是七年。

顺治七年（公元 1650 年）十一月，多尔衮出猎古北口外。行猎时坠马跌伤，医治不得要领，十二月初九日，多尔衮死于喀喇城，享年只有三十九岁。

顺治帝终于迎来了亲政的机会。不过，亲政后，顺治并不急于处理政务，而是决心要恶补文化知识，因为，他过去失去的太多了。典籍《北游集》中记录了顺治帝刻苦学习的情况。顺治十六年（公元 1659 年）的一天，顺治帝和大和尚木陈忞相对而坐，一会儿，内侍抱来一摞书，有十多本。顺治帝对木陈忞说："这是我读过的书，请你看看。"

木陈忞细心一看，发现皇上读过的书很多、很杂，有《左传》《史记》《庄子》《离骚》，以及唐宋散文八大家和元明的文集，无所不包，真是从心里佩服。

在《北游集》中，顺治帝讲完自己的艰难处境之后，竟讲述了自己发奋读书的感人故事："发奋读书，每晨牌至午，理军国大事外，即读至晚。然顽心尚在，多不能记。逮五更起读，天宇空明，始能背诵。计前后诸书，读了九年，曾经呕血。"

趣味链接 顺治究竟是驾崩了还是出家了

顺治皇帝六岁继位，二十四岁驾崩，其短暂的一生可谓极具传奇色彩。关于顺治皇帝的英年早逝，众说纷纭。在《清世祖实录》中，对此的有关记载异常简短："丁巳，夜，子刻，上崩于养心殿。"短短几字，病因病况只字未提。而据史料记载，顺治皇帝得病，从初二到初七，短短的五天时间就命丧黄泉了。由此可见，他得的不是寻常之病。可是让人感到疑惑的是，档案中的记载只是说顺治身体不适，到底病况如何却毫无解释。这难免让后人猜测纷纷。而民间最盛传的就是，顺治帝为了董鄂妃，跑到五台山出家当和尚去了。

顺治和董鄂妃的爱情十分感人，他的死也和这个“情”字脱不了干系。对于董鄂妃，顺治帝是真心喜爱，不管他心情如何不好，只要一见到董鄂妃，就心情舒畅。他们相敬如宾，互相理解和尊重的至情至爱和平常百姓一样。然而，他们的甜蜜爱情却没能长久，相传，顺治十七年（公元1660年）八月十七日，皇贵妃董鄂氏不幸病故，顺治帝痛不欲生，仿佛天崩地裂，一时不敢面对现实，三个月后，顺治帝在不满二十四岁的有为之年，毅然削发为僧，到五台山出家。

顺治离家出走，置大清江山于不顾，使清宫上下议论纷纷，在这种无奈的情况下，孝庄太后只得匆匆对外宣布：顺治皇帝驾崩。

天花让康熙登上了金銮宝座

清顺治十一年三月十八日（公元1654年5月4日），爱新觉罗·玄烨在北京紫禁城内的景仁宫降生，他就是后来的康熙帝。

在玄烨出生前后的三年，京城正流行天花，而世居山林、草原的满洲人、蒙古人来到中原后，极容易因水土不服感染上天花。天花当时对于满洲人、蒙古人来说，基本上是一种不治之症，因为当时这种病没有特效药，死亡率极高，而且这种病传染性极强，稍不注意就会被传染。摄政王多尔衮的弟弟多铎，就是得天花而死，顺治爱妃董鄂氏，也是死于天花。王公贵族如此，黎民百姓的情况自不必说，所以整个京城在那些年里谈“天花”色变。为了避免染上天花，包括康熙在内的许多皇子、公主都被送出宫外，分别安置在紫禁城外的宅院里。

虽有若干保姆看护，但玄烨还是在四岁时，染上了致命的天花。身体强壮的大人染上了这病，基本上也是只有死路一条，更何况是一个孩子。大家以为，玄烨不可能生还了，还是早早准备后事吧。但奇迹竟然出现了：玄烨最终抵抗住了天花病毒的袭击，战胜了天花，健康地活了下来！这在当时简直是一件出人意料的事。更让人意料不到的是，玄烨之所以能继承帝位，重要的原因就是他得过天花！

顺治十八年（公元1661年）正月初二，玄烨的父皇顺治帝驾崩，而确立储君就成了大清朝上下最要紧的事情。可是，在众多的皇子中到底选谁继承帝位最合适呢？

顺治帝的众多皇子年龄都太小，而且顺治皇帝当年是幼年临朝、亲王辅政，要不是多尔衮意外病逝，大清江山怕是早就易主了。出于这种担忧，孝庄太后召见了大臣汤若望，想同他商量把皇位传给顺治皇帝的堂兄，安亲王岳乐。但汤若望认为，幼主临朝，固然会影响政局，但帝系的转移，也会引发新的危机，所以汤若望力劝孝庄太后，把皇位传给顺治皇帝的亲儿子。

多方权衡后，顺治皇帝的二皇子福全成了最先考虑的人选，因为他的年龄相对大一点。但是他才智平庸，无论骑马、射箭，还是满文、汉文，都不突出，而他本人也无意继承帝位。

再三犹豫后，孝庄太后决定立顺治第三子玄烨为太子，理由是玄烨得过天花，而且最后奇迹般地痊愈了，他对这种可怕的疾病，应该有了终身免疫力。孝庄太后的提议，最终得到了包括汤若望在内的所有大臣的同意。

就这样，年仅八岁的爱新觉罗·玄烨被拥立为太子，由孝庄太后辅政，成为清军入关后的第二代皇帝，由此开创了中国封建社会最后一个盛世时期——康乾盛世。

趣味链接 天花

天花，中医称“痘疮”。作为一种烈性传染病，它很早就已开始危害人类。考古发现，古埃及法老拉美西斯五世（公元前1160年）的木乃伊上，曾出现过天花病毒。在中国，晋朝时就已有明确的痘疹病理记载。直到清初，天花依然被视为不治之症，令人谈之色变。

实际上，清朝时期，天花曾多次泛滥，危害百姓。清史上多起清宫疑案也与它有关。康熙登基主政后，意识到天花对大清王朝的威胁。在总结了前人防痘经验的基础上，他开始主动出击防治天花。在康熙的倡导推动下，清朝天花防治更加系统化。他在太医院下专门设痘诊科，广征名医。北京城内设有专门的“查痘章京”，负责八旗防痘事宜。

康熙因何愧对和硕公主

和硕公主是孝庄太皇太后的女儿，在辈分上是康熙的姑姑，当年为了笼络吴三桂，和硕公主被指派嫁给吴三桂之子吴应熊。虽然是包办婚姻，但两人在京城居住时，关系还算融洽，并育有一子。可惜世事难料，吴三桂在康熙十二年（公元1673年）举兵叛乱，康熙随即将其子吴应熊下狱为质。

在叛乱开始的时候，吴三桂旗开得胜，一度还占领了半壁江山，于是便猖狂地向康熙提出释放自己的儿子并与大清划江共治的要求。康熙得报后大怒，随即昭示全国，要在次日午门处死吴应熊及其儿子，以表明朝廷平叛的决心。消息传来，和硕公主方寸大乱，想到自己的丈夫和无辜的儿子马上要一命归天，不觉心如刀绞，肝肠俱断。为了挽救丈夫和儿子的性命，和硕公主急忙换上黑衣丧服，哭天抢地地赶到畅春园慈宁宫跪拜不起，她向孝庄太皇太后苦苦求情，要孝庄太皇太后看在自己和外孙的面上，去求皇上放他们父子一条生路。孝庄太皇太后见和硕公主哭成这样，也是老泪纵横，心有不忍。心想一边是自己亲手带大的公主和外孙，另一边是自己的孙子和朝廷威严，这该如何是好？正当她左右为难的时候，来慈宁宫向太后请安的康熙在门外已经看到了刚才发生的一幕。

康熙听后不觉长叹一声，也只好心一硬，走进屋便跪在孝庄太皇太后面前道："皇祖母，现在前线将士们正在流血流汗，吴三桂的气焰嚣张，不杀吴应熊就不能够鼓舞士气，这件事恐怕我不能答应你！"随后，他又对悲痛万分的和硕公主说："姑姑，您的心情和苦处我不是不知道，但是，不杀吴应熊，吴三桂一定会更加猖狂，到时候，岂不是会有更多的人死于非命？侄儿孝义不能两全，这次也只能请姑姑体谅了！"

次日午时，吴应熊与其子便被绞死，并昭告全国。看在皇亲国戚的份儿上，给吴氏父子留了全尸。眼见自己的丈夫和儿子做了政治的牺牲品，和硕公主对此也只能欲哭无泪。政治是残酷的，康熙的铁石心肠和不徇私情，可见一斑。

趣味链接　和硕公主"善静室"修佛

失去丈夫和儿子的和硕公主心灰意冷，决心向佛。后来她路过五台山殊像寺，见寺后西北角有个偏僻的客堂，便将它改名为"善静室"，将其作为自己的修习之所。但是，没过多久，有人密报和硕公主和寺内一年轻和尚经常在一起研讨经文，两人之间似乎有些暧昧，万一传出去，恐怕会对皇室声誉不利。

康熙听后非常生气，便偷偷派人去五台山殊像寺放火，想把寺庙全部烧毁，也乘机把和硕公主和那和尚一起处理了。但令人惊讶的是，熊熊大火烧了三天，殊像寺被烧得片瓦无存，唯独"善静室"丝毫未损，和硕公主与和尚们也都安然无恙。

康熙得报后，认为这是天意，想必和硕公主没有所谓的"爱恋"绯闻，便下令重建殊像寺。后来为了纪念这段故事，有人便提议把殊像寺改成"清白寺"或"无瑕寺"，以示和硕公主的清白。不过，由于五台山是文殊菩萨道场，殊像寺的名字也一直沿用至今。

孝庄太后死后不进清皇陵

康熙皇帝的祖母孝庄文皇后，十三岁时就嫁给了清太宗皇太极，她为了辅佐福临、玄烨两代幼主，倾注了自己的全部心血，为大清王朝做出了重要贡献。但她在康熙二十六年（公元 1687 年）崩逝后，却未与皇太极合葬于沈阳的昭陵，也没进清皇陵，康熙帝一直到死，也未给祖母孝庄文皇后建陵，其梓宫在暂安奉殿停了三十八年之久。这究竟是什么原因呢？

关于康熙帝的祖母孝庄文皇后死后为什么不进清陵，众说纷纭。主要有以下几种说法：

一种说法是孝庄文皇后在皇太极死时刚刚三十一岁，正是青春鼎盛之时，寂寞难耐，就嫁给了小叔子多尔衮。清皇室对于孝庄皇后这种行为很不满，就将她葬在陵区之外，以表示对她的惩处。

学者徐广源认为："孝庄文皇后并没有下嫁。第一是孝庄文皇后的墓建在皇陵附近。第二是她仍被尊称为文皇后，既然称为孝庄文皇后，就说明清朝的皇帝都承认她。还有相当一部分人持下嫁观点，但是我认为最起码没有举行正式的婚礼，而且现在也没有找到任何一件非常令人信服的她曾下嫁的依据。"因此，这种说法不攻自破。

孝庄太后

另一种说法是，按清朝祖制家法，孝庄文皇后应该归葬沈阳的昭陵，与太宗皇太极合葬。可是，孝庄文皇后的儿子顺治帝和孙子康熙帝都在东陵，她想和儿孙在一起，因此在临终前给康熙帝留下了这样的遗言："太宗文皇帝梓宫安奉已久，不可为我轻动，况我心恋汝父子，不忍远去，务于孝陵近地安厝，则我心无憾矣。"这让康熙帝很为难，把祖母葬在遵化违背祖制，把祖母葬入昭陵又有违祖母遗嘱。康熙帝想不出良策，就在遵化孝陵近地建一座暂安奉殿，先把祖母梓宫停放在那里。这一停就是三十八年，康熙帝还是想不出良策来。

到了雍正二年（公元 1724 年）二月初五，上谕："钦惟孝庄文皇后，躬备圣德，天锡纯禧，诞育世祖章皇帝，瑞应昌期，君临万国。逮我圣祖仁皇帝继圣嗣统，久道化成，立万世无疆之业，皆我孝庄文皇后福德兼隆之所启佑也。朕惟礼经云：合葬非古也。先儒又云：神灵有知，无所不通。是知合与不合，惟义所在。今昭陵安奉日久，若于左近另起山陵，究非合葬之义。且自孝庄文皇后安奉以来，我圣祖仁皇帝历数绵长，海宇乂安，子孙繁衍，想孝庄文皇后在天之灵十分安妥。”

雍正三年（公元 1725 年），雍正帝将暂安奉殿改建为陵，命名为昭西陵，于雍正三年（公元 1725 年）十二月将孝庄文皇后梓宫正式葬入昭西陵地宫。

然而，孝庄文皇后的梓宫在暂安奉殿停了三十八年之久的原因，还是没有说清，当然，至今也没有找到令人信服的解释。

总之，这个谜团有待后人破解。

趣味链接 顺治为什么要鞭尸多尔衮

顺治七年（公元 1650）十二月，多尔衮因病去世，被追尊为“诚敬义皇帝”，照帝制埋葬。次年正月十二，福临亲政，转眼之间，清王朝发生了天翻地覆的巨大变化，专权多年呼风唤雨的摄政王多尔衮，死后不到两个月就摇身一变成了千古的罪人，遭顺治帝清算严办。据载，多尔衮的尸体被挖出来，用棍子打，又用鞭子抽，最后砍掉脑袋，暴尸示众，然而孝庄太后却也未加阻止。顺治之所以在多尔衮死后对其清算，与他对多尔衮的敌视态度直接相关，随着福临年纪增长，多尔衮与太后长年的暧昧关系，使他对多尔衮的恨与日俱增。再者，多尔衮杀了他的长兄豪格并霸占其福晋，也在他心中结下隐恨。当然，最为重要的还是多尔衮骄横跋扈，独揽朝政，根本不把他这个皇帝放在眼里，这种不满与怨恨日积月累，迟早要爆发。所以，废黜多尔衮是福临亲政后第一件事，他多年的不满情绪终于得以抒发。

《南山集》冤案始末

清朝最残酷的一项统治政策就是大兴文字狱，文字狱是指封建社会统治者迫害知识分子的一种冤狱。皇帝和他周围的人故意从作者的诗文中摘取字句，罗织成罪，严重者会因此引来杀身之祸，甚至所有家人和亲戚都受到牵连，遭满门抄斩乃至株连九族。文字狱历朝皆有，但以清朝最多。

清朝最大的一次文字狱就是“南山集案”。康熙年间，赵申乔上表参劾翰林院编修戴名世所著的《南山集》《孑遗录》中有反清之言，于是掀起了一场罕见的文字狱。戴名世是安徽桐城人，康熙四十八年（公元 1709 年）进士，殿试一甲第二名，很有才华。曾卜居故乡南山冈，门人尤云鄂为戴刻了《南山集》，集中引用了方孝标的《滇黔纪闻》中若干内容。其实《南山集》并无攻击清朝的文字，仅仅是在记述明弘光帝逃亡南京的事时，用了“永历”的年号。但当时明朝已经灭亡，清朝已建立，不用清帝纪年而还用明朝的纪年，那就是大逆不道。所以皇上下旨要严惩。

《南山集》一案株连戴、方两家，三代之内，年十六岁以上者俱处死，母女妻妾及十五岁以下之子孙俱给功臣家为奴。此外，刻印者、作序者等无一幸免。桐城派名宿汪灏、方苞都为《南山集》作序，本来要处绞刑，后经多方相救，才免了死罪，但也被关押，到雍正登基才被释放。赵申乔在参劾戴名世之初，恐怕自己也没有料到杀戮如此之惨，株连如此之多，真是悔之晚矣！

人们对赵申乔一手制造的《南山集》文字之狱，都认为是不可原谅的罪过。后来赵申乔之子凤诏，被山西将军向康熙参了一本，说他未奉圣旨，擅自动用库银，以赈济为名，从中贪污二十多万两。康熙震怒，立刻将凤诏逮捕下狱，交刑部严加审讯，最后以违旨罪处死刑。

赵申乔虽官居要职，但根据清廷律例必须回避，不但不能申辩，甚至不敢过问。凤诏处死后，虽未株连家人，但申乔受此打击，无颜在京供职，就上疏乞假还乡。康熙不准，说：“朕深知你是清正刚直的，你儿子凤诏在外地犯罪，你并不知情，朕不责怪你。但你若因此怨恨朝廷，不再为朝廷效力是不对的。”申乔只得打消回乡的念头，从此郁郁寡欢，不到三个月竟忧愤而死。

由于申乔平时过于刚直，不讲情面，朝中树敌太多，因此当其子凤诏事发时，墙倒众人推，在康熙的盛怒之下，没有一个人愿为凤诏申辩。何况未奉圣旨擅自做主的罪名确实存在。不过，如果一两位大臣能向康熙求情，或许赵凤诏可以免于一死。后人普遍认为赵凤诏之死，是赵申乔制造的戴名世《南山集》文字狱的报应。

趣味链接 戴名世一字值千金

清康熙年间，桐城县城有家程氏兄弟开的鞋店，店虽开业多时，但一直没有好的店名。一日，戴名世进城访友，程氏兄弟得知后，即请其题写店名。戴名世问明情况后，欣然挥笔写下“甲乙号”三个大字。程氏兄弟虽略通文墨，但百思不解其意，只得求教。戴名世说：“兄弟乃甲乙。你兄弟俩用锥子（形如甲字）、刀子（形如乙字）给人家做鞋，也是‘甲乙’嘛！此外，这甲乙二字尚含有数一数二之意，希望你们兄弟俩的做鞋技艺也能名副其实。”后来程氏兄弟说：“三字店名使我一年就赢利三千，真是一字值千金啊！”

乾隆陪葬皇后为何“三选二”

在中国历史上，乾隆皇帝一直以仁君的形象站在历史舞台上。后世人对他的传说和研究，也几乎停留在他所创立的丰功伟绩上，很少涉及他的私人问题。不过随着时间的推移，越来越多的人开始对此产生了兴趣，比如，乾隆一生共有三位皇后，为什么在裕陵地宫中，陪伴他的却是两位？

据考古发现，埋葬在裕陵地宫中的皇后，分别是孝贤皇后和嘉庆帝的母亲魏佳氏，不过魏佳氏是死后才被追封的皇后，死前的身份是乾隆的皇贵妃。这就不免让人产生了疑问，乾隆的第二位皇后乌拉那拉氏，为什么没有被埋入地宫呢？一个皇贵妃都可以被追封为皇后，并葬于地宫，而一个正牌皇后，为什么不能获得这样的待遇呢？接下来，让我们逐个说明。

首先埋入裕陵的，是孝贤皇后富察氏。据史料记载，乾隆皇帝与富察氏感情很好，两人共育有两位皇子。不过，长子永琏，九岁早殇，而次子永琮，不到两岁就染上天花而死。孝贤皇后承受不住连续失去两位皇子的打击，于永琮死后第二年春天，随同乾隆帝东巡时，在途中染上伤寒，病重身亡。

孝贤皇后死后，乾隆异常悲痛，连续九天都为皇后的灵柩摆上供品；在头四年里，乾隆皇帝甚至为她祭奠了一百多次，而且多次饮酒作诗，字里行间流露出无限缅怀的内疚之情。

裕陵地宫中的另一位皇后是魏佳氏，生下皇十五子颙琰（嘉庆帝）后，于乾隆四十年（公元 1775 年）病故。之所以被葬于地宫，首先因为她是由孝贤皇后教养而成，所以乾隆允许她一并葬入地宫。其二是母凭子贵。乾隆六十年（公元 1795 年），乾隆立颙琰为皇太子，并追赠其母为皇后。魏佳氏没有看见儿子登基，更没在生前当上皇太后，死后能破格封为皇后，也算是托儿子的福。

乾隆的第二位皇后，也是唯一一位没有进入裕陵地宫的皇后，是乌拉那拉氏。乾隆还是皇子时，乌拉那拉氏就被册封为侧福晋。她不仅深得皇帝宠爱，而且颇得皇太后喜爱。

乾隆登基后，乌拉那拉氏被封为娴妃。后来在皇后富察氏死后不久即被册封为皇后。乾隆三十年（公元 1765 年）年初，乾隆第四次下江南，皇后乌拉那拉氏也一同前往。在途中，恰逢皇后四十八岁生日，可不知出了什么事，乌拉那拉氏竟然惹怒了乾隆，回宫后即被乾隆打入冷宫。

若干年后，乌拉那拉皇后染疾病故，乾隆帝命人按皇贵妃规格，将乌拉那拉氏葬于裕陵西侧的裕妃园寝明楼后的大宝顶内。可是，乌拉那拉皇后到底因为什么而触怒乾隆呢？

正史没有记载，事情究竟是怎样，恐怕只有当事人才会知道，但据历朝历代后宫历史推测，此事的恶劣程度应该不小，传出去的话甚至会有损皇家威严，以致正史都不敢记录。

然而我们能够确定的是，乾隆皇帝在其后三十余年的帝王生涯中，再也没有立过皇后。

趣味链接 在位时间最长的皇帝

乾隆六十年（公元1795年）10月15日，已经八十五岁高龄的乾隆帝，将皇位传给他的第十五个儿子颙琰，改元嘉庆，自己退位称太上皇帝。

乾隆帝虽然退位，但并不甘心退居二线。他在册立皇帝时宣布：“归政后，凡遇军国大事及用人行政诸大端，岂能置之不问？仍当躬亲指教，皇帝必须朝夕敬聆训谕。”意思就是说“寻常事件”就由皇帝处理好了，但是军国大事以及官员任免，皇帝不能独自做主，太上皇必须亲自指导处理，而且皇帝每天都要面见太上皇，接受他的“训谕”。因此，年逾花甲的乾隆又做了三年握有实权的太上皇，成功超越了他的祖父康熙帝（在位六十一年）。

刘罗锅朝服反穿智告贪官

刘罗锅就是刘墉，提起他，大多数人会想到他是一个驼背。但民间传说，往往把刘墉看成智慧的化身，他和纪晓岚同朝为官，智斗当时的大贪官和珅。其中，刘罗锅朝服反穿智告贪官最为人们津津乐道。

事情是这样的：一天傍晚，乾隆皇帝吃过晚饭出来散步，走到午门的时候，发现午门至正阳门那段御道由于年久失修，不少地方已磨损得坑坑洼洼。乾隆心想，如此御道，有碍观瞻，有失体统，非整修一下不可。于是把和珅叫过来，对他说：“和爱卿，御道损坏，有损皇家颜面，朕命你清算所需费用，修复御道，以两个月为期限。”和珅赶紧回答说：“臣一定不负圣望。”我们都知道，和珅贪婪成性，是一个雁过拔毛的角色，乾隆皇帝如此托付，和珅一定会趁机狮子大开口，敲皇上的竹杠，果然不出所料，和珅回家之后，就在盘算怎样能够借这个机会捞一笔。三天后上朝的时候，和珅对乾隆皇帝说：“皇上，这段御道确实有碍观瞻，必须全部换新。由于所需石料要从数百里外的房山采办，石匠精雕细刻，故而工程浩大，即使从紧开支，至少也需白银十万两。”乾隆皇帝二话没说，立即照准。此后，御道两旁立即搭起不少的工棚，很多匠人夜以继日地工作，结果不到一个月，御道就修复完了。竣工那天，乾隆特地去观察了一番，发现御道雕刻栩栩如生，而且平坦宽阔，整个御道焕然一新，不由得龙心大悦，连声称赞，而和珅也因为修复御道有功，被乾隆赏银万两，官升一级。

可是，世上没有不透风的墙，正当和珅为自己的高明得意扬扬时，此事的底细被刘墉发现：原来和珅根本没有去房山采办石料，只是将原来的石块撬起来，令石匠在反面雕刻了一下，把下面的路基平整后，一铺上便跟新的一样。因此，工期缩短，成本又省，总共只花了一万两银子。于是，刘墉决定揭发和珅，可是怎么揭发是个难题，最后，他想出了一个好主意。

第二天上朝的时候，刘墉故意走在群臣后边，在进大殿之前，迅速将朝服反穿，然后和群臣拜见乾隆皇帝，这个现象被乾隆发现了，于是就问：“刘爱卿，朝服反穿这是何故？念你忠心，赶紧出去穿好回来见朕。”刘墉说：“臣朝服穿反可以换过来，可如今有人将御道仅仅翻了个面，再略加修饰，就侵吞公款，大肆渔利，但发生在大家的鼻子底下，恐怕就不易察觉了吧？况且，臣已经实地勘察，此事确是和大人所为。”

纸终究包不住火，在乾隆皇帝厉声责问之下，和珅只能跪地认罪，并且承诺立即将御道全部翻新，并且自掏腰包。因为刘墉检举有功，乾隆赏他朝服三件，并且亲切叮嘱：“刘爱卿，下次朝服可莫要穿反。”

趣味链接　刘罗锅趣闻

一回刘墉上朝，乾隆见他叩拜的样子很滑稽，就开玩笑说：“刘爱卿，你往这一跪，不成罗锅了吗？”年逾七旬的刘墉本来背就有点驼，他见皇上当众取笑，就扑通跪下，高呼：“臣谢主隆恩。”乾隆问：“你谢什么？”刘墉回答：“谢万岁封我‘罗锅’二字。按大清律例，皇上封大臣一个字，一年多加一万两俸银，今皇上封臣‘罗锅’二字，每年可多收两万两银子，岂不该谢主隆恩吗？”

嘉庆帝死于疾病还是被雷劈

“朕虽未能仰绍爱民之实政，亦无害民之虐事，突遭此变，实不可解！”这句话是嘉庆帝在天理教徒袭击紫禁城后，痛心疾首写下的《遇变罪己诏》中的一句话。嘉庆帝一生，对开疆拓土没有什么功绩，对治理国家也没有太大的成就，人们至多承认他“勤于政务”“励精图治”，是位“守成君王”。他相对开明的治理，没有遏制清帝国从巅峰下落的趋势，在忙忙碌碌中走完其一生，但死因至今仍是未解之谜。

嘉庆执政期间，白莲教起义，天理教叛乱，英国骚扰，鸦片流入，桩桩大事使他面临着一次又一次的危机，从政绩来看，嘉庆登基后施行了一些重大的举措，较为著名的有诛灭“千古第一贪”和珅以及废除了臭名昭著的文字狱。同时，嘉庆皇帝取消乾隆皇帝热衷的南巡，减少支出。嘉庆写罪已诏，开展自我批评，也是中国封建历史上少有的事情。他还禁止地方官向自己呈献宝物，在庆贺六十大寿前夕明确表示自己只收字画，不收其他。此外，他在位期间整顿吏治、广开言路、安定边界、平定乱匪、减免赋税、驱逐英军、严禁鸦片……这就是嘉庆皇帝，他忙碌了二十五年，做了很多事情，但厚重的历史几乎淹没了他的一生。

至于其死因，至今史学家仍然争论不休。官方的记载上都说他是因病而死。后人根据官方记载中嘉庆皇帝临死前的状况推测，嘉庆皇帝的突然病故，可能是因为在年高体胖的情况下过度忧虑疲劳，再加上天气炎热，因而猝发心脑血管疾病而亡。但是，据一些皇室人员的口传，说嘉庆皇帝是遭雷击而死。据说嘉庆帝一行人到了避暑山庄之后，稍事歇息，就率领大臣和侍卫们前往木兰围场围猎。结果在回来的路上遇到大雨，被困在荒郊野外，一时间雷电交加，大地震动。忽然一道光亮之后嘉庆皇帝被雷电击落马下，当场身亡。此外，还有人说，嘉庆皇帝不是死在野外，而是在避暑山庄内遭到雷击，触电身亡。

趣味链接 嘉庆帝遇刺

嘉庆八年（公元 1803 年）闰二月二十日，嘉庆从圆明园启銮返回紫禁城皇宫，将进顺贞门，突然有男子冲出行刺，嘉庆的随从一百多人一时被惊呆，定恭亲王绵恩、固伦额驸拉旺多尔济、乾清门侍卫丹巴多尔济等人冲上前去与大汉搏斗，才将刺客擒住。后来查出他叫陈德，是个厨师，因贫困无靠，愤恨清政府的压榨，才舍身潜入皇宫，准备刺杀皇帝。事后，陈德及其二子被杀。

郑板桥吃狗肉上当记

郑板桥擅长书画，名满天下，但他有一个嗜好，就是爱吃狗肉。有人知道他这嗜好后，便经常把烹调好的狗肉给他送去，郑板桥吃完，往往会乘兴写个字或者画幅画相赠。不过，若是那些富商大贾求字，即使一掷千金，郑板桥也不为所动。

扬州有个盐商，家财万贯，也喜欢附庸风雅。他几次派人携重金向郑板桥求书法，但都被拒之门外。后来，那盐商听说郑板桥爱吃狗肉后，便心生一计。一日，郑板桥外出散步，忽然听到远处传来一阵悠扬的琴声，郑板桥听后大感兴趣，便寻着琴声找了过去。没走多远，见到一片竹林，竹林深处有个颇为古朴雅洁的大院落，院门敞开，郑板桥听琴声来源于此，便信步走了进去。进去后，郑板桥看到一个老翁在院子中正襟危坐，长须飘飘，一边抚弄古琴，一边指挥身边的童子精心烹调一锅狗肉。郑板桥来得正是时候，狗肉将熟，院子里浓香四溢，香气扑鼻。郑板桥大喜，便向老翁搭讪道：“你也喜欢吃狗肉啊？”老翁说：“百味当中，狗肉最佳，既然你也颇知此中之道，不妨坐下来一起喝点酒，品尝品尝。”郑板桥闻到如此浓烈的狗肉香味，早已馋得不行，连老翁的姓名也没问，便不客气地坐下来，和老翁一起喝酒谈天，大嚼狗肉，大快朵颐了一番。两人吃饱喝足后，老翁请郑板桥到屋里参观，郑板桥见其墙壁上空无一物，便问他为何不挂些字画，老翁说：“我一向自视甚高，一时间没有什么好字画，也就不挂了。不过，我倒听说这里有个郑板桥，他的字画不错，但我没有见过，也不知是真好还是假好。”郑板桥听后说：“我就是郑板桥，不如现在给你作一幅如何？”老翁听后大喜，立刻命童子磨墨展纸。郑板桥一时兴致来了，提笔就画。快画完的时候，老翁说：“贱字某某，可为落款。”郑板桥听后，打量了老翁一眼，说：“这好像是一个扬州盐商的名字啊，你怎么也叫这个名字？”老翁颇不以为然地说：“老夫取这个名字的时候，那个盐商还没出世呢。天下这么大，同名同姓并不奇怪。

郑板桥听后觉得也有道理，又想那盐商和老翁年纪相差甚大，于是按老翁说的名字落了款，随后便告辞而去。

没过几天，扬州盐商大宴宾客，而且让人务必把郑板桥请到。郑板桥到后，一看傻了眼，盐商家正中央挂的，可不就是前几天自己给那个老翁的字画吗？

这下郑板桥才醒悟过来，那个老翁其实是受了盐商的指使，故意做了个圈套让自己钻。

趣味链接 难得糊涂

郑板桥本是个聪明绝顶、博古通今的一代文豪，却偏偏写什么“吃亏是福”“难得糊涂”，并煞有介事地再加上个注：“聪明难，糊涂难，由聪明而入糊涂更难。”一般为官者都会了解，为政得罪巨室，就难有好的下场。而板桥一反积习，独行其是，明知其不可为而为之。最后，不惜扔掉热烘烘的乌纱，宁可回到冷飕飕的秋江上去钓鱼，也正因他的率真，才能显得如此洒脱。

他所题的“难得糊涂”，可能有两种含意：一方面似有鉴于官场中的糊涂，他难得那种糊涂，只有及早抽身。另一方面当系看透世态，为免多惹烦恼，不妨糊涂一点。他能保全这种糊涂，也算得上高人了。

慈禧醉题金匾

古装剧、宫廷戏之类，凡涉及皇族，貌似总是少不了“赐匾”这一情节，好像有多大的荣耀似的。现在想明白了，古人常说光耀门楣，这门楣可是在高处，皇帝亲贵赏一块金光闪闪的匾额，是很荣耀，虽然不能吃也不能喝，但这就是精神食粮。有一块名人题的匾额挂在屋子或者寺庙，这个屋子、寺庙就会跟着身价倍增，因为有了名人，就有了与之相关的事情与传说，这其中就有和慈禧太后有关的故事。

大家都知道，在北京著名的卧佛寺卧佛殿内卧佛的上方，悬挂着写有“得大自在”四个字的金匾。这是清朝乾隆皇帝御笔题写的。而在卧佛殿外的殿檐下，也悬挂着一块写着“性月恒明”四个字的金匾。这块金匾上的字，据传是慈禧太后题写的。

据说在慈禧太后把持朝政的时期，每逢农历九月初九重阳节这天，她都照例到香山登高，然后再到卧佛寺上香。卧佛寺的住持方丈一直想讨太后的墨宝，但慈禧很少给人题字。方丈绞尽脑汁，决定走太后老佛爷的大红人、大总管太监李莲英的门路。于是他备了一份厚礼，亲自想办法送给李莲英本人，并对他说了自己的想法，恳请李莲英帮忙。李莲英看到这份礼确实不轻，便爽快地答应了。于是在重阳节这天一大早，方丈便领着众僧把卧佛寺里里外外打扫得非常干净。正午时分，太后老佛爷的轿子一进山门，方丈即率众僧接驾。待慈禧进香完毕，便由李莲英和方丈陪驾，在寺里闲逛。当走到一片竹林旁，李莲英与方丈互递眼色后，李便有意将慈禧引到一座四角重檐的凉亭前。亭子里早准备好了一桌丰盛的斋饭。这时，方丈便伏首跪在慈禧面前，说他一个月前抽了个上上签，说重阳节有贵客临门，没想到今日果然如此，所以特备一桌斋饭，恭迎太后老佛爷。慈禧一听，心里非常高兴，待坐下一尝桌上的素菜，在宫里吃惯了山珍海味的她更觉得这些菜的味道不俗。慈禧吃着菜，突然眉头微微一皱，聪明的李莲英立即跪下，并从怀里掏出一瓶莲花白酒说："奴才这儿给老佛爷预备着哪！"因为他深知慈禧遇到好菜，必要喝莲花白酒。慈禧一看，心里高兴，觉得李莲英猜中了自己的心思。于是高兴地说："好！回去重重有赏。"

慈禧三杯酒下肚，李莲英便趁着慈禧高兴说道："老佛爷，何不题诗作赋？"慈禧已有三分醉意，于是吩咐人笔墨伺候，方丈赶紧让小和尚们将早准备好文房四宝的案桌抬上来。慈禧借着酒劲儿以禅为题挥笔写了一首五言绝句后，方丈便让一个小和尚将一张宣纸铺在桌案上，跪请太后老佛爷再赐几个字。慈禧便高兴地写下"性月恒明"四个字。方丈捧着这四个大字，如获至宝。待慈禧太后离去后，方丈立即命人将慈禧的墨宝制成金匾，悬挂在卧佛殿的屋檐之下。

慈禧醉题金匾

这就是"醉题金匾"的由来。

趣味链接 慈禧太后和莲花白酒

据说慈禧太后喜欢喝莲花白酒，这莲花白酒诞生于清朝光绪年间，可见是老字号了。清朝末年，权倾朝野的慈禧太后长住颐和园。每逢农历六月的莲花节，她常在美丽的昆明湖畔，面对红荷白莲摆下莲花白酒宴，邀王公大臣在此消暑，品酒赏花。由此可见其对莲花白酒的钟爱。

紫禁城贞度门失火事件

光绪十四年（公元1888年）十二月，慈禧太后正在为十八岁的光绪皇帝抓紧操办大婚，距婚典佳期还有一个多月。突然有一天，紫禁城内火光映天，浓烟弥漫，人声鼎沸，一场无情的火灾发生了。为光绪大婚准备的服饰和各种礼仪用品大多烧毁，“三门”成废墟，还毁了其他许多珍贵器物，价值无法估计。这就是清代有名的贞度门大火事件。

贞度门，位于紫禁城内中路南部，东连太和门，西接崇楼，北邻弘义阁。贞度门明代时称宣治门，未改宣治门前称西角门，明朝洪熙皇帝曾听政于此。清朝时，贞度门是官员上朝经常出入的地方。左右两房是侍卫值班的地方，夜间值班官兵就住在这里。贞度门位置重要，东连太和门，是皇帝御门听政或举行重大典礼的场所。再向东是昭德门，也是官员上朝时经常出入的门。贞度门附近还连接着许多库房。这些库房储藏着宫廷御用重要器物，是宫禁重地。清朝统治者对这里的安全和警戒甚为重视，昼夜派有官兵戍守巡查。

火灾发生时，王公贵族、军机大臣、内阁大学士、各部院尚书、侍郎、各旗副都统各部院衙门以及神机营兵丁、步军统领衙门等共七千余人，几乎倾巢出动，奋力扑救。当时参加救火的光绪帝的老师翁同龢，对火势和扑救情形有过较为翔实生动的记述。据他的记载，十五日晚上起火，成千上万人来扑救，可是直至十七日，火仍未熄，到处燃烧，“砖石红透”。经过两天的扑救，大火终被扑灭。但由于当时消防组织废弛、设施落后、器具不全，加之水源不足，扑救效力甚低，火势不能很快控制，以致大火迅速蔓延，“延烧太和门及库房等处”，使贞度门、太和门、昭德门及附近库房多处化为灰烬，酿成巨大灾祸。

失火的原因，据刑部文献记载是当天晚上宫中打更的人来不及出宫，军士就让他在贞度门内的房里住下。他有一个油灯，就挂在了墙后的檐柱上，当晚风大，打翻了油灯，将柱子引燃了。四更时，军士来巡更才发现，马上大喊救火，但风助火威，很快就一发不可收拾，最后也引燃了其他两门。

这次火灾造成的直接损失，是把贞度门、太和门和昭德门等建筑全部烧毁。至于其附近的重要库房，据清廷档案记载，位于昭德门内东西房的毡库被烧毁五间，距离贞度门较近的皮库、茶库等全被烧毁。贞度门、太和门以及昭德门的焚毁，损失之大很难估量；至于毡库、皮库、茶库等库房及其存贮的器物，究竟损失多少，其价值更是无法估算。

还有一件与这次火灾损失有关的事情值得一提。贞度门失火时，正是光绪皇帝筹备大婚之际。大婚典礼定于光绪十五年（公元 1889 年）正月二十七日举行，距大婚仅有一个多月的时间，朝门突然被大火烧毁，这对皇帝大婚是“不吉利”的事情，按照封建的礼法，无论如何必须加以补救。但是婚期迫近，原样重修根本来不及。于是，只能由扎彩工匠临时在火场位置搭盖一座彩棚应急。

趣味链接 光绪的后妃长相均不出众

光绪的皇后和妃子长相都不尽如人意，这主要是因为当时光绪选皇后，不是由光绪决定的，而是由慈禧决定，她只能让光绪娶一个和自己有血缘关系的女子，因为这样慈禧才能继续垂帘听政，政治第一，美色已经不重要了。皇后叶赫那拉氏是慈禧太后之弟都统桂祥的女儿，瑾妃和珍妃都是户部右侍郎长叙的女儿。

吕碧城胆大包天大骂慈禧

清末，统治者为了维护自己的威严可谓机关算尽，而最有权力的统治者慈禧，尤为狠辣。那么吕碧城又是何人？她十二岁就已崭露头角，二十多岁冠盖京华，有“民国第一奇女子”之称，学术上著作颇丰，是一位进步女性。按理说这两人一个高高在上，一个是平头百姓，怎么会有交集呢，而且吕碧城怎么还敢大骂慈禧？

“排云深处，写婵娟一幅，翠衣轻羽，禁得兴亡千古恨，剑样英英眉妩。屏蔽边疆，京垓金币，纤手轻输去，游魂地下，羞逢汉雉唐鹉。”这几句出自《百字令》，是吕碧城在颐和园排云殿见到慈禧的画像后所写。其大概内容是痛斥慈禧把大清朝的江山搞得一塌糊涂，将边疆的大量领土、国库中的大量银钱送给了外国。还讥讽慈禧到了阴曹地府，见到汉朝的吕后、唐朝的武则天，一定羞愧难言。

由此不难看出，中国文化果然博大精深。尤其难得的是此词文采斐然，明眼人一下就能看出这词格律严谨，用心巧妙，而且矛头直指当时最高统治者，可谓大快人心。吕碧城是个美丽的女孩子，“天然眉目含英气，到处湖山养性灵”以及“冰雪聪明芙蓉色”都是当时文人形容她长相的句子。这首词惹得清政府十分恼火，在当时可是轰动一时的新闻。

慈禧与光绪同时崩于清光绪三十四年（公元 1908 年），吕碧城是在哪里看到慈禧画像的呢？排云殿在颐和园内万寿山中，在清代为禁苑。慈禧在世时，不经特召，任何皇亲国戚、权贵大臣均不得擅自入内。李鸿章曾趁慈禧不在园中之时，贿赂管园人员，在园内游览一日，后被人告发，被处以“留职查看”的重罚。但即使慈禧驾崩，清政府守旧派一旦发现对其不敬的言辞也会疯狂反击。所以人们推测这首词作可能是清政府灭亡、颐和园开禁之后，吕碧城游颐和园时写的，比光绪三十四年（公元 1908 年）要晚。但是不管如何，能有这股勇气怒斥统治者，当为人杰！

吕碧城一生热爱社会运动，贡献无数。她是“近三百年来最后一位女词人”、诗人、政论家、社会活动家、资本家，是袁世凯的秘书；她还是中国传媒史上第一位女编辑，第一位女校长，中国第一位动物保护主义者，中国女权运动的首倡者，中国女子教育的先驱。然而，这些称号对她来说都如浮云，她就是她，一个敢怒敢言的女子，一个活得潇潇洒洒、坦坦荡荡的女子。她已然成为一个传奇。

趣味链接 吕碧城与“大龄剩女”

吕碧城终身未嫁，晚年与青灯古佛为伴。按理说那么美丽的女子，交游广阔，怎么找也可以挑一个如意郎君，其实不然，她一生知己唯秋瑾、袁克文两人而已。也许下面一段话可以概括她未嫁的原因：“生平可称心的男人不多，梁启超早有家室，汪精卫太年轻，汪荣宝人不错，也已结婚，张謇曾给我介绍过诸宗元，诸诗写得不错，但年届不惑，须眉皆白，也太不般配。我的目的不在钱多少和门第如何，而在于文学上的地位，因此难得合适的伴侣，东不成、西不就，有失机缘。幸而手头略有积蓄，不愁衣食，只有以文学自娱了。”

曾国藩为活人写挽联

曾国藩是晚清重臣，湘军的创立者和统帅，也是中国近代战略家、政治家，晚清散文湘乡派创立人。他的思想、谋略，都是当时独一无二的。不过曾国藩并非一个神童，而是一个笨小孩，都说笨鸟先飞，曾国藩就是凭着不懈的努力，最终成就了自己。

论文章，湘乡派是当时最重要的文学流派；论武功，“天下无湘不成军”可不仅仅是一个俗语，还是百姓对其军事才华的肯定。不过，曾国藩在闲暇之余很喜欢给活人写挽联，这个奇怪的癖好令很多人都觉得奇怪。这究竟是怎么回事呢？

说起这个癖好，就得从曾国藩的好友汤鹏说起了。他比曾国藩聪明多了。二十二岁中举，二十三岁连捷进士及第，被誉为“凌轹百代之才”，“意气蹈厉，谓天下事无不可为者”，认为“徒为词章士无当也”。其人性情傥易，不中绳墨，喜欢放言高论，目无余子，甚至连司马迁、韩愈都不放在眼里。

按照中国人的传统，新年过节，喜庆之余，不免好友走动，亲戚串门。有一年，曾国藩利用春假苦练挽联。但是写挽联不是坏事，坏就坏在他为了提高写作水平，给身边活着的好友写，正好当时写的是汤鹏。说来也巧，汤鹏是他的好友，好到进书房不用敲门，此公由于创作忘乎所以，汤鹏走到近前方才发现，无巧不巧，写有“海秋夫子千古”的条幅曾国藩没藏好。这汤鹏好奇心一上来，扯过来一看，差点没气死。大过年的给我写挽联？

此君也是了得，重重地吐了一口唾沫，好友从此反目，割袍断义。后来之事，果然难料。名士常有惊人之举，汤鹏因为不信朋友所说大黄药性烈、不可经常服用，一次病中一罐大黄下去，眼看没得救了。曾国藩曾写过的一副挽联有了用武之地，其联是：“著书成二十万言，才未尽也；得谤遍九州四海，名亦随之。”

虽然曾国藩这个癖好为时人所诟，但后人整理其文字时，也不得不称赞“曾文正联语雄奇突兀，如华岳之拔地，长江之汇海，字字精金美玉，亦字字布帛菽粟”。

趣味链接《曾国藩家书》

《曾国藩家书》是曾国藩的书信集，成书于清咸丰年间。《曾国藩家书》记录了曾国藩在清道光三十年（公元 1850 年）至同治十年（公元 1871 年）前后达三十年的翰苑和从武生涯，近一千五百封。所涉及的内容极为广泛，是曾国藩一生的主要活动和其治政、治家、治学之道的生动反映。曾氏家书行文从容镇定，形式自由，随想而到，挥笔自如，在平淡家常中孕育真知良言，具有极强的说服力和感召力。尽管曾氏流传下来的著作很少，但仅一部家书就可以体现他的学识造诣和道德修养，为他赢得“道德文章冠冕一代”的称誉，也使他成为中国封建社会最后一位精神偶像。

林则徐死前大呼“星南斗”

清朝道光末年可谓多事之秋：鸦片战争爆发不久，广西天地会起义渐成燎原之势。道光三十年（公元 1850 年），在福建家中赋闲已久的林则徐，突然接到新即位的咸丰皇帝的谕旨，命他赴广西镇压天地会起义。然而就在他前往广西的途中，行至广东潮州时突然上吐下泻，一病不起，著名禁烟英雄就此溘然长逝。

关于林则徐的死因，一直众说纷纭。据说林则徐临死之前大呼“星南斗”数声，也为后人留下了无数的猜测。比较可信的说法是，他的儿子林汝舟在给一个朋友的书信中说，其父在奉命上路时已经有病在身，但并没在意，只是以国事为重，忙于赶路。但病情在途中不断加重，到达潮州后，林则徐“胸次结胀”，以前的心肺病等老毛病也跟着一起发作。已经病到这种地步，林则徐不得已停下来稍作休息，并找来医生为他治疗。结果医生开错了药方，林则徐服用后咳喘加剧，呕吐腹泻也日益严重，不久就去世了。

既然是生病而死，那临终之前大呼“星南斗”是什么意思呢？其中一种解释就说，林则徐知晓天文知识，临终之前夜观天象，见西南方向有一颗巨星十分耀眼，算出天地会叛乱将成为朝廷大患的征兆。翌年洪秀全果然在金田起义，开始了太平天国长达十九年、愈演愈烈的战争。还有一种说法认为，林则徐仰观天象，见有巨星坠于北辰，因为中国位于北斗七星和北极星的南部，所以他认为，这象征着大清王朝日后将受制于位于北部边疆的俄罗斯。这就类似南宋抗金名将宗泽在临死前大呼“渡河、渡河”，有一种“出师未捷身先死”的悲壮。可见，林则徐在临死前尚且不忘忧国忧民，始终以天下兴亡为己任。

趣味链接　海到无边天作岸，山登绝顶我为峰

这是林则徐少年时的巧对佳话。有一回，林则徐的老师带学童们游鼓山，爬上鼓山绝顶峰时，一派天风海涛，令学童们兴奋不已。老师以“海”为题，出一上联“海到无边天作岸”，让学童们对下联。没多久，有位学童首先对出下联：“山登绝顶我为峰”。他就是林则徐。上联写站在鼓山上，可以望见无边的大海，海的尽头，就是天了，海天相连，寓学海无边苦作舟，只有勤奋学习，才能到达成功的彼岸。林则徐的下联则以脚踏绝顶峰，堂堂正正，顶天立地，一览天下小，抒发了凌云壮志。上下联平仄和谐，对仗工整，意境绝佳。此联后来刻在马尾罗星公园内。

道光下令禁烟为什么自己抽大烟

提起道光皇帝，就不能不提一下他的节俭。他觉得祖宗入关前的节俭都被丢弃了，想要重现“康乾盛世”，改而提倡节俭。可是他学到了节俭，也做到了，却不知道治国还要精明的管理与谋略，身为一个皇帝，高高在上，却不了解自己的国家，心有余而力不足，不能不说是一种悲哀。

为了推行节俭之风，他发布了著名的《御制声色货利论》，阐明声色货利为害之大，“常人惑之害及一身，人君惑之害及天下”，关系到大清王朝的生死存亡，要求为官从政者不为声色货利所诱，严格“检束身心，屏除声色”，力崇节俭，恢复培养淳朴作风。并且身体力行，每天说“一丝一粟皆出于民脂民膏”“饮食勿尚珍异，冠裳勿求华美，耳目勿为物欲所诱，居处勿为淫巧所惑”。道光皇帝为了振兴大清可谓费尽了心思。但是，国库的钱怎么还是不多呢？不仅如此，各地农民起义不断发生，一个是统治阶级，一个是农民阶级，打来打去，训练有素的军队竟然打不过手持刀枪棍棒的农民。这问题的根源就在于鸦片。道光皇帝原本也不太在意鸦片，但是如今再不禁烟他的统治就要被推翻了，这才下严旨禁烟，命林则徐督办禁烟事宜。

按理说君臣齐心禁烟，鸦片应该绝了才是，但是道光的母后孝和睿皇太后由于深居后宫，受到太监引诱吸食鸦片，每日都要吞云吐雾。道光是个孝子，他虽然严禁鸦片，掀起了轰轰烈烈的禁烟运动，对宫中吸烟者也严惩不贷，却唯独对皇太后不加过问。道光帝还未雨绸缪，为防止禁烟胜利后鸦片断绝，他甚至密令北京地方官为太后准备一个秘密的鸦片来源，同时告诫宫中诸人向太后隐瞒外面禁烟之事，可见其用心之苦。

至于道光有没有吸食鸦片，也许下面一段话可以作为参考："新韶多暇，独坐小斋，复值新雪初晴，园林风日佳丽，日惟研朱读史，外无所事，倦则命仆炊烟管吸之再三，顿觉心神清朗，耳目怡然。昔人谓之酒有全德，我今称烟曰'如意'嘻！"可见道光皇帝对鸦片烟有所体验，日后他为了鸦片而与英国开战，与这段吸食鸦片的经历应该有些关系。

趣味链接 道光皇帝和五两银子

道光帝十分节俭。他穿的套裤，膝盖处破了，让人在上面补了一块圆绸继续穿，这就是一般说的打掌。臣子纷纷效仿。一次，他见军机大臣曹振镛裤子膝盖处有补缀痕迹，便问："你的套裤也打掌吗？"曹振镛回答："裤子易做，但花钱多，所以也打补丁。"道光帝又问："你裤子打掌要多少钱？"曹说："要三两银子。"道光帝说："你们在宫外做东西便宜，我在宫内还要五两。"其实，给裤子打掌根本花不了五两银子，只是多余的银子都被宫人侵吞了。

清宫选秀制度，与美貌无关

清代的后宫，上至皇后，下到宫女，都是从旗人女子中挑选出来的。八旗制度是清朝独有的，从旗人女子中挑选后宫粉黛的制度，也是清代独有的。清代的妃、嫔、贵人、常在、答应等，绝大多数是通过选看秀女的途径入宫的。清代选秀女制度，可谓后宫制度的一大特点，像历代封建王朝帝王一样，清帝为了挑选妃嫔，一般是每隔数年举行一次选秀活动。

清入关前的努尔哈赤及皇太极时期，仍处于夺取政权的创业时期，常年征战，选秀之事，无暇顾及，而且也不具备举行选秀的条件。入关后，清王朝大体上承袭了明代的选秀制度，但在选择范围和方式上加以改革。

在清朝，选秀女分两类：一是每三年在八旗内部选一次。八旗官员的女儿，凡是年龄在十五至十七岁的，都要参加每三年举行一次的选秀女活动，十七岁以上的就可以不再参选。康熙以后，在参加挑选者的范围上，做过一些更改，规定后族近支或母族系宗室、觉罗之女可免选。意思是有亲戚血缘关系的不选了。乾隆时又规定，不在北京本地的小官的女儿也可以不选了。后来，随着八旗人口越来越多，备选的人数越来越多，所以，又对选秀女的范围加以限制。

选看秀女由户部主办，每逢挑选之年，均由户部奏准后，应选女子从神武门到顺贞门外等候，由户部司员在那里管理。太监一个一个地领着进去，每班五人，立而不跪，中意者留牌子，此为初选，定期复看。复看而不留者谓撂牌子，被选入者，即应召入宫。凡秀女被选中者，或备内廷主位，或指为皇子、皇孙及亲王、郡王等成婚。

清代选宫女每年一次，按例引见内务府所属内佐领，内管领下女子，所有年满十三岁的女子，均要经选，选中后入宫。届期，由内务府奏请日期，奉旨后知会宫殿监，由宫殿监奏请引看。

备选宫女由后载门入宫，到达指定地点相接侍立，待人到齐后，由内监捧牌入宫，请皇帝亲自过目。皇帝选中的，即记录其姓名、籍贯、父母名氏。宫女入宫后，每年的份例为年银六两，丝织品六匹，棉花两斤，每天膳食猪肉一斤，白老米七合五勺和盐、青菜等。宫女至二十五岁可遣出宫，若皇帝皇后喜欢，可留到三十五岁出宫回家，任凭婚嫁。

其实清代宫内所用宫女数额比前代已大为减少。明代宫女至九千人，而清朝宫女最多时才六百人。到乾隆年间，较之康熙年间更为减少。服侍皇上的只有一百〇四人。

从历代流传下来的画卷和照片看，清朝宫中的秀女嫔妃并不是多么国色天香。因为清朝吸取了明朝的教训，所以并不在宫中安置太多宫女，怕她们迷惑圣心。有的时候甚至只选难看的，不选好看的。所以，清宫选秀女，绝非选美。

下嫁的大清公主为何都不幸福

大清的公主，并不像我们想象中那么娇生惯养，相反，由于各种限制，她们生活得并不幸福。

在清朝，公主到了一定的年龄就要出嫁，这件事情不由自己选择。出嫁的时候，皇帝御赐一座公主府供公主出宫另住，而且驸马爷不能和她住在一起，要等到公主宣召才能见面相会。这就有意思了，公主住一处地方，驸马爷住一处地方，没有公主的传召，两人不能见面。这中间，嬷嬷就发挥了巨大的作用。嬷嬷，就是把公主从小带大的人，按我们通俗的叫法就是奶娘。

公主出嫁，嬷嬷是要跟着照料生活的。公主和驸马爷每次见一面就要花费大量的钱，因为如果不向嬷嬷行贿，嬷嬷就会阻拦两人见面，甚至迫害公主。公主虽然贵为千金之躯，但不敢得罪嬷嬷，这样便使得嬷嬷变本加厉。

公主的心理压力，由此可见一斑。这些公主，或因为相思成疾，或因为心理压力过大，大多郁郁而终，很少有子女。其实这里面的问题，也出在皇帝身上，皇帝每天日理万机，这些公主生活的小事实在是操心不过来，公主已经变成了一种维护和平稳定的政治工具。还有就是满人当皇帝，学习的是汉人的礼仪制度，接受儒家思想，他们自认为高人一等，如果出现公主婚姻不幸的事情，皇帝也会感觉脸上无光，这种事自然是瞒而不报了。

所谓“下嫁”，是地位高的嫁给地位低的，以现在婚姻平等的观念来看，这桩婚姻本来就不平等，哪里来的幸福可言呢？

趣味链接 清朝唯一的汉族公主孔四贞

孔四贞的父亲孔有德原是明朝镇守辽阳的一名参将，降清后封为定南王，镇守广西，驻军桂林。顺治九年（公元1652年），张献忠起义，打败孔家军，孔有德手刃爱妾，闭门自焚。其全家被大西军所杀，只有女儿孔四贞被其部下国安救出，世祖及孝庄皇后将其接入宫中抚养。

顺治十一年（公元1654年），孔有德灵柩自广西经北京运往东京，经孔四贞要求，顺治帝同意将其安葬在北京，并封孔四贞为和硕格格，后与其父的部将孙龙之子孙延龄完婚。

康熙十二年（公元1655年），三藩叛乱，经孔四贞的规劝，孙延龄表示降清，吴三桂得知消息后暗杀了孙延龄，孔四贞落入吴三桂手中，直到扫平三藩之后才得以回京。当孔四贞举家迁往广西时，清政府乘势将她的名分由和硕格格降为郡主，并明确规定“下不为例”，于是孔四贞成了清王朝唯一的汉族公主。

图书在版编目（CIP）数据

一书通识中国五千年趣闻传说：图文典藏版 / 刘翠清编著 .—北京：中国法制出版社，2019.1

（博学通识系列）

ISBN 978-7-5093-9703-9

Ⅰ . ①一…　Ⅱ . ①刘…　Ⅲ . ①中国历史–通俗读物　Ⅳ . ① K209

中国版本图书馆 CIP 数据核字（2018）第 194326 号

策划编辑：胡　艺（ngaihu@gmail.com）

责任编辑：胡　艺　周熔希　　封面设计：汪要军

一书通识中国五千年趣闻传说：图文典藏版

YI SHU TONGSHI ZHONGGUO WUQIAN NIAN QUWEN CHUANSHUO：TUWEN DIANCANGBAN

编著 / 刘翠清

经销 / 新华书店

印刷 / 三河市国英印务有限公司

开本 / 710 毫米 ×1000 毫米　16 开　　印张 / 14.5　字数 / 254 千

版次 / 2019 年 1 月第 1 版　　2019 年 1 月第 1 次印刷

中国法制出版社出版

书号 ISBN 978-7-5093-9703-9　　定价：39.80 元

北京西单横二条 2 号　　值班电话：010-66026508

邮政编码 100031　　传真：010-66031119

网址：http://www.zgfzs.com　　编辑部电话：010-66034985

市场营销部电话：010-66033393　　邮购部电话：010-66033288

（如有印装质量问题，请与本社印务部联系调换。电话：010-66032926）